W0398200

1 ESO

LENGUA Y LITERATURA

SALVADOR GUTIÉRREZ, REMEDIOS LUNA,
CRISTINA NÚÑEZ, DESIRÉE PÉREZ,
JOAQUÍN SERRANO

USA ESTE CÓDIGO PARA:

acceder al
BANCO DE RECURSOS
disponible en www.anayaeducacion.es

Hazlo siguiendo los pasos que se indican en el apartado «Así es el banco de recursos».

ANAYA

ASÍ ES TU LIBRO

APERTURA

Lectura cuyo tema está vinculado a un ODS.

Un **vídeo,** un **texto** y unas **preguntas** para reflexionar sobre el tema de la lectura inicial.

Anexo de ortografía que permite consultar las normas y ponerlas en práctica.

COMPRENSIÓN LECTORA Y VOCABULARIO

Actividades especialmente diseñadas para mejorar tu **comprensión oral** y **lectora.**

Actividades de ampliación y enriquecimiento de un **vocabulario** relacionado con la lectura.

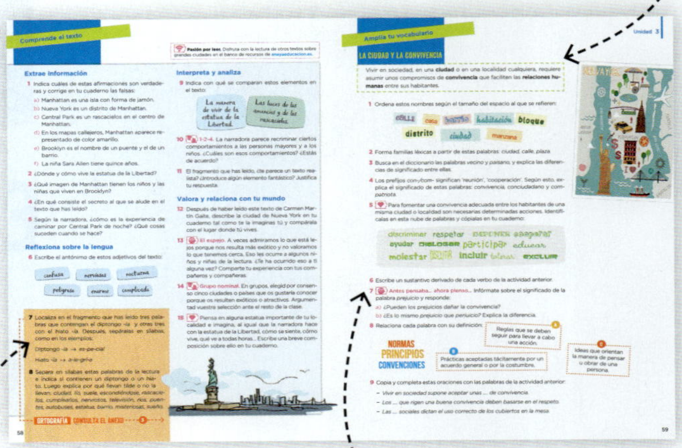

Actividades para fijar la **ortografía.**

Iconos que sugieren qué clave del proyecto puede aplicarse en cada caso.

DESARROLLO DE LOS CONTENIDOS

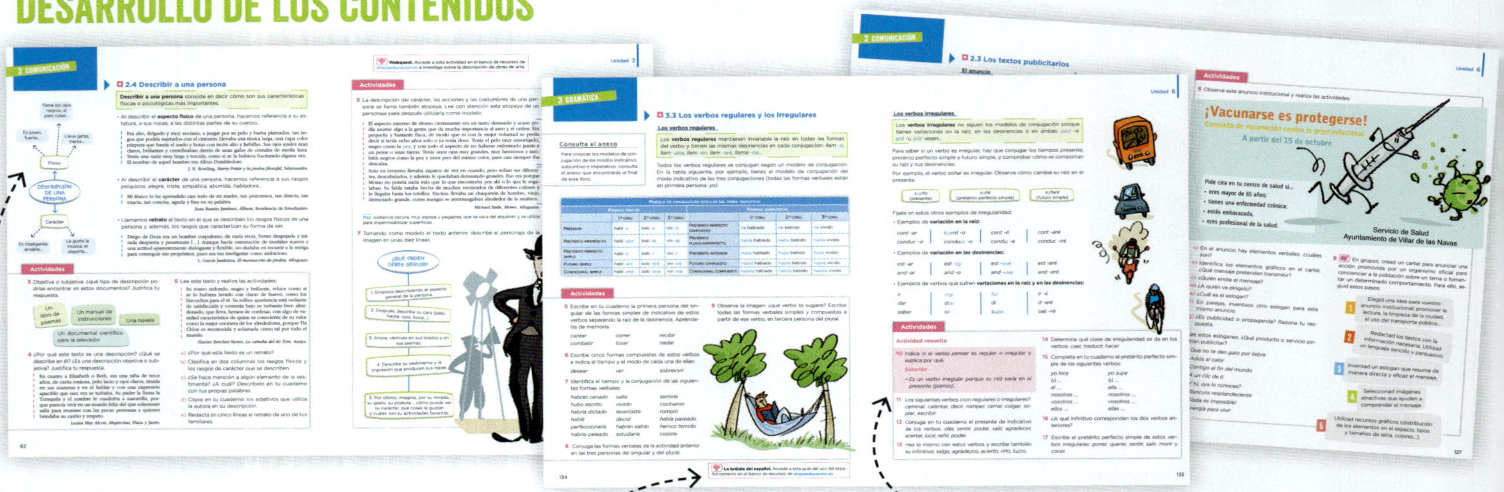

Organizadores visuales para favorecer el aprendizaje.

Recursos digitales para ampliar los contenidos.

Actividades resueltas que sirven de modelo.

LAS CLAVES DEL PROYECTO

Compromiso ODS

Descubre los Objetivos de Desarrollo Sostenible y forma parte activa de nuestro compromiso para lograr un mundo más igualitario y habitable.

Plan Lingüístico

Pon en práctica tus destrezas comunicativas en los diferentes tipos de texto que te proponemos. El lenguaje siempre está presente, ¡comunícate!

Desarrollo del pensamiento

Trabaja estrategias de pensamiento: reflexiona sobre los contenidos que estás aprendiendo, genera ideas, organízalas, priorízalas, arguméntalas, exponlas...

Aprendizaje cooperativo

Implícate en tu aprendizaje y participa en el de todo el grupo; comprobarás que cooperar mejora el rendimiento y la convivencia en clase.

Taller de comunicación: una interesante propuesta para mejorar tus **destrezas comunicativas** en un contexto cercano y atractivo.

TALLER DE COMUNICACIÓN

Proyectos para desarrollar tus **habilidades emprendedoras.**

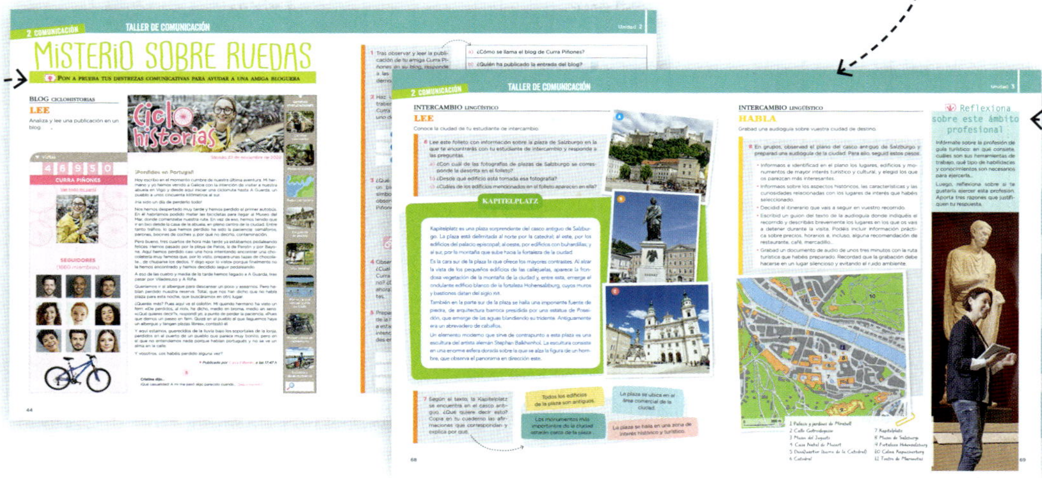

Lee

Escribe

Escucha

Habla

Reflexión sobre un **ámbito profesional.**

APLICA LO APRENDIDO

Un repaso práctico que contiene una **actividad** solucionada **paso a paso.**

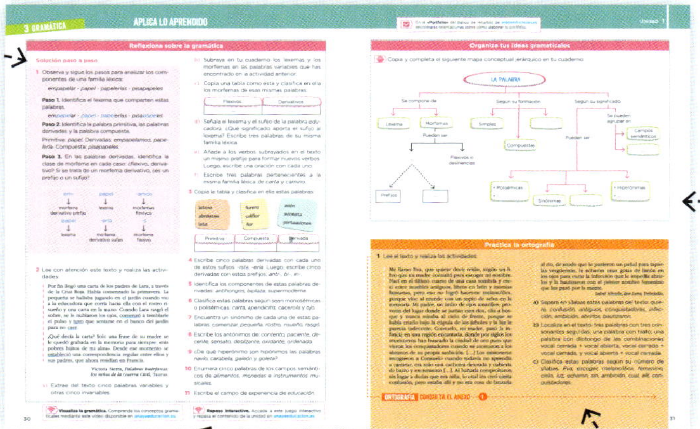

Organizador visual de los contenidos gramaticales.

Más actividades para fijar la **ortografía.**

Más **recursos digitales** para fijar los contenidos.

Educación emocional

Aprende a conocerte; identifica las situaciones que te generan emociones bloqueantes y gestiónalas con experiencias de autoafirmación constructiva.

Cultura emprendedora

Confía en tus aptitudes y conocimientos, desarrolla la creatividad, adáptate a las situaciones cambiantes y ten una actitud proactiva y responsable.

TIC

Aprende a obtener información, seleccionarla y aplicarla; a planificar, gestionar y elaborar trabajos; a colaborar en Red de forma ética y segura.

Orientación académica y profesional

Valora tus capacidades personales, descubre y despierta tu vocación, entrénate en la toma de decisiones y aprende a orientarte entre distintas opciones.

Evaluación

Descubre diversas estrategias para analizar qué has aprendido y cómo lo has aprendido; entrénate para asumir compromisos o superar dificultades.

ASÍ ES

EL BANCO DE RECURSOS

www.anayaeducacion.es

Un espacio con recursos, técnicas y actividades, diseñado para afianzar tus conocimientos.

Accede al banco de recursos registrándote en www.anayaeducacion.es. Solo necesitas tener un correo electrónico, el código que se indica en la primera página de este libro y el permiso de tu padre, madre, tutor o tutora legales.

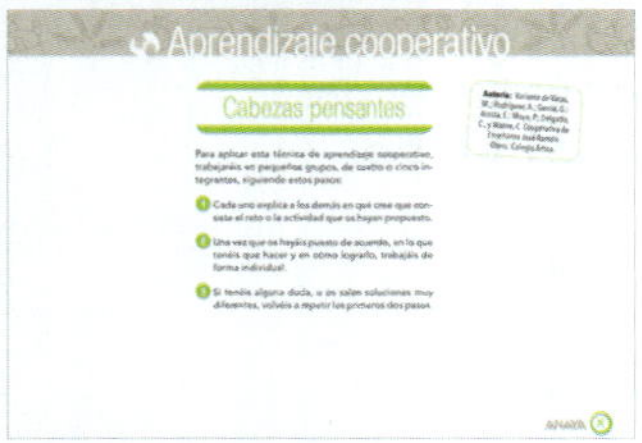

Más sobre las claves

RECURSOS RELACIONADOS CON LAS CLAVES DEL PROYECTO

Compromiso ODS, con microvídeos que te ayudarán a conocer cuáles son las metas para alcanzar los Objetivos de Desarrollo Sostenible trabajados en el proyecto.

Plan Lingüístico, con infografías que te darán las pautas para abordar el trabajo por medio de distintos tipos de textos (descriptivo, narrativo, expositivo, etc.).

Desarrollo del pensamiento, donde se incorporan explicaciones sobre cómo aplicar las distintas estrategias de pensamiento planteadas en el proyecto.

Aprendizaje cooperativo, que incluye la descripción de las técnicas de aprendizaje cooperativo propuestas en el proyecto.

Educación emocional, con orientaciones para superar la inquietud generada en diferentes situaciones de tu proceso de aprendizaje (inicio del curso, enfrentarte a un examen, etc.).

TIC, mediante fichas que reforzarán tu uso saludable, correcto y seguro de las tecnologías de la información y la comunicación.

Orientación académica y profesional, con información sobre diferentes profesiones vinculadas a los contenidos tratados en la asignatura.

Evaluación, se presentan orientaciones para hacer tu portfolio, así como rúbricas y dianas que facilitan tu autoevaluación.

RECURSOS DESTACADOS DE LA MATERIA

- La brújula del español
- Visualiza la gramática
- Webquest
- Ortografía
- Repaso interactivo
- Portfolio

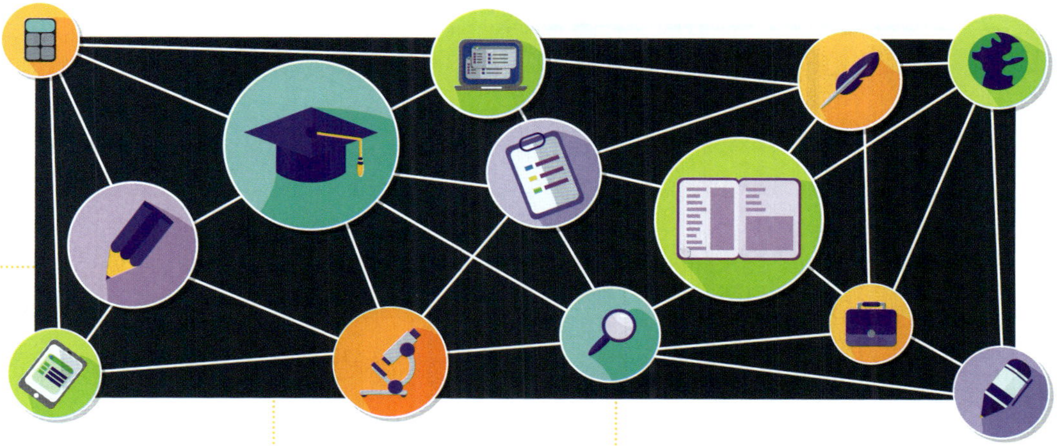

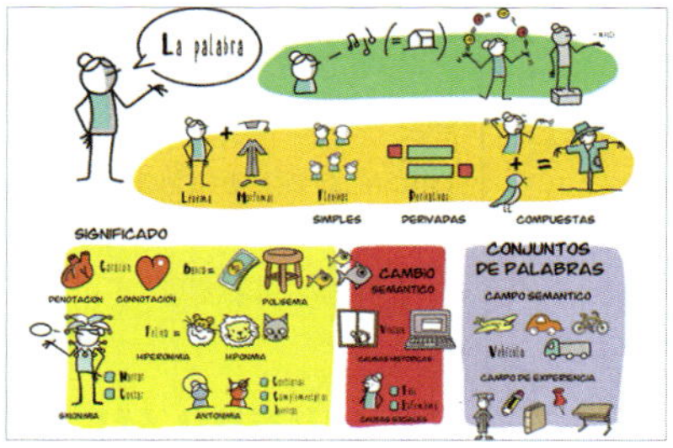

RECURSOS CLASIFICADOS POR UNIDADES

Todos los recursos clasificados para que puedas localizar fácilmente los relacionados con cada apartado de tu unidad.

ASÍ SON LOS CONTENIDOS DEL CURSO

7 LA CONQUISTA DE LA SALUD

8 EL PODER DE LA EDUCACIÓN

9 UN GRAN LEGADO

ANEXOS

1

NUEVAS RUTAS

Muchas son las razones para viajar y muchos son los viajes posibles. Algunas personas buscan satisfacer su curiosidad, explorar otros paisajes y conocer otras culturas. Otras viajan para descubrir, paso a paso, su mundo interior. Incluso también hay quienes prefieren navegar con un libro hacia lugares imaginarios donde todo es posible.

Pero además, cada día vemos en las pantallas de la televisión, del ordenador o del móvil cómo miles de seres humanos inician un incierto viaje huyendo de la guerra, la violencia y la pobreza para alcanzar costas más prósperas, hacia países donde encontrar paz, seguridad y una vida mejor.

Plano abierto. Accede al vídeo de la unidad en el banco de recursos de **anayaeducacion.es**.

Intercambia opiniones

EL VIAJE

- ¿Con qué tipo de viaje te identificas tú?
  - ¿Con quién prefieres compartirlo?
    - ¿Por qué?
- ¿Qué es más importante en un viaje, disfrutar del camino o llegar a la meta?
  - ¿Por qué?
- ¿Has escuchado alguna vez alguna noticia sobre inmigración?
  - ¿Cómo crees que se sienten esas personas obligadas a emigrar?
  - ¿Cómo podemos ayudarlas?

QUÉ VAS A ENCONTRAR EN ESTA UNIDAD

1 LECTURA ODS

¿Sabías que nuestro país fue un país de emigrantes y que la emigración afectó incluso a niños y a niñas? La lectura de esta unidad cuenta la experiencia de Carmina, que emigró siendo niña a Argentina. Consulta los vídeos en el banco de recursos de **anayaeducacion.es** y reflexiona sobre los derechos de los trabajadores y de las trabajadoras migrantes: metas ONU 8.8. y 10.7.

2 COMUNICACIÓN

Los textos nos rodean porque son la sustancia de la comunicación. Pueden ser orales o escritos, y están presentes en nuestras relaciones de amistad o familiares, en el centro escolar, en la calle, en los medios de comunicación... Observa atentamente a tu alrededor, activa tus sentidos... ¿Cuántos textos puedes identificar?

3 GRAMÁTICA

Los mensajes que intercambiamos para comunicarnos están formados por palabras que sirven para identificar objetos, emociones, pensamientos, ideas, creencias, deseos... Pero ¿sabrías decir de qué están formadas las palabras?

ORTOGRAFÍA Al final de este libro encontrarás un anexo con reglas ortográficas y actividades que te ayudarán a solucionar las propuestas a lo largo de esta unidad: **la división en sílabas.**

Comprensión oral

Escucha el texto locutado de la lectura y responde a las siguientes preguntas:

- ¿Quién narra la historia?
- ¿Qué edad tenía la protagonista en el momento en que sucedieron los hechos narrados?
- ¿Hacia dónde se dirigía el barco *Tucumán?*

Carmina

Por más que trata y trata, mamá no consigue recordar cómo le tocó en suerte ese viaje. Parece que mi abuela había elegido a Delia, la hermana que seguía, pero que en un brevísimo momento de duda general, Carmina dio el paso al frente con total inconsciencia: *Bueno, voy yo.* Lo cierto es que rápidamente la moción fue aceptada, y de repente estaban en Gijón arreglando los papeles en el consulado argentino, y al día siguiente estaban en el puerto de Vigo a los abrazos. Mamá permanecía anestesiada por la escena y por el imponente barco *Tucumán,* que la aguardaba en el agua aceitosa. Pensaba, si es que pensaba en algo, que nada podía ser tan terrible y que en unos pocos meses María se embarcaría con los niños y que se reencontrarían allí lejos, y que sería una nueva vida y que todo era para bien.

No obstante, vio que la última de las mujeres duras empezaba a lagrimear, y un vacío abrumador le fue helando el pecho. Había una multitud en la **dársena,** y ellas hacían tiempo como si estuvieran esperando turno para un milagro. Sonó una sirena y mi abuela dijo: *Bueno, tienes que subir.* La abrazó y Carmina subió la planchada mientras escuchaba ese llanto inclasificable. Luego, cuando ya soltaban amarras, mamá oyó un grito entre los gritos: *¡Hija mía, baja de vuelta, no te vayas!* No lo tomó en serio, porque ya hacía rato que el barco estaba en maniobras, pero la estremeció esa manera de nombrarla. Nunca, en sus quince años de vida en común, la había llamado «hija mía».

Tarde para todo, reculó con su valija de cartón del tamaño de un diccionario, y formó fila con otros diecisiete menores, a quienes pasaron lista y ordenaron que cada día se presentaran en la oficina del capitán. Mamá no conocía a nadie. Pero cuando levantó la vista vio que los dieciocho, incluyendo ella misma, estaban llorando.

Los condujeron a una bodega acondicionada con camas cuchetas y los separaron por sexo. A mamá le tocó una cama de arriba, y estuvo toda la primera noche vomitando. Desayunó un café con leche y lo devolvió, y se sentó en la cubierta hecha un cadáver. Al rato escuchó vagamente que llamaban por altavoces a una menor, y después vio que varios marineros preguntaban por una tal María del Carmen Díaz. Una dama, que tomaba aire marítimo en la reposera de al lado, le comentó asustada: *¿Pero dónde estará esa chica que buscan desde hace horas? ¿No se habrá caído al mar?* Qué terrible si se tiró por la borda, pensó mamá, realmente consternada. Los altavoces seguían requiriendo la presencia en la comandancia de una tal María del Carmen Díaz, pero la menor brillaba por su ausencia y el barco era un hervidero. Hasta que de golpe mamá pegó un salto y gritó, para espanto de su vecina: *¡Pero soy yo, esa soy yo!* El marinero que estaba más cerca la tomó de un brazo y prácticamente la arrastró hasta el despacho del capitán, un argentino serio de barba larga y uniforme intimidante. El capitán la miró de arriba abajo y encendió parsimoniosamente su pipa.

—Dígame, m'hija, ¿dónde estaba y por qué no contestaba los llamados? —preguntó con voz suave—. Ya pensábamos lo peor.

—Es que yo no me llamo así, señor.

—¿Cómo? ¿Usted no es María del Carmen Díaz?

—No, así figura en los papeles, señor. Pero yo me llamo Carmina. Nunca me llamaron de otra manera, señor capitán.

El capitán asintió, pensativo, y dejó que el humo grisáceo del tabaco inundara toda esa oficina con prismáticos, cartografías y ojo de buey. Luego la apuntó con su boquilla:

—Escuche bien esto, querida. A partir de ahora usted se llama María del Carmen Díaz. Carmina se terminó, ¿me oye? Acá Carmina se terminó para siempre.

Jorge Fernández Díaz, *Mamá,* RBA.

Vocabulario

Dársena: parte resguardada de un puerto para que las embarcaciones puedan descargar y cargar con comodidad.

Valija: maleta.

Cucheta: litera de los barcos y ferrocarriles.

Reposera: tumbona.

Llamado: llamamiento.

Hipertexto. Conoce al autor y contextualiza su obra en el banco de recursos de **anayaeducacion.es**.

Comprende el texto

Pasión por leer. Disfruta de otros textos de la literatura de viajes en el banco de recursos de **anayaeducacion.es**.

Extrae información

1 El fragmento se divide, por su contenido, en dos partes. Señala qué se cuenta en cada una de ellas:

Carmina
- Primera parte → Narra...
- Segunda parte → Narra...

2 ¿Cuántos menores más compartían destino con la protagonista?

3 En el texto se relata la marcha de una niña hacia tierras lejanas animada por su familia. Pero ¿fue esta niña la elegida desde el principio? Explícalo.

4 ¿A qué se debió la confusión en la anécdota de la niña extraviada?

5 ¿Cómo se dirige el capitán a la niña? ¿Por qué crees que lo hace así?

6 ¿Por qué crees que el autor utiliza las palabras *reposera* y *cuchetas?*

7 Copia los adjetivos con los que se describen estos elementos: *el barco, el agua del mar, el uniforme del capitán.*

Reflexiona sobre la lengua

8 Lee estas oraciones e indica la relación de sinonimia o de antonimia que hay entre los verbos subrayados:

- *La estremeció esa manera de nombrarla.*
- *La serenó esa manera de nombrarla.*
- *La alteró esa manera de nombrarla.*

9 Copia en tu cuaderno estas palabras tomadas de la lectura y sepáralas en sílabas: *reencontrarían, abuela, viaje, inconsciencia, diccionario, planchada, siempre, consternada, aceptada, terrible, obstante.*

10 Separa en sílabas las siguientes palabras y clasifícalas en tu cuaderno según contengan diptongos, triptongos o hiatos:

suerte	*grisáceo*	*permanecía*
anestesiada	*buey*	*diecisiete*

ORTOGRAFÍA CONSULTA EL ANEXO 1

Interpreta y analiza

11 ¿Qué quieren decir las palabras finales del capitán?

12 **Análisis asociativo.** ¿Por qué crees que la familia enviaba tan lejos a su hija?

13 ¿Cómo reacciona y cómo crees que se siente la madre de Carmina al darse cuenta de que su hija se marcha irremediablemente?

14 En el texto predominan tanto las secuencias narrativas como las descriptivas y dialogadas. Extrae del texto un ejemplo de cada una de ellas.

15 La experiencia en el barco muestra que la niña Carmina es...

inocente · despistada · orgullosa

Valora y relaciona con tu mundo

16 Un rasgo usual del lenguaje informal o coloquial es el uso de muletillas, que son expresiones que se repiten, pero vacías de significado. En el texto aparece como muletilla la palabra *bueno.* ¿Quiénes la utilizan? ¿Utilizas tú algunas muletillas? ¿Cuáles? ¿Qué puedes hacer para evitarlas?

17 ¿Qué piensas sobre la decisión de la madre de Carmina de enviar a su hija a otro continente? ¿Por qué crees que lo hace?

18 **Rompecabezas.** Carmina se ve obligada a emigrar a Argentina, en 1948, en busca de un futuro mejor. Informaos sobre los movimientos migratorios de esa época: ¿fueron frecuentes?, ¿en qué condiciones se producían?, ¿qué consecuencias conllevaban? Comentadlo con el resto de compañeros y compañeras.

19 ¿Existen en nuestra sociedad casos similares de personas que se ven obligadas a dejar su tierra? ¿Cuáles? ¿Qué motiva estos desplazamientos? Debatidlo en clase.

20 Imagina la llegada de Carmina a Argentina, ponte en su lugar y explica cómo te sentirías.

21 **Rastreador de problemas.** Las personas que se ven obligadas a emigrar suelen enfrentarse a dificultades. Piensa en una de las dificultades que podrías encontrar en esa situación y plantea tres iniciativas para superarla. Comparte tus resultados con el resto de la clase.

Amplía tu vocabulario

EL VIAJE

La niña Carmina se ve obligada a **emigrar** desde su aldea natal. En el puerto de Vigo iniciará un incierto **viaje** en **barco** rumbo a Argentina, al otro lado del **mar.**

1 ¿Qué relación existe entre los verbos *emigrar* e *inmigrar?* Justifica tu respuesta. Luego, escribe una oración con cada uno de ellos.

2 **Grupo nominal.** En grupos, responded a esta pregunta: ¿qué significan las expresiones «movimiento migratorio» y «política migratoria»? Compartid vuestra solución con el resto de la clase y consensuad una respuesta común.

3 Al emigrar, las personas pueden sentir *añoranza* de su país de origen, pero también *ilusión* por las nuevas oportunidades que puede ofrecerle el país de acogida. Encuentra dos sinónimos de cada una de estas dos palabras:

ENTUSIASMO simpatía esperanza fracaso
nostalgia rechazo morriña
paciencia DESÁNIMO cansancio

4 Copia y completa la tabla en tu cuaderno con palabras de la misma familia léxica, como en el ejemplo:

mar	marinero	....	....	....	....	....
barco	....	....	....	....	....	....

5 Indica qué significado tienen estas palabras polisémicas de la lectura de la unidad y escribe una oración con esas mismas palabras, pero con otro significado: *sirena* y *bodega.*

6 Infórmate y dibuja en tu cuaderno los dos significados de la expresión «ojo de buey».

7 Localiza la palabra que corresponde a cada una de estas definiciones. ¡Atención: todas terminan en *-aje!*

a) Traslado de un lugar que está lejos a otro por aire, mar o tierra.

b) Conjunto de cosas que se llevan en los viajes.

c) Acción de posarse un avión.

8 Infórmate en Internet y selecciona cinco tipos de embarcaciones. ¿Qué característica destacarías en cada una de ellas?

9 Observa la imagen y, con ayuda de un diccionario, define brevemente en tu cuaderno, y con tus propias palabras, cada una de sus partes.

Webquest. Accede a esta actividad en el banco de recursos de anayaeducacion.es e investiga sobre el vocabulario de la navegación.

2 COMUNICACIÓN

EL TEXTO Y SUS CLASES

El enunciado

El **enunciado** es una palabra o un conjunto de palabras que transmite un mensaje.

La coherencia

Un texto es **coherente** cuando:

- Todas sus partes están relacionadas con el tema.
- Cada uno de sus enunciados está relacionado con los que le preceden y con los que le siguen.
- Los enunciados no se contradicen entre sí.
- Los enunciados siguen un orden determinado (cronológico, de importancia...).

2.1 Qué es un texto

El **texto** es un enunciado o un conjunto de enunciados, orales o escritos, relacionados entre sí, que nos comunican algo (una noticia, una historia, una descripción, un aviso...).

Los textos pueden ser largos, como la lectura de la unidad o como una novela; o breves, como una palabra *(¡Rápido!)* o un poema, como este de Gustavo Adolfo Bécquer:

¡Los suspiros son aire y van al aire!
¡Las lágrimas son agua y van al mar!
Dime, mujer: cuando el amor se olvida,
¿sabes tú adónde va?

Los textos deben ser **coherentes:** todo lo que se dice ha de tener relación con el tema principal y debe estar ordenado. Esto se consigue mediante mecanismos de **cohesión** como sinónimos, pronombres, conectores, etc.

Además, los textos han de ser **adecuados.** Para ello, es necesario tener en cuenta las personas a las que se dirige el texto y las circunstancias en que se emite. Por ejemplo, no es adecuado utilizar un lenguaje excesivamente informal cuando te diriges a un profesor o una profesora.

2.2 Clases de textos

Textos según la finalidad

Según la finalidad o la intención del autor o de la autora al crear el texto, elegirá alguna de las formas del discurso siguientes: *narración, descripción, diálogo, exposición, argumentación* o *instrucción.*

Un texto puede contener una o varias de estas formas, aunque generalmente predomina alguna de ellas.

Formas del discurso			Clases de textos
Narración	Para contar unos hechos.	*Chuang Tzu soñó que era una mariposa. Al despertar ignoraba si era Tzu que había soñado que era una mariposa o si era una mariposa y estaba soñando que era Tzu.* (Chuang Tzu)	**Texto narrativo**
Descripción	Para decir cómo es un ser vivo, un objeto, una situación...	*Veíanse mujeres en extrañas actitudes, desordenados los cabellos, ajados los camisolines, chafados los sombreros. Los hombres, pálidos y de mal humor; los niños, abandonados y llorosos...* (Fernán Caballero)	**Texto descriptivo**
Diálogo	Para intercambiar mensajes con otras personas.	*—¿Cuándo estrenan la película?* *—Este sábado.*	**Texto dialogado**
Exposición	Para informar sobre un tema.	*El universo se originó hace unos 13 700 millones de años.*	**Texto expositivo**
Argumentación	Para convencer de algo.	*Has de ser honrado y trabajador, porque así todos confiarán en ti.*	**Texto argumentativo**
Instrucción	Para dar instrucciones o normas de comportamiento.	*Prohibido correr por los pasillos.*	**Texto prescriptivo**

Textos según el ámbito de uso

LOS TEXTOS PUEDEN UTILIZARSE, ENTRE OTROS, EN LOS SIGUIENTES ÁMBITOS:

Ámbito de la **vida diaria** y las **relaciones sociales**

Ejemplos
- Instrucciones y normas.
- Notas y avisos.
- Cartas y correos electrónicos.

Ámbito de la **vida académica**

Ejemplos
- Libros de texto y exposiciones orales del profesor o de la profesora.
- Diccionarios y enciclopedias (en papel o digitales).
- Libros de lectura y de consulta.

Ámbito de los **medios de comunicación**

Ejemplos
- En la prensa escrita: noticias, entrevistas, reportajes...
- En la radio, la televisión: informativos...
- En Internet: periódicos digitales, vídeos...

Actividades

1 Explica por qué estos versos son un texto:

Adiós, ríos; adiós, fuentes
adiós, arroyos pequeños;
adiós, vista de mis ojos:
no sé cuándo nos veremos.

Rosalía de Castro

2 ¿Por qué no son coherentes estos versos?

Sobre el corazón un ancla
y sobre el viento la vela,
y sobre la estrella el viento,
y sobre el ancla una estrella.

Rafael Alberti

3 Observa la viñeta e indica si el texto te parece adecuado. Justifica tu respuesta.

4 Clasifica los siguientes textos según la forma del discurso y el ámbito de uso:

5 Continúa en tu cuaderno los textos siguientes:
- Texto narrativo: *Había una vez una liebre ....*
- Texto dialogado: *¿Cómo te llamas? ....*
- Texto expositivo: *El ser humano pisó la Luna ....*
- Texto argumentativo: *Es conveniente porque ....*
- Texto instructivo: *Para lavarse los dientes ....*
- Texto descriptivo: *Mi casa era grande y ....*

6 Según el ámbito de uso, ¿cuáles son los textos que sueles utilizar cuando estás en tu centro escolar?

2.3 El texto literario

El **texto literario** es una forma de expresión artística en la que se emplea de manera especial el lenguaje para crear belleza con las palabras, expresar sentimientos y reflejar un mundo de ficción o imaginario.

El mar. La mar.
El mar. ¡Solo la mar!

¿Por qué me trajiste, padre,
a la ciudad?

¿Por qué me desenterraste
del mar?

En sueños, la marejada
me tira del corazón.
Se lo quisiera llevar.

Padre, ¿por qué me trajiste
acá?

Rafael Alberti

Este poema es un texto literario porque en él la idea se expresa artísticamente mediante los recursos siguientes:

- El empleo del verso.
- El lenguaje cuidado y especial. Por ejemplo, la repetición de la palabra *mar* o el embellecimiento del lenguaje cuando dice *«la marejada me tira del corazón»*.
- La expresión de sentimientos como, por ejemplo, la añoranza del mar *(¿Por qué me desenterraste del mar?)*.
- El reflejo de un mundo de ficción. Por ejemplo, cuando habla del mundo de los sueños o dirige palabras a su padre ya muerto.

Actividades

7 Indica por qué es literario este texto:

El viento llamó con golpecitos,
como un hombre cansado.
Y, como una anfitriona, yo
contesté resuelta: «Entra».
Entró entonces en mi habitación.
Un veloz convidado, sin pies,
a quien ofrecer una silla
era tan imposible
como ofrecer un sofá al aire.
No tenía huesos que lo sostuvieran.
Su hablar era como la arremetida
de numerosos colibríes a la vez,
desde un fabuloso arbolillo.
Su apariencia la de una ola.
Sus dedos, al pasar,
producían una música, como melodías
que salían trémulas de un cristal.
Hizo la visita, también revoloteando;
luego, como un hombre tímido,
dio de nuevo unos golpecitos, de forma presurosa;
y yo me quedé sola.

Emily Dickinson,
El viento comenzó a mecer la hierba, Nórdica.

2.4 Los géneros literarios

Las obras literarias se agrupan en tres grandes géneros: el **género narrativo,** el **género lírico** y el **género teatral.**

- Las obras que pertenecen al **género narrativo** cuentan **acontecimientos** que les suceden a unos **personajes.** Son obras narrativas la novela, el cuento, el poema narrativo, los mitos, las fábulas y las leyendas.

> Y allá, en el fondo, muy en el fondo, un papel amarillento ya por las dobleces, atado por una sedita negra. Maquinalmente lo cogió, lo abrió. Rompió la sedita. Cayó una sortija de oro con perlas menudas…

Emilia Pardo Bazán, *La madre Naturaleza,* Cátedra.

- Las obras que pertenecen al **género lírico** expresan **sentimientos** y **emociones.** Las obras líricas suelen estar compuestas en verso.

> ¡Ay, tierra andaluza
> que hoy lloras cautiva!
> ¿Quién podrá curarte
> de tantas heridas?

Emilio Prados

- Las obras que pertenecen al **género teatral** o **dramático** están concebidas para ser representadas en el teatro por **actores** y **actrices,** de manera que la historia se desarrolla mediante el diálogo y las acciones de los personajes. Las principales obras dramáticas o teatrales son la tragedia, el drama y la comedia.

> MAX.—¿Debe estar amaneciendo?
> DON LATINO.—Así es.
> MAX.—¡Y qué frío!
> DON LATINO.—Vamos a dar unos pasos.
> MAX.—Ayúdame, que no puedo levantarme. ¡Estoy aterido!

Ramón María del Valle-Inclán

Ramón María del Valle-Inclán.

Actividades

8 Indica a qué género literario pertenecen estos textos y escribe en tu cuaderno las características de cada uno de ellos:

Texto 1

> Cuando llegó la noche, dejé mi refugio y, destrozando cuanto encontraba en mi camino, vagué por el bosque donde, ahora que no temía que me descubrieran, di salida a mi angustia con espantosos aullidos. Todos los seres descansaban o eran felices, pero yo, como el demonio, soportaba un infierno dentro de mí y, como nadie me compadecía, deseaba arrancar árboles, sembrar el caos y la destrucción a mi alrededor y deleitarme con los destrozos.

Mary W. Shelley, *Frankenstein,* Anaya.

Texto 2

> Yo no estimo tesoros ni riquezas,
> y así, siempre me causa más contento
> poner riquezas en mi entendimiento
> que no mi entendimiento en las riquezas.

Sor Juana Inés de la Cruz, *Poesía lírica,* Cátedra.

Texto 3

> EDGARDO.—¿Le extraña a usted que yo lleve acostado, sin levantarme, veintiún años?
> LEONCIO.—No, señor. Eso le pasa a casi todo el mundo.
> EDGARDO.—Y que yo borde en sedas, ¿le extraña?

E. Jardiel Poncela, *Eloísa está debajo de un almendro,* Espasa.

TABLÓN DE ANUNCIOS

¿TE ANIMAS A CONTRIBUIR A LA MEJORA DE LA CONVIVENCIA Y DEL FUNCIONAMIENTO DE TU CENTRO ESCOLAR?

TABLÓN DE ANUNCIOS

LEE

Lee estos mensajes en el tablón de anuncios de tu centro escolar.

1

NORMAS DE USO DE LAS TAQUILLAS

1. El alumno o la alumna se ocupará de poner su propio candado en la taquilla que le ha sido asignada.
2. Las taquillas están destinadas a guardar material escolar y personal, y nunca objetos ajenos al ámbito escolar.
3. El alumnado accederá a las taquillas de forma que no interrumpa la actividad académica.
4. Durante el recreo, el alumnado no podrá permanecer en las aulas ni en los pasillos, sino que deberá dirigirse al patio.
5. Si existiera sospecha de un mal uso de una taquilla, la Jefatura de Estudios del centro podrá abrirlas para comprobarlo.
6. Al finalizar el curso, todas las taquillas deberán quedar vacías y sin candado.
7. La alumna o el alumno que no cumpla estas normas podrá perder el derecho a hacer uso de las taquillas.

2

A quien no tiene muchas nociones de higiene y que en pasillos y bancos nos va dejando su rastro de papeles y de migas, que sepa que las hormigas no saben pasar la escoba.

Que lo que caiga recoja le pedimos todos juntos: profes, alumnas y alumnos.

3

¡¡¡ Atención !!!

¿Podría la persona propietaria de la bicicleta verde y negra abstenerse de dejarla mal aparcada delante de la puerta de acceso a los vestuarios? Le recordamos que existe un aparcamiento para bicis cómodo y seguro junto a la entrada principal del centro.

¡Muchas gracias!

4

¿Conoces el Club de Mediación?

Somos un equipo elegido por nuestros compañeros y nuestras compañeras de clase. Queremos contribuir a la mejora de la convivencia escolar, así como a la prevención y la resolución de conflictos tanto en nuestro centro como en las redes sociales.

Si quieres conocernos mejor o quieres hablar de algo que te preocupa o de algún problema que hayas observado..., ¡háznoslo saber! Estaremos encantados de ayudarte a resolverlo.

Puedes escribirnos a clubdemediacion@iesjardin.com

5

NOTICIAS

Cita con el cómic

30 de septiembre de 2020

Como cada 25 de octubre desde hace cinco años, se celebra en nuestra localidad la Feria del Cómic. Una semana en la que jóvenes y no tan jóvenes tendrán ocasión de compartir espacio con editoriales, autores e ilustradores, así como explorar una gran variedad de cómics, novela gráfica y manga.

6

¡ACEPTA EL RETO!

¿Te preocupa el medio ambiente? Participa en el concurso de ideas para mejorar la gestión de los residuos de nuestro centro escolar. Consulta las bases en nuestra web: www.iesjardin.es.

7

¿Te animas a tocar en nuestro grupo?

Buscamos batería y saxo para

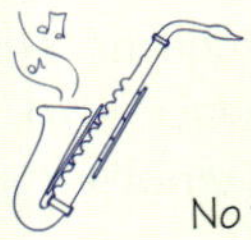

EnRedados Rock

No te garantizamos un Grammy, pero sí miles de horas de diversión, música y amistad. Somos Nora (voz), Rubén (guitarrista) y Julia (teclista). ¡Anímate y llámanos!

Nora y Julia, clase de 1.º B

1 ¿A qué tipo de texto pertenecen estos mensajes según su ámbito de uso?

2 En parejas, reflexionad sobre los textos que habéis leído. Luego, copiad y completad esta tabla:

	Texto 1	Texto 2	Texto 3	Texto 4	Texto 5	Texto 6	Texto 7
Escrito por	....	....	....	....	....	....	....
Dirigido a...	....	....	....	....	....	....	....
Motivado por...	....	....	....	....	....	....	....
¿Conseguirá su objetivo?	....	....	....	....	....	....	....

3 ¿Son coherentes todos los textos del tablón de anuncios? Localiza el que no lo es y explica por qué.

4 Lee de nuevo el texto 2 y responde a las preguntas:

a) ¿Te parece un texto humorístico? ¿Por qué?

b) ¿Con cuál de estas acciones responderías a ese mensaje? ¿Por qué?

c) Comparte tu respuesta con tus compañeros y compañeras. Luego, votad para elegir la opción que más os haya gustado a la mayoría.

d) ¿Creéis que la persona que escribió la queja en el tablón de anuncios apreciaría vuestra solución?

TABLÓN DE ANUNCIOS

ESCRIBE

Escribe unas recomendaciones para mejorar la gestión de los residuos en tu centro escolar.

5 En grupos, vais a participar en el concurso de ideas para mejorar la gestión de los residuos en vuestro centro escolar anunciado en el tablón. Para ello, seguid estos pasos:

1 Durante tres días, observad el tipo y la cantidad de residuos que se generan en vuestro centro escolar en las diferentes actividades que en él se realizan: papeles, envases, cartuchos de tinta de impresoras, tóner de fotocopiadoras, bombillas, fluorescentes, pilas, residuos orgánicos...

2 Informaos y analizad la política actual de vuestro centro escolar en cuanto a recogida y tratamiento de residuos: ¿se hace una recogida selectiva?; ¿existen recipientes para papel, vidrio, envases, residuos orgánicos, etc.?; ¿son suficientes estos recipientes?; ¿están correctamente localizados?; a la hora de comprar materiales, ¿se tienen en cuenta aspectos como, por ejemplo, su elaboración con materiales sostenibles o que los envases utilizados sean reutilizables y reciclables?

3 A la vista de la información obtenida, ¿creéis que la gestión de los residuos de vuestro centro está bien resuelta, es suficiente y es adecuada? Identificad tanto los aciertos como las deficiencias.

4 Organizad una tormenta de ideas con propuestas de acciones para subsanar las deficiencias detectadas y mejorar en general el tratamiento de los residuos, tanto en términos de reducción, como de aprovechamiento y reciclado. Redactad con vuestras conclusiones unas recomendaciones que puedan colgarse luego en el tablón de anuncios del centro escolar.

TABLÓN DE ANUNCIOS

ESCUCHA

Conoce el Club de Mediación.

6 Escucha, copia y completa una tabla como esta en tu cuaderno para resumir el contenido del audio:

Un mediador debe...	Un mediador no debe...
....	....

7 Elige entre los siguientes adjetivos aquellos que describan mejor las características que ha de tener una persona para ejercer correctamente de mediadora en un conflicto:

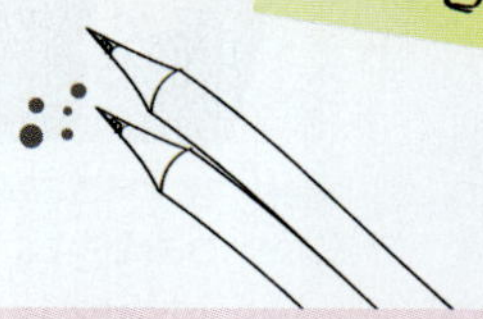

conciliadora CRÍTICA IMPARCIAL arrogante RESPETUOSA
inflexible DISCRETA EMPÁTICA EXAGERADA QUEJICA
PARCIAL EXPRESIVA tolerante PACIENTE servicial

TABLÓN DE ANUNCIOS

HABLA

Hablando se entiende la gente.

8 En grupos, leed la siguiente situación de conflicto y trabajad en una posible solución. Para ello, seguid los pasos indicados.

> El alumnado de Secundaria tiene serias discusiones sobre el uso de los espacios escolares, en concreto de las distintas zonas del patio durante el recreo. Algunas personas prefieren sentarse tranquilamente a charlar y comerse un bocadillo, otras se divierten practicando algún deporte, a otras les gusta echar una partida de ajedrez... ¡Incluso hay quienes aprovechan el recreo para tocar la guitarra o bailar!
>
> El problema es que surgen discusiones sobre quién utiliza el espacio central para jugar al balón prisionero o al fútbol, hay personas que se quejan de haber recibido un balonazo alguna vez, otras de no tener espacio para otras actividades, etc.
>
> La tensión empieza a notarse en el centro...

a) Analizad el conflicto a partir de estas preguntas:
- ¿Quiénes protagonizan el conflicto?
- ¿Cómo se sienten ante esta situación?
- ¿Qué situación lo genera?

b) Dramatizad una reunión entre las partes implicadas hasta llegar a una solución. Para ello:
- Distribuid los papeles de mediadores y delegados.
- Seguid las pautas indicadas en el audio de la actividad 6.
- Respetad los turnos de palabra.
- Escuchad con atención e interés las opiniones de los demás, sin juicios de valor.
- Apoyad vuestra opinión con argumentos claros y haced propuestas positivas.
- Mostrad disposición a cambiar de opinión si os convencen los argumentos de los demás.

c) Anotad brevemente las conclusiones a las que ha llegado vuestro grupo y compartidlas con el resto de la clase: ¿ha sido útil la mediación para conseguir una resolución pacífica y satisfactoria para todas las partes? ¿Por qué?

d) Para terminar, redactad unas normas de uso del patio entre toda la clase que se pueda colgar en el tablón de anuncios de vuestro centro escolar.

Reflexiona sobre este ámbito profesional

- Infórmate sobre la actividad de mediación: en qué consiste, cuáles son sus herramientas, qué tipo de habilidades son necesarias para ejercerla, en qué ámbitos puede ser necesaria...
- Luego, reflexiona sobre si te gustaría ejercerla. Aporta razones que justifiquen tu respuesta.

3 GRAMÁTICA

LA PALABRA

3.1 Qué es una palabra

La **palabra** es un conjunto de sonidos asociado a un significado, que en la escritura aparece entre dos espacios en blanco.

Sonidos	Palabras	Significados
l + i + b + r + o	*libro*	'conjunto de páginas escritas y unidas'
á + r + b + o + l	*árbol*	'planta leñosa'

3.2 Palabras invariables y variables

- Las **palabras invariables** mantienen siempre fija su forma. Son invariables los **adverbios** *(aquí, ayer, entonces…)*, las **preposiciones** *(con, desde, entre, por…)*, las **conjunciones** *(y, sino, pero…)* y las **interjecciones** *(¡oh!, ¡olé!)*.
- Las **palabras variables** pueden modificar su terminación para expresar cambios de género, de número, de persona, de tiempo… Son palabras variables el **sustantivo** *(libro, libros)*, el **adjetivo** *(fuerte, fuertes)*, el **verbo** *(canto, cantas, cantamos…)*, el **determinante** (*el-la, esa-esas, mi-mis…*) y el **pronombre** *(esta, estas…)*.

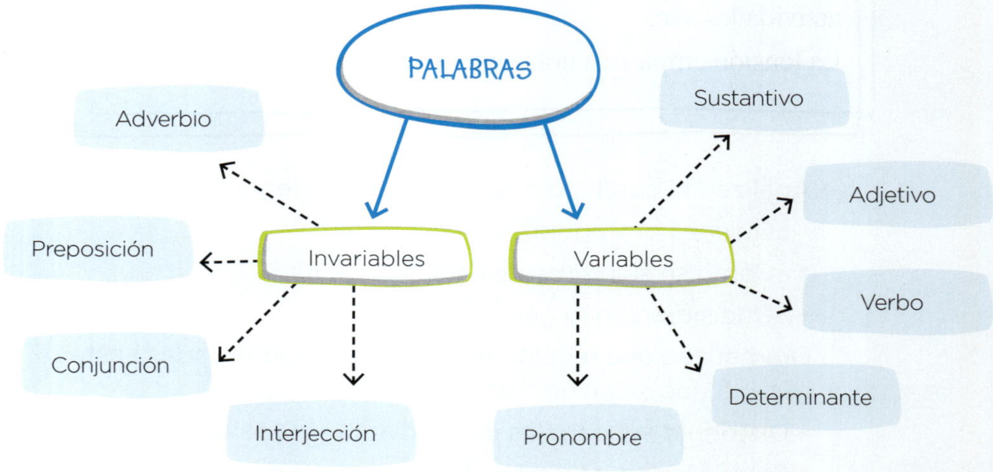

Actividades

1 ¿Cuántas palabras contienen estos versos? ¿Qué criterios has utilizado para identificar cada palabra? ¿Cuáles de estas palabras son invariables y cuáles variables?

> Caminante, son tus huellas
> el camino y nada más;
> caminante, no hay camino,
> se hace camino al andar.
>
> Antonio Machado

2 Observa el ejemplo y escribe dos variaciones de las palabras variables que hayas encontrado en la actividad anterior, como en el ejemplo:

Camino: *caminante, caminata.*

3.3 Lexemas y morfemas

En las palabras variables se distinguen dos partes: el **lexema** o **raíz,** y uno o varios **morfemas.**

- El **lexema** o **raíz** es la parte de la palabra que contiene su significado fundamental. Observa los ejemplos siguientes:

flor - al	*clar - o*	*noch - e*
flor - ista	*clar - idad*	*noch - ecita*
flor - ero	*clar - ificar*	*tras - noch - ar*
flor - ecilla	*a - clar - ar*	*a - noch - ecer*

- El **morfema** es la parte de la palabra que se une al lexema: *coche -s, camion -ero, clar -o, habl -o, ris -otada.*

Jane Goodall.

Actividades

3 Determina si son variables o invariables estas palabras: *vuestras, sí, libro, detrás, verde, cantaba, con, desde.*

4 Separa el lexema de los morfemas en estas palabras: *ojos, dolorosas, grandes, esféricos, salen, humanos.*

5 En la palabra *rojo*, al lexema *roj-* le podemos añadir varios morfemas: *roj-**o**, roj-**as**, **en**-roj-**ecido**.*

- Haz algo semejante en la palabra *blanco*, con el lexema *blanc-*.

6 Observa este diagrama y crea otro similar a partir de cada una de estas parejas de palabras: *soleado / parasol; panecillo / panadero; casita / caserío*

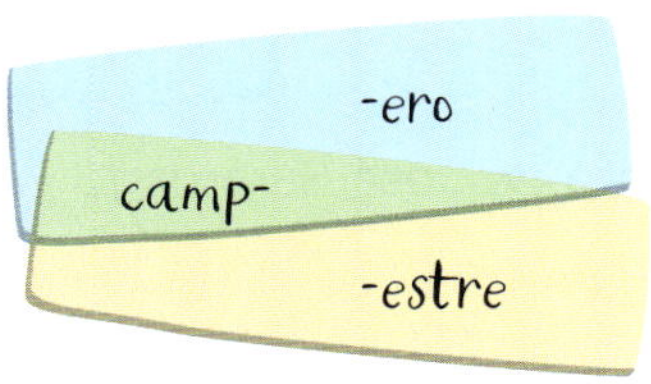

7 También son morfemas las desinencias verbales; por ejemplo, *bail-**aba**.*

- Añade cinco morfemas o desinencias verbales a este mismo verbo *bailar.*

8 Separa el lexema y los morfemas de las palabras subrayadas en las siguientes oraciones:

– *Estos libros son interesantes.*
– *Encontré a mi hermana en la panadería.*
– *Entraron en la vieja biblioteca.*
– *Trabajaba en un despacho de abogadas.*
– *El maestro seleccionó dos actividades.*

9 Lee este texto y realiza las actividades:

> Cuando miro hacia atrás y contemplo los sesenta y cinco años de mi vida transcurridos hasta hoy, parece como si las cosas sencillamente hubieran ido encajando en su sitio. Tuve una madre que no solo toleró sino que estimuló mi pasión por la naturaleza y los animales y, lo más importante, me enseñó a creer en mí misma. Ahora parece que todo hubiera ido convergiendo del modo más natural hacia aquella invitación mágica para visitar África en 1957, donde conocí al doctor Louis Leakey, la persona que me indicaría el camino de Gombe hasta los chimpancés.
>
> Jane Goodall, *Gracias a la vida*, Mondadori.

a) Determina qué palabras son variables y cuáles invariables hasta el primer punto del texto.

b) Separa los lexemas de los morfemas en estas palabras: *contemplo, años, transcurridos, animales, importante, misma.*

c) Copia y completa esta tabla en tu cuaderno:

Palabra	Categoría gramatical	Variable o invariable
natural	adjetivo	variable
mágica	....	....
atrás	....	....
hasta	....	....
estimuló	....	....
animal	....	....

3.4 Clases de morfemas

Los **morfemas** pueden ser **flexivos** o **derivativos.**

- Los **morfemas flexivos** o **desinencias** aparecen al final de la palabra y aportan información sobre el género, el número, la persona, el tiempo y el modo.

gat-	*-as*
↓	↓
lexema	morfemas flexivos

com-	*-ían*
↓	↓
lexema	morfemas flexivos

- Los **morfemas derivativos** se llaman **prefijos** cuando aparecen delante del lexema y **sufijos** cuando aparecen detrás. Estos morfemas añaden al lexema significados muy variados, como repetición *(re-tomar)*, negación *(a-político)*, profesión *(tax-ista)*, procedencia *(malagu-eño)*...

contra-	*-corriente*
↓	↓
prefijo	lexema

escrib-	*-bir*
↓	↓
lexema	sufijo

Algunos prefijos

Ejemplos

a-, an-: *analfabeto* ('que no sabe leer').
bi-: *bimotor* ('que tiene dos motores').
des-: *desigual* ('que no es igual').
poli-: *polideportivo* ('varios deportes').
pre-: *prehistoria* ('antes de la historia').

Algunos sufijos

Ejemplos

-aje: *aterrizaje* ('acción de aterrizar').
-ano, -ana: *sevillano* ('que es originario de Sevilla').
-azo: *codazo* ('golpe con el codo').
-cida: *insecticida* ('que extermina a los insectos').
-itis: *bronquitis* ('inflamación de los bronquios').

La familia léxica

Una familia léxica es el conjunto de palabras que tienen un mismo lexema o raíz. Por ejemplo: *perr-o, perr-ería, perr-uno, perr-era, perr-ero, em-perr-arse.*

Actividades

10 Clasifica los morfemas de estas palabras en flexivos y derivativos:

correrá	*pescadería*	*cartero*	*moscas*
rebuscar	*restamos*	*madrina*	*noches*
sierras	*pedían*	*cuadradas*	*media*

11 Completa en tu cuaderno la tabla con las palabras: *digital, antidisturbios, veraniego, antebrazo, comparación, columnata, retomaste, contradecía.*

Palabras con prefijo	Palabras con sufijo
....	....

12 Escribe dos palabras con cada uno de estos prefijos y sufijos: *des-, pre-; -azo, -ero.*

13 Lee este texto de José Saramago y realiza las actividades:

Ayudé muchas veces a este mi abuelo Jerónimo en sus andanzas de pastor, cavé muchas veces la tierra del huerto anejo a la casa y corté leña para la lumbre, muchas veces, dando vueltas y vueltas a la gran rueda de hierro que accionaba la bomba, hice subir agua del pozo comunitario y la transporté al hombro, muchas veces, a escondidas de los guardas de las cosechas, fui con mi abuela, también de madrugada, pertrechados de rastrillo, paño y cuerda, a recoger en los rastrojos la paja suelta que después habría de servir para lecho del ganado.

a) Señala los morfemas de las palabras subrayadas. Determina si son derivativos o flexivos.

b) Escribe algún derivado de las siguientes palabras del texto: *pastor, casa, cosecha, ganado.*

3.5 La formación de palabras

En castellano podemos formar nuevas palabras a partir de las **palabras simples** mediante los mecanismos de **composición** y **derivación.**

- Las palabras **simples** o **primitivas** contienen un solo lexema, al que pueden acompañar uno o varios morfemas flexivos: *ratón, pájar -o, mes -as, coche -s, papel -es.*
- Las palabras **compuestas** están formadas por dos o más palabras:
  saca + puntas → sacapuntas
  limpia + para + brisas → limpiaparabrisas
- Las palabras **derivadas** se forman añadiendo prefijos o sufijos al lexema:
  pescad-era   dis-poner   in-útil   re-enviar   util-idad   jerez-ano

Siglas y acrónimos

Las siglas y los acrónimos son dos procedimientos de formación de palabras:

- Las **siglas** se forman habitualmente con las letras iniciales de varias palabras: *UE* (**U**nión **E**uropea), *ONU* (**O**rganización de las **N**aciones **U**nidas).
- Los **acrónimos** son vocablos formados por fragmentos de otras palabras: *informática* (**infor**mación auto**mática).**

  También se llaman acrónimos las siglas que se pronuncian como palabras: *ovni* (**O**bjeto **V**olador **N**o **I**dentificado).

Actividades

Actividad resuelta

14 Identifica los componentes de estas dos palabras: *extraordinarias, relojeros.* ¿Son palabras primitivas, compuestas o derivadas?

Solución

extra-	-ordinari-	-as
↓	↓	↓
morfema derivativo prefijo	lexema	morfemas flexivos

reloj	-er-	-os
↓	↓	↓
lexema	morfema derivativo sufijo	morfemas flexivos

Son palabras derivadas.

15 Copia y clasifica las siguientes palabras en tu cuaderno: *bocacalle, callejuela, calle, deshielo, hielo, rompehielos, embotellar, botella, abrebotellas, cabeza, cabezota, rompecabezas.*

Simples	Compuestas	Derivadas
....	....	....

16 Escribe cuatro derivadas de la palabra *cristal.*

17 ¿De qué palabras simples provienen estas derivadas?

montañoso   amorosa   aguileño
elaboración   camioneta   casucha

18 Encuentra una palabra primitiva y todas las palabras derivadas que te sugiera esta imagen:

19 Utiliza estas palabras para formar palabras compuestas y escríbelas en tu cuaderno:

verde   negro   bien
estar   mal   decir
boca   matar   calle
moscas   noche   media

20 ¿Qué clase de palabra según su formación es *interplanetario?* ¿Por qué?

La brújula del español. Accede a esta guía del uso del español correcto en el banco de recursos de **anayaeducacion.es**.

3.6 Las palabras y su significado

Parece que en la lengua cada palabra tendría que tener un significado. Pero no siempre sucede así: puede ocurrir que a una palabra le correspondan varios significados (*banco* para sentarse o *banco* para guardar el dinero) o que el mismo significado sea expresado por varias palabras (por ejemplo, al significado 'especialista en el cuidado de los dientes' le corresponden dos palabras *odontólogo* y *dentista*).

Vamos a estudiar estos y otros fenómenos del significado de las palabras. Con ello enriquecerás tu vocabulario y te será más fácil expresarte oralmente y por escrito.

Según su significado, las palabras pueden ser polisémicas, monosémicas, sinónimas, antónimas, hiperónimas e hipónimas.

La denotación y la connotación

Cada hablante puede asociar una palabra, además de a su significado literal **(significado denotativo),** a contenidos y valoraciones que ese vocablo le sugiere **(significado connotativo).**

Por ejemplo:

- El significado denotativo de la palabra *zorro* es 'mamífero canino carnívoro salvaje'.
- El significado connotativo de la palabra *zorro* hace referencia a la cualidad humana de 'la astucia'.

Las palabras monosémicas y polisémicas

Palabras **monosémicas**

Son las que tienen un solo significado.

Ejemplo

comadreja. *s. f.* Mamífero carnívoro.

Palabras **polisémicas**

Son las que tienen más de un significado.

Ejemplo

pata. *s. f.* **1** Pie o pierna de un animal. **2** Pieza de un mueble que sirve para que se apoye en el suelo. **3** *familiar* Pierna de una persona.

Actividades

21 Lee este texto y di si las palabras subrayadas son monosémicas o polisémicas:

> Mi barrio tiene calles irregulares. Las hay amplias, con árboles frondosos que sombrean los balcones de los pisos bajos, aunque abundan más las estrechas. Estas también tienen árboles, más apretados, más juntos y siempre muy bien podados, para que no acaparen el espacio que escasea hasta en el aire, pero verdes, tiernos en primavera y amables en verano, cuando caminar por la mañana temprano por las aceras recién regadas es un lujo sin precio, un placer gratuito. Las plazas son bastantes, no muy grandes. Cada una tiene su iglesia y su estatua en el centro, figuras de héroes o de santos, y sus bancos, sus columpios, sus vallados para los perros, todos iguales entre sí, producto de alguna contrata municipal sobre cuyo origen es mejor no indagar mucho. A cambio, los callejones, pocos pero preciosos, sobre todo para los enamorados clandestinos y los adolescentes partidarios de no entrar en clase, han resistido heroicamente, año tras año, los planes de exterminio diseñados para ellos en las oficinas de urbanismo del Ayuntamiento. Y ahí siguen, vivos, como el barrio mismo.
>
> Almudena Grandes, *Los besos en el pan,* Tusquets.

22 Completa en tu cuaderno y pon ejemplos:

- *Las palabras monosémicas son ....*
- *Las palabras polisémicas son ....*

23 Busca en el diccionario tres palabras monosémicas que pertenezcan al lenguaje científico y otras tres polisémicas que utilices en tu centro escolar.

24 Completa estas oraciones en tu cuaderno con la palabra polisémica que corresponda e indica su categoría gramatical en cada caso:

a La .... eléctrica no llega a mi casa del pueblo.

b La escasez de agua es un problema .... en esta región.

c Estoy al .... de todo lo que pasó el martes.

Los sinónimos

Los **sinónimos** son palabras que tienen un significado igual o parecido. Por ejemplo, *marido* y *esposo; difícil* y *complicado; narrar* y *contar.*

Los sinónimos se utilizan para evitar la repetición de las palabras y lograr una expresión más ágil y correcta. Sin embargo, debes tener en cuenta que no siempre puedes sustituir en un texto una palabra por su sinónimo. Este depende del contexto; por ejemplo, *cima* y *cúspide* son sinónimos (*la cima de una montaña = la cúspide de una montaña),* pero no siempre se pueden sustituir *(la cúspide de una torre – *la cima de una torre).*

Los antónimos

Los **antónimos** son palabras que tienen significados contrarios. Por ejemplo, *bondad* y *maldad; claro* y *oscuro; salir* y *entrar.*

Se pueden formar antónimos con los prefijos *a-, i-, in-, im-, des-* o *anti-: anormal, ilegal, informal, imposible, descontento, antiestético.*

Hay varios tipos de antónimos:

Antónimos contrarios
↓
La oposición es gradual, de manera que entre los extremos hay grados intermedios.
↓
Ejemplo: *más rápido / menos lento*

Antónimos complementarios
↓
Un significado niega inmediatamente lo contrario.
↓
Ejemplo: *vivo / muerto*

Antónimos inversos
↓
Significados que presentan una correlación inversa.
↓
Ejemplo: *padre / hijo*

Actividades

25 Lee con atención este cuento y realiza las siguientes actividades:

Había una vez un pobre pastor que guardaba las ovejas de la gente de la aldea. [...]. Una mañana, mientras realizaba sus tareas cotidianas, el pastor oyó el crepitar de un fuego seguido de un horrible silbido. Intrigado, corrió hacia el bosque de donde procedían aquellos sonidos, y allí vio una enorme serpiente prisionera en un círculo de fuego. Las ardientes llamas estaban a punto de devorarla, pues ya empezaban a llegar a su cola... «Ayúdame, hermano hombre», parecía implorar la serpiente.

Nuestro hombre, dominando su miedo, tendió el bastón por encima de las llamas. La serpiente se enrolló en él y así pudo el pastor salvarla.

—Gracias, hermano hombre —murmuró la serpiente—, me has salvado la vida. Yo soy la reina de las serpientes. Para probarte mi gratitud, voy a concederte un don: a partir de ahora comprenderás el lenguaje de los animales: balen, bramen, rujan, píen o ladren, los entenderás como me entiendes a mí. Pero, cuidado, si revelas a alguien tu secreto, morirás.

Reine Cioulachtjian, *Cuentos y leyendas de Armenia,* Anaya.

a) Escribe un sinónimo de cada palabra subrayada en el texto. Utiliza un diccionario.

b) Los verbos *balar, bramar, rugir, piar* o *ladrar,* ¿son sinónimos?, ¿se pueden sustituir unos por otros?

26 Escribe los antónimos de las siguientes palabras del texto: *pobre, enorme, hombre, encima.*

Los hiperónimos y los hipónimos

Los **hiperónimos** son palabras dotadas de un significado genérico que incluye a otras palabras con significado más específico, que son sus **hipónimos.**

Por ejemplo: el hiperónimo *electrodoméstico* incluye a los hipónimos *lavadora, microondas, secadora, horno, batidora...*

Cuando escribas un texto, los hiperónimos y los hipónimos te ayudarán a enriquecer tu redacción, porque evitarás las repeticiones de palabras.

La cohesión textual

Los sinónimos, los antónimos, los hiperónimos y los hipónimos se utilizan en los textos orales y escritos para conseguir su **cohesión** textual y aumentar su **coherencia.**

Como ya sabes, los textos son coherentes cuando todas sus partes se refieren al mismo tema; mediante estos **mecanismos de cohesión** evitamos repetir las palabras sin perder la coherencia. Observa cómo se utilizan algunos de ellos en este texto:

Ayer me desperté con mucha fiebre y fuertes molestias de garganta. Pensé que tenía anginas. El médico me diagnosticó amigdalitis, que es una enfermedad leve, pero muy dolorosa.

3.7 El cambio semántico

La **semántica** es la parte de la lingüística que estudia el significado de las palabras, de los enunciados y de los textos.

Las lenguas se modifican y se transforman con el paso del tiempo. Cuando esta evolución afecta al significado, decimos que se ha producido un **cambio semántico.**

Algunas de las razones que influyen en el cambio semántico son:

- Las **causas históricas.** Hay palabras que modifican su contenido al utilizarse en una situación nueva: por ejemplo, el significado original de *ventana* es 'abertura en una pared para dar luz y ventilación a una habitación'. Actualmente, en el ámbito de la informática significa también 'área de la pantalla de un ordenador donde se visualiza una aplicación'.
- Las **causas sociales.** Ciertos prejuicios sociales, como la superstición o el pudor, hacen que en nuestra sociedad esté mal visto pronunciar determinadas palabras, son las **palabras tabú** *(retrete, viejo, ciego...).* En la lengua, entonces, aparecen otras palabras llamadas **eufemismos,** que las sustituyen *(servicio, anciano, invidente...).*

Actividades

27 Identifica el término genérico o hiperónimo correspondiente al nombre de estos objetos. ¿Sabrías encontrar dos hipónimos más?

28 ¿De qué hiperónimo son hipónimos las palabras *salmón, merluza, atún, piraña, tiburón, sardina?*

29 Indica varios hipónimos de cada uno de estos hiperónimos: *mueble, automóvil, pez.*

30 Lee el siguiente texto y realiza las actividades:

> Atendí a los huéspedes en el desayuno por primera vez. Casi todos pedían lo típico: zumo, café, tostadas, salchichas y huevos fritos. La mayoría eran jóvenes, en parejas o pequeños grupos, y había un par de familias con niños. Después de recoger el desayuno, Mary me explicó las tareas de limpieza, básicamente hacer las camas y barrer en las plantas superiores.
>
> Finalizado el trabajo, comimos juntas en la cocina, sobre un mantel amarillo con flores azules que hacía daño a la vista, aunque no le dije nada para no ofender. Mary había preparado una ensalada y algo de carne a la plancha.

Laura Andújar Lorca, *El trébol de Kinsale,* Anaya.

a) Localiza en el texto cinco hipónimos e indica a qué hiperónimo corresponden.

b) ¿Qué hipónimos de la palabra *huéspedes* se mencionan?

3.8 Conjuntos de palabras según su significado

Las palabras según su significado pueden agruparse en **campos semánticos** o en **campos de experiencia.**

SEGÚN SU SIGNIFICADO LAS PALABRAS SE AGRUPAN EN:

Campos semánticos

Conjuntos de palabras formados por un hiperónimo y todos sus hipónimos.

Ejemplo

Forman un campo semántico el hiperónimo *instrumento* y sus hipónimos *guitarra, violín, flauta, arpa...*

Campos de experiencia

Conjuntos de palabras que se refieren a un mismo tema y suelen usarse en circunstancias parecidas.

Ejemplo

Pertenecen al campo de experiencia del *aula* las palabras *pupitre, pizarra, silla, tiza, lámpara, puerta, ventana, alumna, profesor...*

Actividades

Actividad resuelta

31 Busca tres palabras que pertenezcan al campo semántico de cada uno de estos hiperónimos y luego, tres palabras que pertenezcan al mismo campo de experiencia: *fruta, vehículo* y *árbol.*

Solución

Campo semántico

fruta	vehículo	árbol
Manzana, piña, melocotón.	Camión, autobús, furgoneta.	Roble, pino, sauce.

Campo de experiencia

fruta	vehículo	árbol
Vitamina, zumo, racimo.	Rueda, gasolina, carretera.	Raíz, bosque, rama.

32 Lee el siguiente texto y realiza las actividades:

Castores en la Antártida

Lo que surgió fue un animal de aspecto muy somnoliento. Flotó unos segundos de un lado al otro y, tras sacudir la cabeza como un perro, trepó a una roca cubierta de nieve, a menos de dos metros de donde yo estaba sentado. Entrecerró los ojos y no volvió a moverse. Yo también permanecí inmóvil. Tras mirarme unos momentos, procedió a acicalarse con las patas delanteras. Mientras yo lo veía limpiarse las mejillas, frotarse las orejas, uno de los pequeños subió a tomar aire a su lado.

Ramón Campayo, *Desarrolla una mente prodigiosa,* EDAF.

a) Identifica términos que pertenezcan al campo semántico de «las partes del cuerpo».

b) Copia la oración que contiene el hiperónimo de la palabra *castor.*

c) ¿Qué palabra del texto pertenece al campo de experiencia del paisaje antártico?

33 Observa la imagen e indica tres palabras que pertenezcan al campo de experiencia del *jardín.*

Reflexiona sobre la gramática

Solución paso a paso

1 Observa y sigue los pasos para analizar los componentes de una familia léxica:

empapelar - papel - papelerías - pisapapeles

Paso 1. Identifica el lexema que comparten estas palabras.

empapelar - papel - papelerías - pisapapeles

Paso 2. Identifica la palabra primitiva, las palabras derivadas y la palabra compuesta.

Primitiva: *papel.* Derivadas: *empapelamos, papelería.* Compuesta: *pisapapeles.*

Paso 3. En las palabras derivadas, identifica la clase de morfema en cada caso: ¿flexivo, derivativo? Si se trata de un morfema derivativo, ¿es un prefijo o un sufijo?

em- ↓ morfema derivativo prefijo	papel ↓ lexema	-amos ↓ morfemas flexivos
papel ↓ lexema	-ería ↓ morfema derivativo sufijo	-s ↓ morfema flexivo

2 Lee con atención este texto y realiza las actividades:

> Por fin llegó una carta de los padres de Lara, a través de la Cruz Roja. Había comenzado la primavera. La pequeña se hallaba jugando en el jardín cuando vio a la educadora que corría hacia ella con el rostro risueño y una carta en la mano. Cuando Lara rasgó el sobre, se le nublaron los ojos, comenzó a temblarle el pulso y tuvo que sentarse en el banco del jardín para no caer.
>
> ¿Qué decía la carta? Solo una frase de su madre se le quedó grabada en la memoria para siempre: «mis pobres hijitos de mi alma». Desde ese momento se estableció una correspondencia regular entre ellos y sus padres, que ahora residían en Francia.
>
> Victoria Sierra, *Palabras huérfanas: los niños de la Guerra Civil,* Taurus.

a) Extrae del texto cinco palabras variables y otras cinco invariables.

b) Subraya en tu cuaderno los lexemas y los morfemas en las palabras variables que has encontrado en la actividad anterior.

c) Copia una tabla como esta y clasifica en ella los morfemas de esas mismas palabras:

Flexivos	Derivativos
....	....

d) Señala el lexema y el sufijo de la palabra *educadora.* ¿Qué significado aporta el sufijo al lexema? Escribe tres palabras de su misma familia léxica.

e) Añade a los verbos subrayados en el texto un mismo prefijo para formar nuevos verbos. Luego, escribe una oración con cada uno.

f) Escribe tres palabras pertenecientes a la misma familia léxica de *carta* y *camino.*

3 Copia la tabla y clasifica en ella estas palabras:

latosa, abrelatas, lata

florero, coliflor, flor

avión, avioneta, portaaviones

Primitiva	Compuesta	Derivada
....	....	....

4 Escribe cinco palabras derivadas con cada uno de estos sufijos: *-ista, -ería.* Luego, escribe cinco derivadas con estos prefijos: *anti-, bi-, in-.*

5 Identifica los componentes de estas palabras derivadas: *antihongos, biplaza, supermoderna.*

6 Clasifica estas palabras según sean monosémicas o polisémicas: *carta, apendicitis, cacerola* y *ojo.*

7 Encuentra un sinónimo de cada una de estas palabras: *comenzar, pequeña, rostro, risueño, rasgó.*

8 Escribe los antónimos de: *contento, paciente, decente, sensato, deslizante, oxidante, ordenada.*

9 ¿De qué hiperónimo son hipónimos las palabras *navío, carabela, galeón* y *goleta?*

10 Enumera cinco palabras de los campos semánticos de *alimentos, monedas* e *instrumentos musicales.*

11 Escribe el campo de experiencia de *educación.*

Visualiza la gramática. Comprende los conceptos gramaticales mediante este vídeo disponible en **anayaeducacion.es**.

Repaso interactivo. Accede a este juego interactivo y repasa el contenido de la unidad en **anayaeducacion.es**.

En el **«Portfolio»** del banco de recursos de **anayaeducacion.es**, encontrarás orientaciones sobre cómo elaborar tu portfolio.

Organiza tus ideas gramaticales

Copia y completa el siguiente mapa conceptual jerárquico en tu cuaderno:

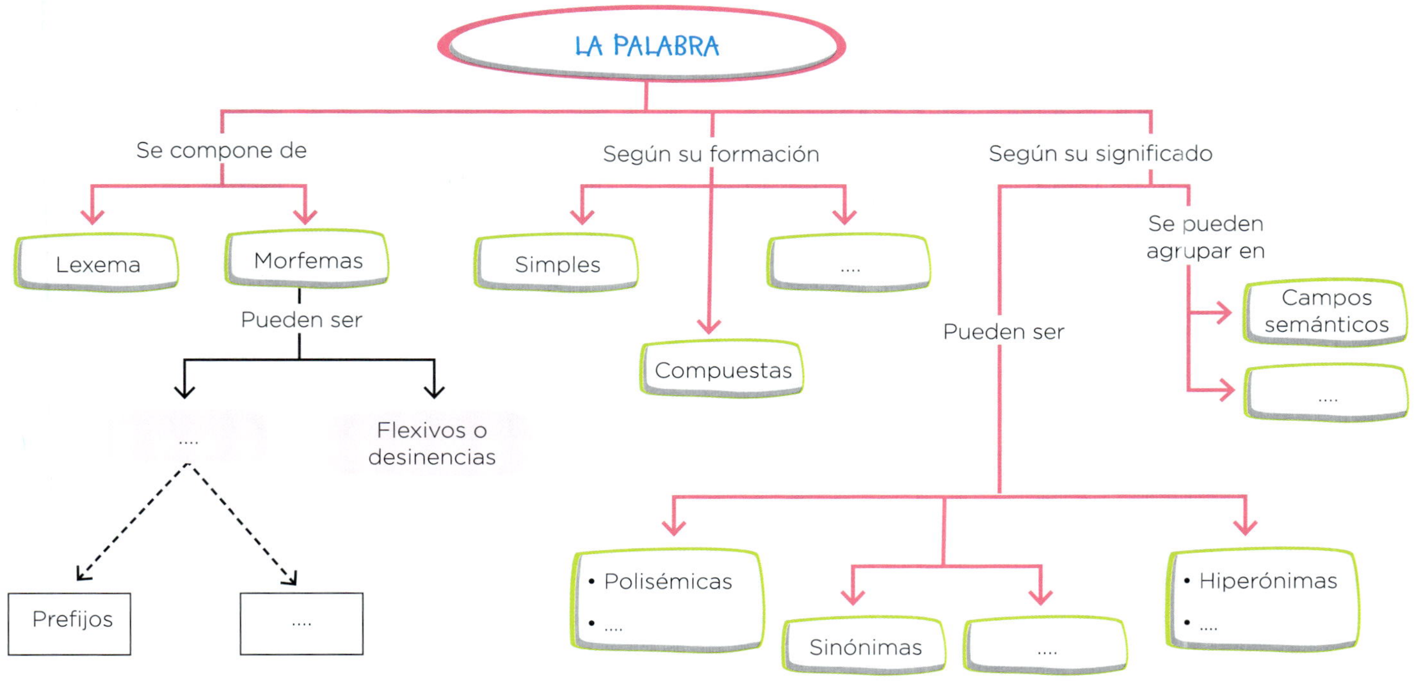

Practica la ortografía

1 Lee el texto y realiza las actividades:

Me llamo Eva, que quiere decir «vida», según un libro que mi madre consultó para escoger mi nombre. Nací en el último cuarto de una casa sombría y crecí entre muebles antiguos, libros en latín y momias humanas, pero eso no logró hacerme melancólica, porque vine al mundo con un soplo de selva en la memoria. Mi padre, un indio de ojos amarillos, provenía del lugar donde se juntan cien ríos, olía a bosque y nunca miraba al cielo de frente, porque se había criado bajo la cúpula de los árboles y la luz le parecía indecente. Consuelo, mi madre, pasó la infancia en una región encantada, donde por siglos los aventureros han buscado la ciudad de oro puro que vieron los conquistadores cuando se asomaron a los abismos de su propia ambición. [...] Los misioneros recogieron a Consuelo cuando todavía no aprendía a caminar, era solo una cachorra desnuda y cubierta de barro y excremento [...]. Al bañarla comprobaron sin lugar a dudas que era niña, lo cual les creó cierta confusión, pero estaba allí y no era cosa de lanzarla al río, de modo que le pusieron un pañal para taparlas vergüenzas, le echaron unas gotas de limón en los ojos para curar la infección que le impedía abrirlos y la bautizaron con el primer nombre femenino que les pasó por la mente.

Isabel Allende, *Eva Luna*, Debolsillo.

a) Separa en sílabas estas palabras del texto: *quiere, confusión, antiguos, conquistadores, infección, ambición, abrirlos, bautizaron.*

b) Localiza en el texto: tres palabras con tres consonantes seguidas; una palabra con hiato; una palabra con diptongo de las combinaciones vocal cerrada + vocal abierta, vocal cerrada + vocal cerrada, y vocal abierta + vocal cerrada.

c) Clasifica estas palabras según su número de sílabas: *Eva, escoger, melancólica, femenino, cielo, luz, echaron, sin, ambición, cual, allí, conquistadores.*

ORTOGRAFÍA CONSULTA EL ANEXO 1

2

NUESTROS REFERENTES

Hay figuras célebres a las que admiramos y respetamos. Son personas imaginativas, curiosas y luchadoras que, gracias a su esfuerzo, han destacado en el mundo de la ciencia, del arte, del deporte... Aprendemos de sus logros y de sus fracasos, de sus cualidades y de sus valores. Nos emocionan, nos hacen crecer, nos impulsan y nos inspiran... ¡Son nuestros referentes!

Plano abierto. Accede al vídeo de la unidad en el banco de recursos de **anayaeducacion.es**.

Intercambia opiniones

PERSONAS DIGNAS DE ADMIRACIÓN

¿A qué figura célebre admiras?

¿Qué lección puedes aprender de esa persona?

¿Qué te gustaría preguntarle?

¿Hay alguna persona cercana a ti a quien admiras?

¿Por qué la admiras?

¿En qué tipo de persona célebre te gustaría convertirte?

¿Qué cualidades necesitarías reforzar para conseguirlo?

QUÉ VAS A ENCONTRAR EN ESTA UNIDAD

1 LECTURA ODS

La vida está hecha de experiencias buenas y malas. Todas ellas nos enseñan algo, todas representan una oportunidad para crecer y mejorar. El protagonista de la lectura narra una experiencia triste de su infancia. ¿Crees que podrá aprender algo de ella?

Consulta el vídeo en el banco de recursos de **anayaeducacion.es** y reflexiona sobre la educación de calidad: meta ONU 4.1.

2 COMUNICACIÓN

La narración de historias ha existido en todas las épocas y en todas las culturas. Está presente en la novela, en el cuento, en el mito, en la fábula, en el cómic… También en nuestras conversaciones, en las pinturas de los museos, en el cine…

Pero, ¿sabrías decir qué es una narración, cuál es su estructura y cuáles son los elementos que la integran?

3 GRAMÁTICA

¿Sabes qué categoría de palabras utilizamos cuando queremos designar a las personas, a los animales, los objetos o los lugares que nos rodean?

ORTOGRAFÍA Al final de este libro encontrarás un anexo con reglas ortográficas y actividades que te ayudarán a solucionar las propuestas a lo largo de esta unidad: **las reglas de acentuación.**

Comprensión oral

Escucha el texto locutado de la lectura y responde a las siguientes preguntas:

- ¿Quién narra la historia y quién la protagoniza?
- ¿Qué edad tenía el protagonista en ese momento?
- ¿En qué lugar ocurren los sucesos narrados?

Sin autógrafo por no tener bolígrafo

Yo tenía ocho años. En aquel momento de mi vida, nada me importaba más que el béisbol. Mi equipo eran los New York Giants, y seguía las actividades de aquellos hombres de gorra naranja y negro con la devoción de un verdadero creyente. Incluso ahora, al recordar ese equipo que ya no existe, que jugaba en un estadio que ya no existe, soy capaz de recitar los nombres de casi todos los jugadores. Alvin Dark, Whitey Lockman, Don Mueller, Johnny Antonelli, Monte Irvin, Hoyt Wilhelm. Pero ninguno era tan grande, tan perfecto ni tan digno de veneración como Willie Mays, el incandescente *Say-Hey Kid*.

Aquella primavera me llevaron a mi primer partido de liga. Unos amigos de mi padre tenían asientos de tribuna en el Polo Grounds, y una noche de abril fui con mis padres y sus amigos a ver a los Giants contra los Milwakee Braves. No sé quién ganó, no recuerdo un solo detalle del partido, pero sí recuerdo que, cuando acabó, mis padres y sus amigos se quedaron charlando en sus asientos hasta que todos los espectadores se hubieron marchado. Se nos hizo tan tarde que tuvimos que cruzar el campo y salir por una de las puertas centrales, que era la única que estaba abierta. Y dio la casualidad de que esa salida estaba justo debajo de los vestuarios de los jugadores.

En el momento en que nos acercamos a la puerta, **atisbé** a Willie Mays. No había duda alguna de que era él. Se trataba de Willie Mays en persona, ya sin el uniforme del equipo, vestido con ropa de calle a menos de tres metros de mí. Conseguí que mis piernas me llevaran hacia él, y a continuación, haciendo **acopio** de todo mi valor, hice que las palabras me salieran de la boca:

—Señor Mays —le dije—, ¿podría firmarme un autógrafo?

Mays debía de tener unos veinticuatro años, pero fui incapaz de llamarlo por su nombre de pila.

Su respuesta a mi pregunta fue brusca pero amigable.

—Claro, muchacho —dijo—. ¿Tienes un lápiz?

Recuerdo que estaba tan lleno de vida, hasta tal punto rebosaba juventud y energía, que no dejaba de dar saltitos mientras hablaba.

Pero yo no llevaba lápiz, de modo que le pedí a mi padre si podía prestarme el suyo. Él tampoco llevaba. Ni mi madre. Y resultó que los demás adultos tampoco.

El gran Willie Mays seguía allí, mirándome en silencio. Cuando quedó claro que no había nadie en el grupo que llevara nada con lo que escribir, se volvió hacia mí y se encogió de hombros.

—Lo siento, chico —dijo—. Si no tienes lápiz, no puedo firmarte un autógrafo.

Y salió del estadio perdiéndose en la noche.

No quería llorar, pero las lágrimas empezaron a caerme por las mejillas, y no pude hacer nada para impedirlo. Y lo peor fue que seguí llorando en el coche hasta que llegamos a casa. Sí, estaba abatido, decepcionado, pero también irritado conmigo mismo por no ser capaz de controlar las lágrimas. No era ningún chiquillo. Tenía ocho años, y se suponía que un muchacho de esa edad no debía llorar por algo así. No solo no tenía el autógrafo de Willie Mays, sino que tampoco tenía nada más. La vida me había puesto a prueba, y yo no había sabido dar la talla.

Después de aquella noche, comencé a llevar un lápiz conmigo allí donde iba. Adquirí la costumbre de no salir de casa sin antes asegurarme de que llevaba un lápiz en el bolsillo. No es que planeara hacer nada con él, pero no quería que me tomaran otra vez desprevenido. En una ocasión ya me habían pescado con las manos vacías, y no iba a permitir que eso volviera a pasarme.

Cuando menos, los años me han enseñado esto: si llevas un lápiz en el bolsillo, hay bastantes posibilidades de que algún día te sientas tentado a utilizarlo.

Como me gusta decirles a mis hijos, así es como me hice escritor.

Paul Auster, *El cuaderno rojo,* Seix Barral.

Vocabulario

Atisbar: ver a lo lejos.

Acopio: acumulación de gran cantidad de una cosa.

Abatido: decaído, sin ánimo.

Hipertexto. Conoce al autor y contextualiza su obra en el banco de recursos de **anayaeducacion.es**.

Comprende el texto

Pasión por leer. Disfruta con la lectura de otros textos sobre personalidades célebres en el banco de recursos de **anayaeducacion.es**.

Extrae información

1 ¿Cuál era la mayor pasión del protagonista?

2 ¿Qué colores identifican a su equipo? ¿En qué prenda se reflejan?

3 ¿Qué miembros de la familia del protagonista se citan en el texto?

4 ¿Qué recuerdo de aquel partido guarda el narrador y de qué no se acuerda?

5 Explica cómo reacciona el niño ante la imposibilidad de que el jugador le firme un autógrafo.

6 ¿Qué hizo el niño a partir de esa desafortunada noche?

7 Copia y completa este esquema:

Introducción → ....
↓
Nudo → ....
↓
Desenlace → ....

Reflexiona sobre la lengua

8 Localiza en el texto palabras sinónimas de: *hablando, atravesar, valentía, enfadado, hábito.*

9 ¿Qué dos palabras emplea el jugador de béisbol para nombrar al protagonista?

10 Copia la tabla en tu cuaderno y complétala con estas palabras de la lectura: *ocho, béisbol, devoción, capaz, abril, única, vida, lápiz, autógrafo, llorar, lágrimas, algún.*

Agudas		Llanas		Esdrújulas
Con tilde	Sin tilde	Con tilde	Sin tilde	Con tilde
....	....	....	....	....

11 En el texto se recogen monosílabos como *mi, mí, el, él, se, sé, si, sí.* ¿Cómo se denomina la tilde que los diferencia? Elige una de estas parejas de palabras y escribe en tu cuaderno una oración con cada una de ellas.

ORTOGRAFÍA CONSULTA EL ANEXO - 2 3 4 ->

Interpreta y analiza

12 Explica el significado de la expresión «dar la talla» y escribe una oración con ella en tu cuaderno.

13 ¿Por qué el protagonista no quería llorar?

14 En tu opinión, ¿es comprensible la reacción del niño tras no haber obtenido el autógrafo de su jugador preferido? ¿Cómo crees que habrías reaccionado tú?

15 Tras este incidente, el protagonista aprende una lección práctica de la vida. ¿Cuál es esta lección?

Valora y relaciona con tu mundo

16 **Sumamos.** ¿Has tenido una experiencia similar en algún momento de tu vida? Compártela con tus compañeras y compañeros de manera oral.

- Luego, debatid en clase sobre el tema: ¿se puede aprender algo de todas las experiencias de la vida, sean estas buenas o malas? ¿Por qué?

17 Es muy frecuente que admiremos a personas que, por su actividad en distintos campos, nos enseñan y se constituyen en nuestros referentes. Indica a quiénes admiras tú y por qué.

18 **La pregunta.** Elige a una de las personas a las que admiras y piensa en la pregunta más importante que podrías hacerle y que no pueda responderse con un «sí» o un «no».

19 **¿Qué pasaría sí...?** Imagina dos cosas que podría haber hecho el protagonista para conseguir el autógrafo.

Amplía tu vocabulario

ADMIRACIÓN Y RESPETO

Hay personas a las que **admiramos** y **respetamos** porque han realizado acciones que nos parecen importantes o por haber contribuido al bien social o al avance de las ciencias o del pensamiento.

1 Escribe en tu cuaderno dos sinónimos y dos antónimos del verbo *admirar.*

2 Copia y numera del 1 al 3 estos verbos según el grado de estima que expresen (1 es la mínima estima y 3 es la máxima): *idolatrar, gustar, admirar.*

3 El prefijo *auto-* significa 'propio' o 'por uno mismo'. Según esto, explica el significado de estas palabras: *autoestima, autobombo, autosuperación, autobiografía, autocrítica.* Luego, escribe dos palabras más que contengan este prefijo.

4 ¿Es exactamente lo mismo *admirable* que *famoso?* Escribe dos oraciones en las que se refleje la diferencia.

5 ¿Cuál de las expresiones destacadas en estas oraciones puedes sustituir por la palabra *admirada?*

A Se quedó **con la boca abierta** al escuchar su canción.

B Se quedó **frita** al escuchar su canción.

6 Escribe tres palabras de la familia léxica de *admirar.*

7 Explica el significado de la expresión «ganarse el respeto» y escribe una oración en la que la utilices.

8 Escribe el sustantivo correspondiente a estos adjetivos, como en el ejemplo. ¿Cómo se escribe, con *b* o con *v?*

respetable → respetabilidad

estable	*amable*	*permeable*	*vulnerable*
compatible	*sociable*	*fiable*	*incorregible*

9 Completa en tu cuaderno la palabra que corresponde a cada definición:

- Respeto a las ideas y creencias de los demás. → T_ _ _ _ _ _ C _ _
- Admirar con exaltación a alguien. → I_ _ L_T_ _ _
- Mujer que realiza una acción valerosa en beneficio de una causa noble. → H _ R_ Í _ _

10 **Interpretación compartida.** En grupos, leed la cita de Séneca, a la derecha: ¿cuál creéis que es su significado? Compartid vuestra respuesta con el resto de la clase y consensuad una respuesta común.

2 COMUNICACIÓN

LA NARRACIÓN

2.1 Qué es una narración

La **narración** es una forma del discurso cuya finalidad es contar sucesos reales o imaginarios que les ocurren a unos **personajes** en un **tiempo** y en un **lugar.**

Los textos narrativos pueden ser literarios o no literarios.

- Las **narraciones literarias** cuentan hechos ficticios utilizando el lenguaje de manera especial y muy cuidada. Son narraciones literarias las novelas y los cuentos. A veces, estas narraciones combinan elementos reales y ficticios, como ocurre, por ejemplo, en las leyendas o en los poemas épicos.
- Las **narraciones no literarias** cuentan hechos reales y suelen aparecer, principalmente, en los medios de comunicación. Su lenguaje está menos elaborado. La noticia, por ejemplo, es un texto narrativo; también las cartas personales o los chistes.
- Asimismo, son narraciones los **relatos orales.** Por ejemplo, cuando les contamos a nuestras amistades lo que hemos hecho durante las vacaciones.

2.2 Estructura de la narración

Las narraciones suelen tener tres partes:

Planteamiento o introducción → **Nudo** → **Desenlace**

- **Planteamiento o introducción:** Presenta a uno o varios personajes en unas determinadas circunstancias que constituyen el inicio de la historia.
- **Nudo:** Es el desarrollo de los hechos. La acción tiene que avanzar de una situación inicial a otra situación que plantea algún conflicto.
- **Desenlace:** Es la solución del conflicto o problema planteado. Suele ser el momento fundamental de la narración.

Actividades

1 Ordena los bocadillos en tu cuaderno para encontrar la estructura de esta narración. ¿Cuál se corresponde con el planteamiento, cuál con el nudo y cuál con el desenlace?

A De pronto, al girar la mirada... ¡adivina qué es lo que vio! ¡Su mochila, flamante, a su lado! Parece que el dueño o la dueña del coche imaginó que la persona que había olvidado su mochila volvería al mismo sitio a recuperarla. ¡Menos mal que todo se quedó en un gran susto!

B Mi hermano Javier es muy despistado. ¡Siempre le suceden cosas increíbles! El martes pasado, cuando iba muy temprano al instituto, se encontró en el camino con su amiga Manuela. Se quedaron hablando unos minutos y se dejó la mochila olvidada sobre el capó de un coche.

C Cuando se dio cuenta y volvió a buscarla, la mochila ya no estaba allí. ¡Pobre Javier! Pensaba que había perdido su mochila para siempre, con todos sus libros, sus cuadernos... En fin, un desastre. ¡Imagínate! Todo cabizbajo, se sentó en un banco al lado del coche. ¿Qué podía hacer?

2.3 El narrador

El **narrador** es quien habla en el relato para contar la historia.

No debes confundir al narrador con el **autor:** el autor es la persona real que ha escrito el relato, mientras que el **narrador** es un personaje más creado por el autor para que nos cuente la historia.

Clases de narrador

El autor o la autora decide si quiere que el narrador sea **externo** o **interno.**

CLASES DE NARRADOR

Narrador externo
Cuenta los hechos en tercera persona porque no participa en la historia.

Ejemplo

Allí estaba su madre. La Petra tenía intención de mostrarse severa; pero al ver a su hijo se olvidó de su severidad y le abrazó con efusión.

Pío Baroja, *La busca*, Alianza Editorial.

Narrador interno
Cuenta los hechos en primera persona porque es el protagonista de la historia o uno de sus personajes.

Ejemplo

Creo que puedo contar con los dedos de mi mano los partidos de fútbol que he visto enteros a lo largo de mi vida. El del domingo veintiuno fue uno de ellos. No sé explicar en qué consisten un fuera de juego o una falta; pero el domingo no perdí de vista ni un segundo del encuentro.

Ángel González, en *diariodejaen.es*.

En el **texto narrativo** que has escuchado y leído al principio de esta unidad, el autor ha recurrido a un narrador interno que nos cuenta lo que le ocurrió a él mismo cuando era pequeño, a la salida de un partido de béisbol.

Actividades

2 Lee el siguiente texto y realiza las actividades:

Las estaciones son por lo menos invierno, primavera y verano. El invierno es famoso por las bufandas y la nieve. Cuando los viejecitos y las viejecitas tiemblan en invierno se dice que tiritan. Yo no tirito porque soy niña y no viejecita y además porque me siento cerca de la estufa. En el invierno de los libros y las películas hay trineos, pero aquí no. Aquí tampoco hay nieve. Qué aburrido es el invierno aquí. Sin embargo, hay un viento grandioso que se siente sobre todo en las orejas. Mi abuelo Rafael dice a veces que se va a retirar a sus cuarteles de invierno. Yo no sé por qué no se retira a cuarteles de verano.

Mario Benedetti, *Primavera con una esquina rota*, Alfaguara.

a) Identifica el autor y el narrador del fragmento literario que has leído.

b) ¿Es un narrador interno o externo? Justifica tu respuesta.

c) Transforma el fragmento anterior para cambiar el tipo de narrador. Para ello, continúa el siguiente texto:

Las estaciones son por lo menos invierno, primavera y verano. El invierno es famoso por las bufandas y la nieve. Cuando los viejecitos y las viejecitas tiemblan en invierno se dice que tiritan. Ella no tirita...

d) Invéntate una historia y nárrala por escrito utilizando la primera persona verbal y, luego, la tercera persona verbal. ¿En cuál de las dos historias te has sentido más involucrado o involucrada?

2.4 La acción

La **acción** o **historia** son los hechos contados en una narración.

EN LA NARRACIÓN SE PUEDEN ORDENAR LOS HECHOS DE DIVERSAS MANERAS

- Según un **orden cronológico.** Este es el orden más sencillo y habitual. --->

Ejemplo

Aunque había entrenado duramente, se había sentido nerviosa en la línea de salida. Los gritos de ánimo de sus familiares y amistades a lo largo de la carrera le habían ayudado mucho: «¡Vamos, campeona!». El momento de cruzar la meta fue glorioso. Sintió una gran emoción, una increíble sensación de triunfo. Lola subió al podio jubilosa y satisfecha por el trabajo bien hecho.

- Empezando el relato por el **momento más importante.** --->

Ejemplo

El momento de cruzar la meta fue glorioso. Sintió una gran emoción, una increíble sensación de triunfo. Aunque había entrenado duramente, se había sentido nerviosa en la línea de salida. Los gritos de ánimo de sus familiares y amistades a lo largo de la carrera le habían ayudado mucho: «¡Vamos, campeona!». Lola subió al podio jubilosa y satisfecha por el trabajo bien hecho.

- Narrando primero **el final.** --->

Ejemplo

Lola subió al podio jubilosa y satisfecha por el trabajo bien hecho. Aunque había entrenado duramente, se había sentido nerviosa en la línea de salida. Los gritos de ánimo de sus familiares y amistades a lo largo de la carrera le habían ayudado mucho: «¡Vamos, campeona!». El momento de cruzar la meta fue glorioso. Sintió una gran emoción, una increíble sensación de triunfo.

Actividades

3 Lee con atención el siguiente texto y realiza las actividades:

> No me sorprendió, al bajar corriendo el vestíbulo, ver que una brillante mañana de junio había seguido a la tormenta de la noche anterior, ni sentir el aliento de una brisa limpia y fragante a través de la puerta abierta. La naturaleza debía de estar contenta de que yo fuese feliz. Una mendiga con su hijo, dos seres pálidos y harapientos, se aproximaban por la calzada, y salí corriendo para darles todo el dinero que tenía en el monedero, unos tres o cuatro chelines. Para bien o para mal, debían compartir mi júbilo.

Charlotte Brontë, *Jane Eyre*, Cátedra.

a) Resume el contenido del texto en tres líneas.

b) El relato está organizado de forma cronológica. Transfórmalo de manera que empiece por el final.

Una mendiga con su hijo...

c) ¿Cuál es el momento más importante del relato que has leído? Descríbelo en tu cuaderno.

d) Ahora, construye el relato empezando por el momento que para ti es el más importante. Por ejemplo:

La naturaleza debía de estar contenta de que yo fuese feliz.

2.5 Los personajes

Los **personajes** son los seres que intervienen en los hechos de la narración.

El autor o la autora utiliza las acciones, las palabras, las emociones y las características de sus personajes para contar lo que sucede en la historia.

Se distinguen varios tipos de personajes:

- **Personaje principal,** también llamado **protagonista.** En una narración puede haber más de un personaje principal. A veces, hay un personaje, también importante, que plantea problemas y se opone al protagonista; se le conoce como **antagonista.**
- **Personajes secundarios,** que participan en menor grado en la acción.

Actividades

4 Lee la descripción de estos personajes e identifica al protagonista, al antagonista y al secundario. Justifica tu respuesta.

Sherlock Holmes, el doctor Watson y el profesor Moriarty son personajes de una serie de novelas policíacas del autor británico Arthur Conan Doyle.

A El profesor Moriarty, archienemigo de Holmes, es un criminal extremadamente culto, inteligente y despiadado que está detrás de muchos de los casos que Sherlock Holmes tiene que resolver.

B El doctor Watson es médico de profesión. Es un hombre de mediana estatura y de constitución robusta. Su bigote le da un aspecto afable y encantador. Es humilde, inteligente y un fino observador. Watson ayuda a Holmes a resolver los misteriosos casos que se le presentan, y es además el narrador de muchas de sus aventuras.

C Sherlock Holmes es un maestro en el oficio de detective. Es un hombre alto y delgado. Tiene una nariz afilada y aguileña, y una mirada penetrante. El conjunto de sus facciones le da un aspecto astuto, ingenioso y sagaz. Su carácter es complicado y, a veces, altanero.

Webquest. Accede a esta actividad en el banco de recursos de **anayaeducacion.es** e investiga sobre los grandes personajes de la literatura.

Cómo hablan los personajes

EL AUTOR O LA AUTORA PUEDE UTILIZAR DOS MODOS O ESTILOS PARA REPRODUCIR LAS PALABRAS DE LOS PERSONAJES DE SU NARRACIÓN:

Estilo directo
Reproduce las palabras de los personajes directamente, tal cual las dicen.

En la escritura las distintas intervenciones pueden ir...

- entre **comillas,** si van en medio del texto.

Ejemplo

Cuando Susana llegó a casa, Fernando le preguntó: «¿Has comprado las entradas para el cine?». «No», le contestó Susana, y añadió: «¿Puedes comprarlas tú?». «No te preocupes, ahora mismo las compro», respondió Fernando. Y encendió el ordenador dispuesto a comprarlas.

- con **rayas,** si las palabras están al principio del párrafo.

Ejemplo

Cuando Susana llegó a casa, Fernando le preguntó:
—¿Has comprado las entradas del cine?
—No —contestó Susana—. ¿Puedes comprarlas tú?
—No te preocupes, ahora mismo las compro —respondió Fernando.
Y encendió el ordenador dispuesto a comprarlas.

Estilo indirecto
Presenta las palabras de los personajes haciéndolas depender de construcciones del tipo *decir que, preguntar si, añadir, exclamar que...*

Ejemplo

Cuando Susana llegó a su casa, Fernando le preguntó si había comprado las entradas para el cine. Susana le dijo que no había tenido tiempo, y añadió si podía comprarlas él. Fernando le contestó que no se preocupara, que las compraba en ese mismo momento. Y encendió el ordenador dispuesto a comprarlas.

Actividades

5 Lee este fragmento de una narración de Mark Twain y realiza las actividades:

> Al poco tiempo dijo que debía irse a hacer un recado. Pero no podíamos soportar pensar en eso, y nos asimos a él y le rogamos que se quedara; eso le complacía y nos lo dijo, e incluso añadió que no se iría aún, sino que esperaría un rato, y que podíamos sentarnos a charlar unos minutos más.
>
> Mark Twain, *El forastero misterioso,* Anaya.

a) Resume el fragmento en una sola línea.

b) Escríbelo de nuevo creando diálogos en estilo directo entre los personajes.

c) Escribe una breve descripción de los distintos personajes que intervienen o se mencionan en el texto, tal como te los imaginas.

d) Repartid los papeles entre las compañeras y los compañeros de clase, y dramatizad la escena.

2.6 El espacio y el tiempo

El **espacio** de una narración es el lugar donde ocurren los hechos.

El espacio puede ser interior (una casa, una habitación...) o exterior (la calle, la montaña...); cercano (una ciudad conocida) o lejano (el Polo Norte); realista (la sala de un teatro) o fantástico (un lejano planeta habitado).

El **tiempo** de la narración hace referencia al momento en que ocurre la acción y a su duración.

Las narraciones suelen hacer referencia a los momentos más importantes en los que transcurre la acción: época, año, estación, festividad...

Actividades

6 Lee con atención el siguiente texto y realiza las actividades:

> Había nacido en el verano de 1911, el mismo año en que Pastora Imperio se casó con el Gallo, vio la luz en México Jorge Negrete, y en Europa decaía la estrella de un tiempo al que llamaron la *belle époque*. A lo lejos comenzaban a oírse los tambores de lo que sería la primera gran guerra [...] Crecí en un entorno moderadamente feliz, con más apreturas que excesos, pero sin grandes carencias ni frustraciones. Me crie en una calle estrecha de un barrio castizo de Madrid, junto a la plaza de la Paja, a dos pasos del Palacio Real. A tiro de piedra del bullicio imparable del corazón de la ciudad, en un ambiente de ropa tendida, olor a lejía, voces de vecinas y gatos al sol. Asistí a una rudimentaria escuela en una entreplanta cercana: en sus bancos, previstos para dos cuerpos, nos acomodábamos de cuatro en cuatro los chavales, sin concierto y a empujones para recitar a voz en grito «La canción del pirata» y las tablas de multiplicar. Aprendí allí a leer y escribir, a manejar las cuatro reglas y el nombre de los ríos que surcaban el mapa amarillento colgado de la pared. A los doce años acabé mi formación y me incorporé en calidad de aprendiza al taller en el que trabajaba mi madre. Mi suerte natural.
>
> María Dueñas, *El tiempo entre costuras,* Planeta.

a) Resume el contenido de esta narración.

b) ¿Cómo son los espacios que aparecen en este fragmento: realistas o fantásticos; cercanos o lejanos?

c) Señala cuáles son los espacios exteriores e interiores que se nombran e indica algunas características del espacio interior.

d) ¿Qué referencias al tiempo hay en este texto?

e) ¿Qué año sería cuando la niña dejó de estudiar?

f) Indica el tipo de narrador que presenta el texto.

interior | exterior

g) Busca información y explica:

- cuándo empezó la Primera Guerra Mundial,
- por qué se produjo,
- y qué países se enfrentaron.

7 Observa la imagen e inspírate en ella para escribir el inicio de un relato en el que se describa brevemente el lugar y el tiempo en que suceden los hechos.

MISTERIO SOBRE RUEDAS

PON A PRUEBA TUS DESTREZAS COMUNICATIVAS PARA AYUDAR A UNA AMIGA BLOGUERA

BLOG CICLOHISTORIAS

LEE

Analiza y lee una publicación en un blog.

ÚLTIMAS PUBLICACIONES

Ciclistas admirables

Bosques a pedal

Rutas por Galicia

De pueblo en pueblo

Vías ferratas

Por el parque natural Bahía de Cádiz

Manual básico de cicloturismo

Bicicleta y medioambiente

Visitas

4 6 9 5 0

CURRA PIÑONES

Ver todo mi perfil

SEGUIDORES
(1860 miembros)

Sábado, 23 de noviembre de 2020

¡Perdidos en Portugal!

Hoy escribo en el momento cumbre de nuestra última aventura. Mi hermano y yo hemos venido a Galicia con la intención de visitar a nuestra abuela en Vigo y desde aquí iniciar una ciclorruta hasta A Guarda, un pueblo a unos cincuenta kilómetros al sur.

¡Ha sido un día de perderlo todo!

Nos hemos despertado muy tarde y hemos perdido el primer autobús. En él habríamos podido meter las bicicletas para llegar al Museo del Mar, donde comenzaba nuestra ruta. En vez de eso, hemos tenido que ir en bici desde la casa de la abuela, en pleno centro de la ciudad. Entre tanto tráfico, lo que hemos perdido ha sido la paciencia: semáforos, parones, bocinas de coches y, por qué no decirlo, contaminación.

Pero bueno, tres cuartos de hora más tarde ya estábamos pedaleando felices. Hemos pasado por la playa de Patos, la de Panjón y por Bayona. Aquí hemos perdido casi una hora intentando encontrar una chocolatería muy famosa que, por lo visto, prepara unas tazas de chocolate... de chuparse los dedos. Y digo «por lo visto» porque finalmente no la hemos encontrado y hemos decidido seguir pedaleando.

A eso de las cuatro y media de la tarde hemos llegado a A Guarda, tras pasar por Viladesuso y A Riña.

Queríamos ir al albergue para descansar un poco y asearnos. Pero habían perdido nuestra reserva. Total, que nos han dicho que no había plaza para esta noche, que buscáramos en otro lugar.

¿Queréis más? Pues aquí va el colofón. Mi querido hermano ha visto un ferri: «¡De perdidos, al río!», ha dicho, medio en broma, medio en serio. «¿Qué quieres decir?», respondí yo, a punto de perder la paciencia. «Pues que demos un paseo en ferri. Quizá en el pueblo al que lleguemos haya un albergue y tengan plazas libres», contestó él.

Y aquí estamos, guarecidos de la lluvia bajo los soportales de la lonja, perdidos en el puerto de un pueblo que parece muy bonito, pero en el que no entendemos nada porque hablan portugués y no se ve un alma en la calle.

Y vosotros, ¿os habéis perdido alguna vez?

Publicado por Curra Piñones, a las 17:47 h

COMENTARIOS 5

Cristina dijo...
¡Qué casualidad! A mí me pasó algo parecido cuando... *[Seguir leyendo]*

1 Tras observar y leer la publicación de tu amiga Curra Piñones en su blog, responde a las preguntas en tu cuaderno.

a) ¿Cómo se llama el blog de Curra Piñones?

b) ¿Quién ha publicado la entrada del blog?

c) ¿Qué crees que significa esta imagen? 5

d) ¿Qué personas podrían estar interesadas en visitar este blog?

e) ¿Qué sucesos se narran en la publicación titulada «¡Perdidos en Portugal!»?

f) ¿Quiénes participan en esos sucesos?

g) ¿Dónde y cuándo ocurren?

h) ¿Por qué dice Curra Piñones que «ha sido un día para perderlo todo»? Localiza en la publicación del blog todas las expresiones en que aparece el verbo *perder* y explica su significado en cada caso.

2 Haz una lista de los contratiempos que han sufrido Curra y su hermano en cada uno de estos lugares:

- **A** Vigo
- **B** Bayona
- **C** A Guarda

3 ¿Qué elementos propios de un blog representan estos símbolos? ¿Cuáles de ellos observas en el blog de Curra Piñones?

4 Observa estas dos rutas. ¿Cuál de ellas han seguido Curra Piñones y su hermano? ¿Dónde crees que están ahora? Justifica tus respuestas.

5 Prepara otras tres versiones de la historia para contársela a estas personas y con estas intenciones. Recuerda, puedes empezar tu historia…

- por el principio,
- por el medio,
- por el final.

A tu madre	Para que te preste su móvil y puedas enviarle un mensaje a Curra Piñones y explicarle dónde está.
A João, un amigo portugués	Para que te escriba algunas frases en portugués que puedan ayudar a Curra Piñones.
A Martín, un amigo que está triste	Para que se anime y entienda que, con buen humor, se sobrellevan mejor las penas.

BLOG CICLOHISTORIAS

ESCUCHA

Escucha un mensaje de audio.

6 Tu amiga Curra Piñones te ha enviado un mensaje de audio a tu móvil. Entérate de lo que dice y responde a las preguntas:

a) ¿Por qué Curra y su hermano no pueden regresar a A Guarda?

A	B	C	D
Porque tienen ganas de pasar unos días en Portugal.	Porque las condiciones meteorológicas se lo impiden.	Porque no tienen dinero para el billete en el ferri.	Porque a esa hora ya no salen más ferris.

b) ¿Dónde van a dormir?

c) ¿Qué problemas de comunicación tienen Curra y su hermano con el patrón del ferri?

d) Reescribe la escena con tus propias palabras utilizando el estilo directo.

e) ¿Te parecen cómicas las situaciones vividas por los protagonistas de la historia? ¿Por qué?

7 Analizad la experiencia vivida por Curra Piñones y su hermano y explicad siguiendo el ejemplo las circunstancias que han podido repercutir positiva o negativamente en su salud o en su estado de ánimo.

> Curra y su hermano han perdido el autobús. Eso ha repercutido negativamente en su salud porque han tenido que pedalear por el centro de la ciudad y aspirar el humo de los tubos de escape.

BLOG CICLOHISTORIAS

ESCRIBE

Escribe un comentario en un blog.

8 Invéntate tu propia anécdota para responder en el blog a la pregunta con la que Curra Piñones terminaba su publicación: «¿Y vosotros, os habéis perdido alguna vez?». Para ello, sigue los pasos indicados.

9 En pequeños grupos, compartid vuestras anécdotas. ¿Qué tono se busca en cada una de ellas? Justificad vuestra respuesta.

10 ¿Cómo te habrías sentido en la situación que has descrito en tu anécdota?

A Elige el género que quieres utilizar

de ciencia ficción · DE SUSPENSE · TRÁGICO · DE TERROR · DE ESPÍAS · de aventuras · cómico · HUMORÍSTICO · DE MISTERIO

B Explica

¿Qué ocurrió? · ¿A quién? · ¿Por qué? · ¿Cuándo? · ¿Dónde?

C Define a los personajes

Selecciona algunos rasgos para los personajes principales que ayuden a que la historia tenga el tono que buscas, y asígnales una manera de expresarse acorde con dichos rasgos.

D Decide el orden de la narración

Elige el momento de la acción por el que vas a comenzar a contar la historia y busca un buen final.

E ¡ESCRIBE TU ANÉCDOTA!

BLOG CICLOHISTORIAS

HABLA

Habla con tus compañeros y tus compañeras para resolver una situación parecida.

11 Después de haber compartido muchas anécdotas en clase sobre el hecho de perderse, organizaos en grupos y clasificadlas según estos criterios:

1. El lugar en el que ocurre la historia (en la calle, en tu casa, en otro país…).
2. El tono de la historia (cómico, dramático…).
3. El desenlace (si la situación se resuelve sola, si alguien nos ayudó…).

12 En grupos, imaginaos que os perdéis en estos lugares y responded a las preguntas.

- ¿A qué persona acudiríais en busca de ayuda en cada caso?
- ¿Cómo resolveríais cada una de estas situaciones?
- ¿Qué podríais haber hecho para evitar que ocurriese?

Reflexiona sobre este ámbito profesional

A Curra Piñones y a su hermano les habría venido bien la ayuda de un intérprete. En grupos de tres, informaos y realizad estas actividades:

- Escribid una breve descripción de la profesión de intérprete.
- Indicad cuatro situaciones en las que se necesitaría.
- Probad a hacer de intérpretes. Para ello, seguid estos pasos:

A Una primera persona contará una breve anécdota en otro idioma. Intentará hacer una pausa de vez en cuando.

B Simultáneamente, y aprovechando las pausas, una segunda persona irá contando la anécdota en castellano a una tercera persona.

C Para terminar, la tercera persona explicará la anécdota en castellano con sus propias palabras.

3 GRAMÁTICA

EL NOMBRE

3.1 El nombre

Los **nombres** o **sustantivos** son palabras variables que sirven para designar a **personas** *(Pedro, taxista)*, **animales** *(perro, gato)*, **objetos** *(mesa, balón)*, **acciones** *(lectura, saludo)*, **cualidades** *(ternura, odio)*, **cantidades** *(centenar, millón)*, **lugares** *(Huelva, playa...)*, **tiempo** *(lunes, enero...)*, entre otras realidades.

3.2 Clases de nombres según su significado

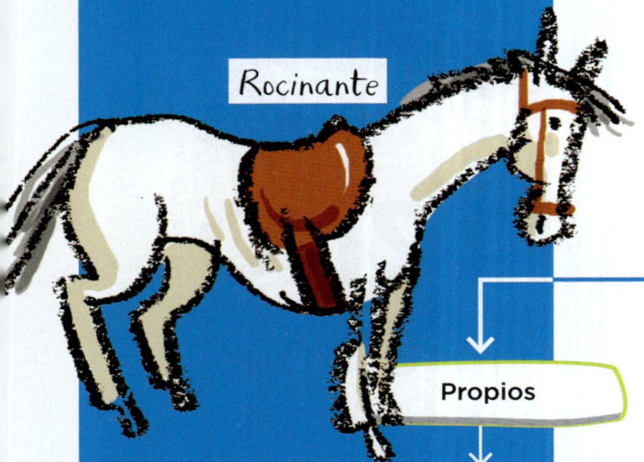

CLASES DE NOMBRES

Propios

Se refieren a personas, animales, lugares... que son únicos en su clase y carecen de significado: *Macarena, Ana, Sevilla, Madrid, Francia, Rocinante...*

Comunes

Nombran personas, animales, objetos... que pertenecen a una misma clase y tienen significado: *libro, río, caballo...*

Individuales ⟷ **Colectivos**

- **Individuales**: Designan en singular a un solo ser u objeto: *árbol, oveja, pez...*
- **Colectivos**: Designan en singular a un conjunto de seres u objetos de la misma clase: *ejército* (conjunto de soldados), *banco* (conjunto de peces)...

Concretos ⟷ **Abstractos**

- **Concretos**: Designan realidades que percibimos por los sentidos: *perro, chocolate, lápiz, cama...*
- **Abstractos**: Se refieren a realidades que no percibimos por los sentidos: *bondad, razón, paz, sueño...*

Contables ⟷ **No contables**

- **Contables**: Designan algo que puede contarse numéricamente: *dos lágrimas, una manzana...*
- **No contables**: Designan algo que no puede ser contado numéricamente: *arroz, arena...*

La brújula del español. Accede a esta guía del uso del español correcto en el banco de recursos de **anayaeducacion.es**.

Actividades

Actividad resuelta

1 Lee esta oración e identifica en ella un nombre colectivo, un nombre propio y un nombre abstracto.

Juan sintió miedo del enjambre.

Solución

Colectivo: *enjambre;* propio: *Juan;* abstracto: *miedo.*

2 Lee este texto e identifica en él los nombres que designan a personas, partes del cuerpo, animales, plantas, acciones y sonidos:

El lagarto verde estaba muy abajo. Otra vez se agitaron los arbustos. Sí, alguien había pasado corriendo. Y mezclada con el rumor del agua y los cantos de los pájaros y el susurro de las hierbas agitadas por el suave vientecillo, le pareció oír una risa. Una risa alegre y feliz, no de burla, ni tampoco como las risas que se oyen cuando alguien cuenta algo gracioso. Aunque de eso tampoco estaba seguro. Había sido muy breve, se había mezclado con tantos sonidos, llegaba de tan hondo…

El niño forzó la vista y luego cerró los dedos de las dos manos delante de los ojos como si fueran unos anteojos y miró al fondo… Alguien le había dicho una vez que de esa manera se conseguía ver mejor las cosas lejanas, y era cierto. Le pareció volver a ver deslizarse fugazmente una figura y agitarse algo de color rojo. Y otra risa pareció subir del mismo sitio.

Ángela C. Ionescu, *Nadie habrá estado allí,* Anaya.

3 Busca en el texto siguiente cinco nombres comunes, cinco concretos, uno abstracto y uno no contable:

Delante del velador estaba sentado un hombre, de cuarenta a cuarenta y cinco años, pequeño, grueso, rechoncho, coloradote, en mangas de camisa, con pantalones de franela, poblada y corta barba y ojos ardientes; tenía un libro en una mano, mientras en la otra esgrimía una enorme pipa con tapadera de hierro, y, mientras leía no sé qué formidable relato de cazadores de cabelleras, hacía, avanzando su labio inferior, una terrible mueca, que daba a su bravo rostro […] ese mismo carácter de bonachona ferocidad que reinaba en toda la casa.

Alphonse Daudet, *Aventuras prodigiosas de Tartarín de Tarascón,* Anaya.

4 Identifica en este texto cuatro nombres propios, cuatro nombres comunes, tres nombres concretos y tres nombres abstractos.

El reloj dio la seis y, después de reavivar las llamas, Beth puso unas zapatillas junto al fuego para calentarlas. De algún modo, la visión de las viejas zapatillas ejerció un efecto positivo en las chicas: mamá estaba a punto de llegar y todas se animaron para darle la bienvenida. Meg dejó de leer y encendió la lámpara, Amy se levantó del sillón sin que nadie se lo pidiera y Jo, olvidándose de su cansancio, se arrimó a la chimenea para sostener las zapatillas aun más cerca del fuego.

Louisa May Alcott, *Mujercitas,* Anaya.

5 Relaciona en tu cuaderno cada nombre individual con su correspondiente colectivo: *piara, ladrón, barco, alameda, manada, cerdo, alumna, álamo, banda, alumnado, flota, vaca.*

6 Inspírate en la imagen y escribe en tu cuaderno un nombre de cada tipo: común, propio, individual, colectivo, concreto, abstracto, contable y no contable.

Centro de recepción de visitantes «El Acebuche», en el parque nacional de Doñana (Almonte, Huelva).

3.3 El género

Según el **género,** los nombres se clasifican en **masculinos** *(libro, lápiz)* y **femeninos** *(flor, puerta).*

- Los **nombres masculinos** solo pueden ir acompañados por las formas masculinas de los determinantes y de los adjetivos:

  el edificio nuevo *esos edificios nuevos*

- Los **nombres femeninos** pueden estar acompañados solo por las formas femeninas de los determinantes y de los adjetivos:

  la moto alemana *aquellas motos alemanas*

La mayoría de los nombres tiene un solo género, o son masculinos o son femeninos: *la camisa, la mano, el cielo, los claveles, el mapa...* Pero existen unos pocos nombres que utilizan morfemas de género diferentes para distinguir, por ejemplo, el sexo, en los nombres que se refieren a personas o animales *(gato - gata, héroe - heroína, alcalde - alcaldesa);* el tamaño *(cesto - cesta);* el árbol de su fruto *(almendro - almendra, manzano - manzana)...*

El nombre referido a personas y animales

Algunos nombres que se refieren a personas o a animales distinguen el sexo (macho y hembra) por medio de los morfemas *-o, -a:* (*chico* y *chica*, *león* y *leona*); pero otros recurren a otros procedimientos:

- Los **nombres de distinto género que tienen la misma terminación** para el masculino que para el femenino utilizan el artículo y el adjetivo para distinguirlo:

  el pianista y *la pianista* *el estudiante* y *la estudiante*

- Los **heterónimos** usan palabras distintas para diferenciar género y sexo:

  hombre y *mujer* *caballo* y *yegua* *toro* y *vaca*

- Los **nombres epicenos** son sustantivos masculinos o femeninos que no diferencian el sexo de sus referentes *(jirafa, víctima).* Para diferenciarlos necesitan añadir expresiones como *macho/hembra, varón/mujer:*

  la jirafa macho *la jirafa hembra*

  una víctima varón *una víctima mujer*

Recuerda

Los sustantivos femeninos que comienzan por *a-* o *ha-* tónicas llevan en singular el artículo *el* y en plural el artículo *las:*

- *el aula - las aulas*
- *el águila - las águilas*
- *el hacha - las hachas*

Actividades

Actividad resuelta

7 Indica cuál es el género de los siguientes nombres: *luna, carro, tormenta, respingo, meta, salón, hiena, fantasma, pan.*

Solución

Femenino: *luna, tormenta, meta, hiena.* Masculino: *carro, respingo, salón, fantasma, pan.*

8 Escribe las palabras que tengan el género opuesto a las siguientes: *doctor, actriz, ingeniera, heroína, duque, condesa, oso, estudiante.*

9 Señala la diferencia de significado que aportan las siguientes oposiciones: *ciruelo* y *ciruela; cubo* y *cuba; avellano* y *avellana.*

10 Señala el heterónimo de: *carnero, padre, madrina.*

11 Indica cuáles de estos nombres tienen la misma terminación para el masculino y el femenino. Utiliza el diccionario si lo necesitas; allí conocerás si las sustantivos son masculinos, femeninos o de desinencia o terminación común:

testigo	*cocinera*	*director*
joven	*soprano*	*pianista*

3.4 El número

El morfema de **número** clasifica los nombres en **singulares** y en **plurales.**

- Los **nombres en singular** se asocian, generalmente, al significado de 'uno' y concuerdan con las formas en singular de los determinantes y de los adjetivos: *el ordenador, aquella torre, mi pierna izquierda...*
- Los **nombres en plural** se asocian con la idea de 'más de uno' y concuerdan con las formas plurales de los determinantes y de los adjetivos: *los ordenadores viejos, aquellas altas torres, mis piernas largas...*

Formación del plural

En general, el plural se forma añadiendo *-s* al nombre en singular acabado en vocal *(libro - libros)* y *-es* cuando acaba en consonante *(papel - papeles).*

Casos especiales de formación del plural

- Los nombres que acaban en *-s* tras vocal tónica añaden *-es: mes - meses, autobús - autobuses, compás - compases...*
- Los nombres que acaban en *-s* o *-x* tras vocal átona no varían: *la crisis - las crisis, el rascacielos - los rascacielos...*
- Generalmente, los nombres que acaban en *-í* o *-ú* acentuadas añaden *-es: bambú - bambúes, alhelí - alhelíes, jabalí - jabalíes.*
- Algunos nombres carecen de plural *(la sed, el caos, el zodiaco, la tez...),* otros no tienen singular *(las nupcias, las fauces...)* y otros, en plural, se refieren a un solo objeto *(tijeras, gafas...)* o conjuntos de dos *(guantes, orejas...).*
- El plural de las notas musicales: *dos, res, mis, fas, soles, las, sis.*
- Los nombres de las vocales forman el plural añadiéndoles *-es* (excepto la *e*)*: aes, es, íes, oes, úes.*

Actividades

12 Escribe en singular los nombres siguientes y separa el lexema del morfema: *zapatos, claveles, sillas, hermanas, elefantas, profesores.*

13 Indica cuál es el plural de: *árbol, ladrón.*

14 ¿Qué cambio se produce al formar el plural de la palabra *antifaz?*

15 Forma el plural de las vocales *a, e, i, o, u.*

16 Escribe el plural de *magrebí, ceutí, bambú, hindú.*

17 Cita dos nombres que carezcan de singular y otros dos que carezcan de plural.

18 Observa la imagen y escribe un listado de todos los nombres que te sugiera en singular y en plural.

APLICA LO APRENDIDO

Rflexiona sobre la gramática

Solución paso a paso

1 Observa y sigue los pasos para analizar los nombres subrayados en un texto:

> GUTIÉRREZ CABA, Irene. Actriz española (Madrid, 1929-1995). Hija de Irene Caba Alba y hermana de Julia y de Emilio. Inició su trabajo en el teatro en 1944 y en él ha cosechado grandes triunfos, especialmente en la interpretación de *Maribel y la extraña familia*. Intervino también en numerosas películas, recibiendo grandes elogios por su interpretación en la versión cinematográfica de *La casa de Bernarda Alba* (1987). En 1994 obtuvo la medalla de oro al mérito en las Bellas Artes.
>
> C. Segura, *Diccionario de mujeres célebres*, Espasa.

Paso 1. Identifica la clase a la que pertenece cada nombre según su significado.

- Nombre común, concreto, individual, contable: *actriz, hija, películas.*
- Nombre común, abstracto, individual, contable: *triunfos, mérito.*
- Nombre común, concreto, colectivo: *familia.*

Paso 2. Analiza cada nombre según su género.

Femenino: *actriz, hija, películas, familia;* masculinos: *triunfos, mérito.*

Paso 3. Analiza cada nombre según su número.

Singular: *actriz, hija, familia, mérito;* plural: *películas, triunfos.*

2 Lee este texto y realiza las actividades:

> Mi madre se levanta todos los días muy temprano. Desde mi cama yo la escucho beber precipitadamente una taza de café. Luego sale a la calle. Sus pasos son rápidos sobre la acera. Yo la sigo con mi pensamiento. Sube las gradas de los portales; pasa frente al cuartel; coge el rumbo de San Sebastián. Pero luego su figura se me pierde y yo no sé por dónde va. Le he pedido muchas veces que me lleve con ella. Pero siempre me rechaza diciendo que soy demasiado pequeña para entender las cosas y que me hace daño madrugar.
>
> Rosario Castellanos, *Balún Canán*, Alianza.

a) Clasifica los nombres subrayados en concretos o abstractos, y contables o no contables.

b) Identifica un nombre propio en el texto.

c) Explica el cambio que se produce al formar el singular de la palabra *veces*.

3 Lee este texto y realiza las actividades:

> El viajero se adentró con paso inseguro por las restauradas callejuelas de Wangata, la principal aldea de la tribu washwá. Era un hombre mayor, de rasgos suaves y piel curtida, con una densa mata de pelo canoso que le coronaba la ancha frente. Tenía un aspecto fuerte y saludable, y el único detalle que traicionaba su verdadera edad era el suave crepitar de su resuello, propio de aquellos que han respirado el humo de infinitas hogueras.
>
> Heinz Delam, *La noche de las hienas*, Bruño.

a) Busca en el texto un nombre concreto y otro abstracto.

b) Escribe una oración con el sustantivo *tribu.* ¿Es individual o colectivo?

c) Encuentra un nombre no contable en el texto.

d) Escribe el femenino de *viajero* y *hombre.*

e) Escribe el plural o el singular, según corresponda, de estos sustantivos: *paso, callejuelas, piel, pelo, detalle, edad, hogueras.*

f) Analiza estos nombres, como en el ejemplo: *paso, aspecto, edad, hoguera.*

Viajero: nombre masculino, singular, común, concreto, individual, contable.

4 Clasifica estos nombres en tu cuaderno: *espía, personaje, nuera, periodista, pantera, flautista, yegua, macho, cría.*

Nombres de distinto género que tienen la misma terminación	....
Heterónimos	....
Nombres epicenos	....

5 Completa en tu cuaderno estas oraciones:

- *El plural de la palabra vaso se forma ....*
- *Generalmente, las palabras terminadas en í o en ú tónicas, como* colibrí *o* tabú, *añaden ....*
- *Los sustantivos que acaban en consonante como -l o -d forman su plural en -es, como ....*
- *Los nombres que acaban en -s o -x tras vocal átona, como* dosis, bíceps *o* martes, *....*
- *Los nombres que acaban en -s o -x tras vocal tónica, como* autobús *o* fax, *....*

Visualiza la gramática. Comprende los conceptos gramaticales mediante este vídeo disponible en **anayaeducacion.es**.

Repaso interactivo. Accede a este juego interactivo y repasa el contenido de la unidad en **anayaeducacion.es**.

Recuerda seleccionar el material de trabajo de esta unidad para tu **portfolio.**

Organiza tus ideas gramaticales

Copia y completa en tu cuaderno este mapa conceptual jerárquico:

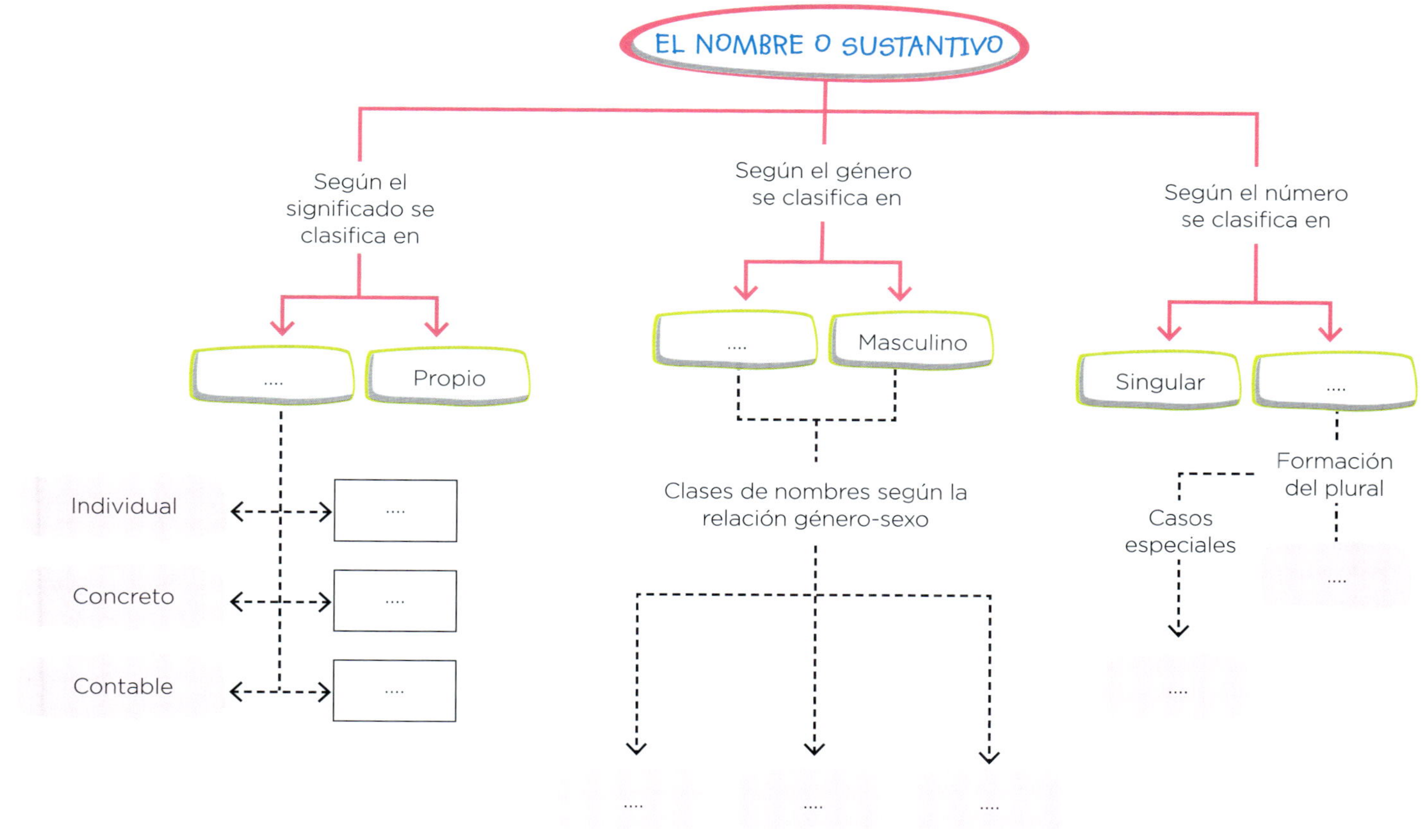

Practica la ortografía

1 Lee el texto y realiza las actividades:

Y Lady Bruton subió, lenta y majestuosa a su habitación, se tumbó, con el brazo apoyado en el sofá. Suspiró, dio un ronquido, no es que estuviera dormida, solo abotargada y pesada, como un campo de tréboles al sol de este cálido día de verano, con las abejas zumbando aquí y allá, y las mariposas amarillas. Siempre volvía a estos campos de Devonshire, donde había saltado por los arroyos con Patty, su pony, con Mortimer y Tom, sus hermanos. Y había perros, y había ratas, y su padre y su madre, en el césped bajo los árboles, con el servicio de té [...]

Virginia Woolf, *La señora Dalloway*. Cátedra.

a) Copia la tabla y clasifica estas palabras de la lectura en tu cuaderno: *brazo, sofá, habitación, tréboles, verano, árboles.*

Agudas	Llanas	Esdrújulas
....	....	....

b) Extrae del texto:

- Siete palabras agudas con tilde.
- Una palabra llana con tilde.
- Cinco palabras llanas sin tilde.
- Dos palabras esdrújulas.

c) Indica por qué llevan tilde o no la llevan las siguientes palabras del texto:

habitación	*volvía*	*té*
majestuosa	*perros*	*sofá*

d) Explica la diferencia que marca la tilde en estas formas verbales. Escribe después una oración con cada una de ellas:

- *tumbo* y *tumbó*
- *suspiro* y *suspiró*
- *camino* y *caminó*
- *hablara* y *hablará*

ORTOGRAFÍA CONSULTA EL ANEXO 2 3 4

3

CALLES Y PLAZAS

Las ciudades son espacios compartidos por muchas personas, cada una de ellas con una increíble y única historia que contar.

El gran desafío de las urbes de hoy en día consiste en crear las condiciones que permitan responder a una gran diversidad de expectativas y necesidades individuales. Al mismo tiempo, se han de definir las reglas para una convivencia armoniosa, inclusiva, segura y sostenible.

Plano abierto. Accede al vídeo de la unidad en el banco de recursos de **anayaeducacion.es**.

Intercambia opiniones

LA CIUDAD Y LA CONVIVENCIA

- ¿En qué tipo de localidad vives tú?
  - Descríbela
    - ¿Te gusta?
- ¿Cómo podemos hacer que nuestras ciudades sean...
  - más sostenibles,
  - más inclusivas,
  - y más seguras?

QUÉ VAS A ENCONTRAR EN ESTA UNIDAD

1 LECTURA ODS

Sara, la protagonista de *Caperucita en Manhattan,* obra escrita por Carmen Martín Gaite, recorre la isla de Manhattan observando atentamente todo lo que la rodea.

¿Son nuestras ciudades bosques llenos de peligros donde acechan los lobos y la soledad o espacios de convivencia y pluralidad que podemos explorar como una invitación a la libertad y a la aventura?

Consulta los vídeos en el banco de recursos de **anayaeducacion.es** y reflexiona sobre las ciudades y comunidades sostenibles: metas ONU 11.1. y 11.3.

2 COMUNICACIÓN

¿Por qué la autora o el autor de una narración decide parar el relato de la acción y describir los elementos o el entorno en el que esta se desarrolla? ¿Para qué sirven las descripciones? ¿Cuándo las utilizas tú?

3 GRAMÁTICA

¿Te has parado a pensar que, cuando describimos lo que nos rodea, solemos utilizar adjetivos? ¿Por qué?

¿Qué queremos expresar con los adjetivos?

ORTOGRAFÍA Al final de este libro encontrarás un anexo con reglas ortográficas y actividades que te ayudarán a solucionar las propuestas a lo largo de esta unidad: **las reglas de acentuación.**

1 LECTURA

Comprensión oral

Escucha el texto locutado de la lectura y responde a las preguntas:

- ¿Qué lugar describe la narradora en esta historia?
- ¿Crees que a la narradora le gusta este lugar? ¿Por qué?
- ¿Cómo se llama la protagonista de la historia que va a contar?
- ¿En qué párrafo la presenta?

Una isla en Nueva York

La ciudad de Nueva York siempre aparece muy confusa en los atlas geográficos y al llegar se forma uno un poco de lío. Está compuesta por diversos distritos, señalados en el mapa callejero con colores diferentes, pero el más conocido de todos es Manhattan, el que impone su ley a los demás y los empequeñece y los deslumbra. Le suele corresponder el color amarillo. Sale en las guías turísticas y en el cine y en las novelas. Mucha gente se cree que Manhattan es Nueva York, cuando simplemente forma parte de Nueva York. Una parte especial, eso sí.

Se trata de una isla en forma de jamón con un pastel de espinacas en el centro que se llama Central Park. Es un gran parque alargado por donde resulta excitante caminar de noche, escondiéndose de vez en cuando detrás de los árboles por miedo a los ladrones y asesinos que andan por todas partes y sacando un poquito la cabeza para ver brillar las luces de los anuncios y de los rascacielos que flanquean el pastel de espinacas, como un ejército de velas encendidas para celebrar el cumpleaños de un rey milenario.

Pero a las personas mayores no se les ve alegría en la cara cuando cruzan el parque velozmente en taxis amarillos o coches grandes de charol, pensando en sus negocios y mirando nerviosos el reloj de pulsera porque llegan con retraso a algún sitio. Y los niños, que son los que más disfrutarían corriendo esa aventura nocturna, siempre están metidos en sus casas viendo la televisión, donde aparecen muchas historias que les avisan de lo peligroso que es salir de noche. Cambian de canal con el mando a distancia y no ven más que gente corriendo que se escapa de algo. Les entra sueño y bostezan.

Manhattan es una isla entre ríos. Las calles que quedan a la derecha de Central Park y corren en sentido horizontal terminan en un río que se llama el East River, por estar al este, y las de la izquierda en otro: el río Hudson. Se abrazan uno con otro por abajo y por arriba. El East River tiene varios puentes, a cual más complicado y misterioso, que unen la isla por esa parte con otros barrios de la ciudad, uno de los cuales se llama Brooklyn, como también el famoso

puente que conduce a él. El puente de Brooklyn es el último, el que queda más al sur, tiene mucho tráfico y está adornado con hilos de luces formando **festón** que desde lejos parecen farolillos de verbena. Se encienden cuando el cielo se empieza a poner malva y ya todos los niños han vuelto del colegio en autobuses a encerrarse en sus casas.

Vigilando Manhattan por la parte de abajo del jamón, donde se mezclan los dos ríos, hay una islita con una estatua enorme de metal verdoso que lleva una antorcha en su brazo levantado y a la que vienen a visitar todos los turistas del mundo. Es la estatua de la Libertad, vive allí como un santo en su santuario, y por las noches, aburrida de que la hayan retratado tantas veces durante el día, se duerme sin que nadie lo note. Y entonces empiezan a pasar cosas raras.

Los niños que viven en Brooklyn no todos se duermen por la noche. Piensan en Manhattan como en lo más cercano y, al mismo tiempo lo más exótico del mundo, y su barrio les parece un pueblo perdido donde nunca pasa nada. Se sienten como aplastados bajo una nube densa de cemento y vulgaridad. Sueñan con cruzar de puntillas el puente que une Brooklyn con la isla que brilla al otro lado y donde imaginan que toda la gente está despierta bailando en locales tapizados de espejo, tirando tiros, escapándose en coches de oro y viviendo aventuras misteriosas. Y es que cuando la estatua de la Libertad cierra los ojos, les pasa a los niños sin sueño de Brooklyn la antorcha de su **vigilia**. Pero esto no lo sabe nadie, es un secreto.

Tampoco lo sabía Sara Allen, una niña pecosa de diez años que vivía con sus padres en el piso catorce de un bloque de viviendas bastante feo, Brooklyn adentro. Pero lo único que sabía es que en cuanto sus padres sacaban la bolsa negra de la basura, se lavaban los dientes y apagaban la luz, todas las luces del mundo le empezaban a ella a correr por dentro de la cabeza como una rueda de fuegos artificiales. Y a veces le daba miedo, porque le parecía que la fuerza aquella la levantaba en vilo de la cama y que iba a salir volando por la ventana sin poderlo evitar.

Carmen Martín Gaite, *Caperucita en Manhattan,* Siruela.

Vocabulario

Festón: adorno arquitectónico que consiste en una tira o guirnalda formando una curva suspendida entre dos puntos.

Vigilia: estado de la persona despierta o en vela, especialmente en horas destinadas a dormir.

Hipertexto. Conoce a la autora y contextualiza su obra en el banco de recursos de **anayaeducacion.es**.

Comprende el texto

Pasión por leer. Disfruta con la lectura de otros textos sobre grandes ciudades en el banco de recursos de **anayaeducacion.es**.

Extrae información

1 Indica cuáles de estas afirmaciones son verdaderas y corrige en tu cuaderno las falsas:

a) Manhattan es una isla con forma de jamón.

b) Nueva York es un distrito de Manhattan.

c) Central Park es un rascacielos en el centro de Manhattan.

d) En los mapas callejeros, Manhattan aparece representado de color amarillo.

e) Brooklyn es el nombre de un puente y el de un barrio.

f) La niña Sara Allen tiene quince años.

2 ¿Dónde y cómo vive la estatua de la Libertad?

3 ¿Qué imagen de Manhattan tienen los niños y las niñas que viven en Brooklyn?

4 ¿En qué consiste el secreto al que se alude en el texto que has leído?

5 Según la narradora, ¿cómo es la experiencia de caminar por Central Park de noche? ¿Qué cosas suceden cuando se hace?

Reflexiona sobre la lengua

6 Escribe el antónimo de estos adjetivos del texto:

confusa · nerviosos · nocturna · peligroso · enorme · complicado

7 Localiza en el fragmento que has leído tres palabras que contengan el diptongo *-ia* y otras tres con el hiato *-ía.* Después, sepáralas en sílabas, como en los ejemplos:

Diptongo *-ia* → *es-pe-cial*

Hiato *-ía* → *a-le-grí-a*

8 Separa en sílabas estas palabras de la lectura e indica si contienen un diptongo o un hiato. Luego explica por qué llevan tilde o no la llevan: *ciudad, lío, suele, escondiéndose, rascacielos, cumpleaños, nerviosos, televisión, ríos, puentes, autobuses, estatua, barrio, misteriosas, sueño.*

ORTOGRAFÍA CONSULTA EL ANEXO 3

Interpreta y analiza

9 Indica con qué se comparan estos elementos en el texto:

La manera de vivir de la estatua de la Libertad.

Las luces de los anuncios y de los rascacielos.

10 **1-2-4.** La narradora parece recriminar ciertos comportamientos a las personas mayores y a los niños. ¿Cuáles son esos comportamientos? ¿Estás de acuerdo?

11 El fragmento que has leído, ¿te parece un texto realista? ¿Introduce algún elemento fantástico? Justifica tu respuesta.

Valora y relaciona con tu mundo

12 Después de haber leído este texto de Carmen Martín Gaite, describe la ciudad de Nueva York en tu cuaderno tal como te la imaginas tú y compárala con el lugar donde tú vives.

13 **El espejo.** A veces admiramos lo que está lejos porque nos resulta más exótico y no valoramos lo que tenemos cerca. Eso les ocurre a algunos niños y niñas de la lectura. ¿Te ha ocurrido eso a ti alguna vez? Comparte tu experiencia con tus compañeros y compañeras.

14 **Grupo nominal.** En grupos, elegid por consenso cinco ciudades o países que os gustaría conocer porque os resulten exóticos o atractivos. Argumentad vuestra selección ante el resto de la clase.

15 Piensa en alguna estatua importante de tu localidad e imagina, al igual que la narradora hace con la estatua de la Libertad, cómo se siente, cómo vive, qué ve a todas horas... Escribe una breve composición sobre ello en tu cuaderno.

Amplía tu vocabulario

LA CIUDAD Y LA CONVIVENCIA

Vivir en sociedad, en una **ciudad** o en una localidad cualquiera, requiere asumir unos compromisos de **convivencia** que faciliten las **relaciones humanas** entre sus habitantes.

1 Ordena estos nombres según el tamaño del espacio al que se refieren:

calle · casa · barrio · habitación · bloque · distrito · ciudad · manzana

2 Forma familias léxicas a partir de estas palabras: *ciudad, calle, plaza.*

3 Busca en el diccionario las palabras *vecino* y *paisano,* y explica las diferencias de significado entre ellas.

4 Los prefijos *con-/com-* significan 'reunión', 'cooperación'. Según esto, explica el significado de estas palabras: *convivencia, conciudadano* y *compatriota.*

5 Para fomentar una convivencia adecuada entre los habitantes de una misma ciudad o localidad, son necesarias determinadas acciones. Identifícalas en esta nube de palabras y cópialas en tu cuaderno:

discriminar · respetar · IMPONER · cooperar · ayudar · DIALOGAR · participar · educar · molestar · DISCUTIR · incluir · tolerar · EXCLUIR

6 Escribe un sustantivo derivado de cada verbo de la actividad anterior.

7 **Antes pensaba... ahora pienso...** Infórmate sobre el significado de la palabra *prejuicio* y responde:

a) ¿Pueden los prejuicios dañar la convivencia?

b) ¿Es lo mismo *prejuicio* que *perjuicio?* Explica la diferencia.

8 Relaciona cada palabra con su definición:

NORMAS
PRINCIPIOS
CONVENCIONES

A Reglas que se deben seguir para llevar a cabo una acción.

B Prácticas aceptadas tácitamente por un acuerdo general o por la costumbre.

C Ideas que orientan la manera de pensar u obrar de una persona.

9 Copia y completa estas oraciones con las palabras de la actividad anterior:

- *Vivir en sociedad supone aceptar unas .... de convivencia.*
- *Los .... que rigen una buena convivencia deben basarse en el respeto.*
- *Las .... sociales dictan el uso correcto de los cubiertos en la mesa.*

2 COMUNICACIÓN

LA DESCRIPCIÓN

2.1 Qué es describir

Describir es decir con palabras cómo es una **persona,** un **animal,** un **lugar,** un **objeto...**

Al realizar una descripción, vamos contando las sensaciones que nos proporcionan los sentidos (la vista, el oído, el tacto...) sobre esa persona, ese animal, ese objeto o ese lugar; pero también podemos reflejar lo que sentimos o lo que imaginamos.

2.2 Clases de descripciones

Descripción objetiva

Pretende explicar de forma real y precisa las características de lo que se describe. Su finalidad es transmitir conocimientos, por lo que se utiliza en las enciclopedias, en los libros de texto, en las obras científicas o técnicas...

Ejemplo

Nieve. s. f. Agua helada que se desprende de las nubes en cristales muy pequeños, los cuales se agrupan al caer y llegan al suelo formando copos de color blanco.

Diccionario Anaya de la lengua (2002).

Descripción subjetiva

Es personal, es decir, recoge las sensaciones o los sentimientos que produce en el autor o la autora lo que se describe. Su finalidad es estética, por lo que se utilizan diferentes recursos lingüísticos; como, por ejemplo, una abundante adjetivación. Estos textos son propios de la literatura: la novela, el cuento, la poesía...

Ejemplo

La nieve

Lo blanco está sobre lo verde,
Y canta.
Nieve que es fina quiere
Ser alta.

Enero se alumbra con nieve, si verde,
Si blanca.
Que alumbre de día y de noche la nieve,
La nieve más clara.

¡Nieve ligera, copo blando,
Cuánto ardor en masa!
La nieve, la nieve en las manos
Y el alma.

Tan puro el ardor en lo blanco,
Tan puro, sin llama.
La nieve, la nieve hasta el canto
Se alza.

Enero se alumbra con nieve silvestre.
¡Cuánto ardor! Y canta.
La nieve hasta el canto —la nieve, la nieve—
En vuelo arrebata.

Jorge Guillén, *Mientras el aire es nuestro,* Cátedra.

2.3 Recursos lingüísticos de la descripción

En los textos descriptivos destacan los siguientes recursos lingüísticos:

- En los **verbos,** predominan los tiempos del presente y del pasado: *Se trata de una isla; Es un gran parque; El East River tiene varios puentes...*
- Abundan los **sustantivos,** para señalar realidades, y los **adjetivos,** para indicar sus cualidades: *parque alargado; estatua enorme; nube densa...*
- Se utilizan **adverbios** de **lugar** *(cerca, detrás, aquí, allí...)* y de **tiempo** *(ahora, ayer, pronto, siempre...)* para concretar los lugares y el paso del tiempo: *detrás de los árboles; vive allí un santo; siempre están metidos en sus casas...*

Actividades

1 Lee con atención el siguiente texto y realiza las actividades:

> En los viejos, viejos tiempos, cuando los hombres hablaban todavía muchas otras lenguas, ya había en los países ciudades grandes y suntuosas. [...] Sobre todo, había allí grandes teatros. [...] Había algunos que eran tan grandes como un campo de fútbol y otros más pequeños, en los que solo cabían unos pocos cientos de espectadores. Algunos eran muy suntuosos, adornados con columnas y estatuas, y otros eran sencillos, sin decoración.
>
> Esos anfiteatros no tenían tejado, todo se hacía al aire libre. Por eso, en los teatros suntuosos se tendían sobre las filas de asientos tapices bordados de oro, para proteger al público del ardor del sol o de un chaparrón repentino. En los teatros más humildes cumplían la misma función cañizos de mimbre o paja. [...]
>
> Han pasado milenios desde entonces. Las grandes ciudades de aquel tiempo han decaído, los templos y palacios se han derrumbado. [...] En una de esas ciudades transcurrió la historia de Momo.

Michael Ende, *Momo,* Alfaguara.

Suntuoso: sumamente lujoso.

a) ¿Qué tipo de descripción es, objetiva o subjetiva?

b) En las descripciones hay que indicar cómo son las cosas que vemos. A menudo, para ello, se utilizan muchos adjetivos. Identifica todos los adjetivos del primer párrafo.

c) Los seres, los objetos y las realidades que se describen se nombran mediante nombres. Señala los nombres del segundo párrafo.

d) En las descripciones se usan los verbos, sobre todo en el tiempo presente y en el pretérito imperfecto. Señala, al menos, cinco verbos en pretérito imperfecto (por ejemplo, *hablaban*).

2 Escribe una descripción a partir de esta fotografía. Para ello, sigue las pautas, más abajo:

Parque nacional del Kilimanjaro, Kenia.

- Elige el punto de vista desde donde vas a describir: desde delante de las jirafas, desde la cima de la montaña, desde los árboles, desde las jirafas...
- Sitúate en ese lugar y anota lo que percibes por tus sentidos.
- Selecciona las realidades que quieres destacar.
- Piensa en el tiempo verbal que vas a emplear.
- Utiliza al menos cinco sustantivos, cinco adjetivos, dos adverbios de lugar y dos adverbios de tiempo.
- En tu descripción, intenta reflejar también cómo te hace sentir este lugar.
- Una vez escrita tu descripción, revisa o mejora el texto y redacta la versión definitiva.

2.4 Describir a una persona

Describir a una persona consiste en decir cómo son sus características físicas o psicológicas más importantes.

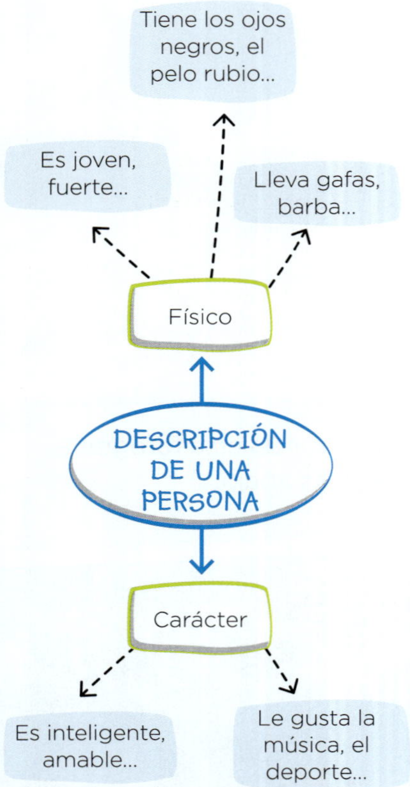

- Al describir el **aspecto físico** de una persona, hacemos referencia a su estatura, a sus ropas, a las distintas partes de su cuerpo...

> Era alto, delgado y muy anciano, a juzgar por su pelo y barba plateados, tan largos que podría sujetarlos con el cinturón. Llevaba una túnica larga, una capa color púrpura que barría el suelo y botas con tacón alto y hebillas. Sus ojos azules eran claros, brillantes y centelleaban detrás de unas gafas de cristales de media luna. Tenía una nariz muy larga y torcida, como si se la hubiera fracturado alguna vez. El nombre de aquel hombre era Albus Dumbledore.
>
> J. K. Rowling, *Harry Potter y la piedra filosofal,* Salamandra.

- Al describir el **carácter** de una persona, hacemos referencia a sus rasgos psíquicos: *alegre, triste, simpática, aburrida, habladora...*

> Mi léxico lo he aprendido casi todo de mi madre, tan pintoresca, tan directa, tan exacta, tan concisa, aguda y fina en su palabra.
>
> Juan Ramón Jiménez, *Álbum,* Residencia de Estudiantes.

- Llamamos **retrato** al texto en el que se describen los rasgos físicos de una persona y, además, los rasgos que caracterizan su forma de ser.

> Diego de Deza era un hombre corpulento, de nariz recta, frente despejada y mirada despierta y penetrante [...]. Aunque hacía ostentación de modales suaves y una actitud aparentemente dialogante y flexible, no dudaba en recurrir a la intriga para conseguir sus propósitos, pues era tan inteligente como ambicioso.
>
> L. García Jambrina, *El manuscrito de piedra,* Alfaguara.

Actividades

3 Objetiva o subjetiva: ¿qué tipo de descripción podrías encontrar en estos documentos? Justifica tu respuesta.

- Un libro de poemas
- Un manual de instrucciones
- Una novela
- Un documental científico para la televisión

4 ¿Por qué este texto es una descripción? ¿Qué se describe en él? ¿Es una descripción objetiva o subjetiva? Justifica tu respuesta.

> En cuanto a Elizabeth o Beth, era una niña de trece años, de carita rosácea, pelo lacio y ojos claros, tímida en sus maneras y en el hablar y con una expresión apacible que rara vez se turbaba. Su padre la llama la Tranquila y el nombre le cuadraba a maravilla, porque parecía vivir en un mundo feliz del que solamente salía para reunirse con las pocas personas a quienes brindaba su cariño y respeto.
>
> Louisa May Alcott, *Mujercitas,* Plaza y Janés.

5 Lee este texto y realiza las actividades:

> Su rostro redondo, negro y brillante, reluce como si se lo hubiera lavado con claras de huevo, como los bizcochos para el té. Su rolliza apariencia está radiante de satisfacción y contenta bajo su turbante bien almidonado, que lleva, hemos de confesar, con algo de vanidad característica de quien es consciente de su valor como la mejor cocinera de los alrededores, porque Tía Chloe es reconocida y aclamada como tal por todo el mundo.
>
> Harriet Beecher Stowe, *La cabaña del tío Tom,* Anaya.

a) ¿Por qué este texto es un retrato?

b) Clasifica en dos columnas los rasgos físicos y los rasgos de carácter que se describen.

c) ¿Se hace mención a algún elemento de la vestimenta? ¿A cuál? Descríbelo en tu cuaderno con tus propias palabras.

d) Copia en tu cuaderno los adjetivos que utiliza la autora en su descripción.

e) Redacta en cinco líneas el retrato de uno de tus familiares.

Webquest. Accede a esta actividad en el banco de recursos de anayaeducacion.es e investiga sobre la descripción de obras de arte.

Actividades

6 La descripción del carácter, las acciones y las costumbres de una persona se llama también etopeya. Lee con atención esta etopeya de un personaje para después utilizarla como modelo:

> El aspecto externo de Momo ciertamente era un tanto desusado y acaso podía asustar algo a la gente que da mucha importancia al aseo y el orden. Era pequeña y bastante flaca, de modo que ni con la mejor voluntad se podía decir si tenía ocho años solo o ya tenía doce. Tenía el pelo muy ensortijado, negro como la pez, y con todo el aspecto de no haberse enfrentado jamás a un peine o unas tijeras. Tenía unos ojos muy grandes, muy hermosos y también negros como la pez y unos pies del mismo color, pues casi siempre iba descalza.
>
> Solo en invierno llevaba zapatos de vez en cuando, pero solían ser diferentes, descabalados, y además le quedaban demasiado grandes. Eso era porque Momo no poseía nada más que lo que encontraba por ahí o lo que le regalaban. Su falda estaba hecha de muchos remiendos de diferentes colores y le llegaba hasta los tobillos. Encima llevaba un chaquetón de hombre, viejo, demasiado grande, cuyas mangas se arremangaban alrededor de la muñeca.

Aspecto externo (primer párrafo)

Vestimenta (segundo párrafo)

Michael Ende, *Momo,* Alfaguara.

Pez: sustancia oscura, muy espesa y pegajosa, que se saca del alquitrán y se utiliza para impermeabilizar superficies.

7 Tomando como modelo el texto anterior, describe al personaje de la imagen en unas diez líneas.

¿QUÉ ORDEN DEBES SEGUIR?

1. Empieza describiendo el aspecto general de la persona.
2. Después, describe su cara (pelo, frente, ojos, boca...).
3. Ahora, céntrate en sus brazos y en sus piernas.
4. Describe su vestimenta y la impresión que producen sus ropas.
5. Por último, imagina, por su mirada, su gesto, su postura..., cómo puede ser su carácter, qué cosas le gustan y cuáles son sus actividades favoritas.

2.5 Describir un lugar

Describir un lugar consiste en decir cómo es, explicando sus características más significativas.

Desde la ventanilla veía cómo iba cambiando el paisaje. Habíamos dejado atrás el desierto del Sahara: kilómetros y kilómetros de arena, que formaban una gran mancha amarilla con matices sombreados a nuestros pies. Podía adivinar a los camellos en su acompasado y lento caminar, [...] De repente, el color de la tierra cambió, y una gran alfombra verde se extendió bajo el avión. ¡Estábamos sobrevolando la selva!

Ana Alcolea, *El medallón perdido,* Anaya.

El narrador elige el **punto de vista** desde donde nos describe el lugar. En el texto de Ana Alcolea, el paisaje está descrito desde un avión.

La descripción y los sentidos

En la descripción se refleja lo que **percibimos por los sentidos,** especialmente a través de la vista. Las descripciones son fundamentalmente visuales; pero es útil completarlas con lo que nos llega a través de otros sentidos (el olor, el tacto, el sonido...). La visión que ofrecemos resulta, así, más completa y perfecta.

Pasos para describir un lugar

1. OBSERVAR

Dedícale un tiempo a contemplar el lugar e identificar sus características.

2. SELECCIONAR

Entre las características que has identificado, elige aquellas que te parezcan más importantes o que transmitan mejor la impresión deseada.

3. ORDENAR

Organiza las características seleccionadas. Por ejemplo:

- yendo de lo más general a lo más concreto, o de lo más cercano a lo más lejano;
- siguiendo un recorrido; por ejemplo, a lo largo de un camino;
- empezando por lo más importante.

Actividades

8 Lee este texto y realiza las actividades:

Era la segunda semana de agosto. El fuerte sol hacía que nos sintiéramos holgazanes e irritables; el asfalto se pegaba a las suelas de goma de nuestras playeras, y las peras y las manzanas de puro maduras eran propicias a la mano para usar como misiles. No mirábamos ni a derecha ni a izquierda. Era el primer día de escuela tras las vacaciones de verano. La clase olía a productos de limpieza y a vacío prolongado, las ventanas nos devolvían reflejos de imágenes nítidas y deslumbrantes y no se veía rastro de polvo de tiza en la pizarra. Los pupitres se hallaban colocados de dos en dos en filas rectas como pasillos de hospital, tal y como solo podía ocurrir ese único día del año.

Janne Teller, *Nada,* Seix Barral.

a) ¿Qué lugar se describe en este texto? ¿Es una descripción objetiva o subjetiva?

b) Para su descripción, la autora se apoya en lo que perciben los sentidos. Señala en este texto sensaciones que se perciben por los sentidos.

c) En una descripción no se puede poner todo lo que se ve, sino que hay que seleccionar algunos detalles. ¿Qué tres elementos muy significativos ha elegido la autora para su descripción?

9 Por parejas, una persona hace una descripción subjetiva de la clase y otra hace una descripción objetiva. Luego, comparadlas: ¿qué similitudes observáis en vuestras descripciones?

2.6 Describir una obra de arte

Describir una obra de arte consiste en decir qué es y cómo es un determinado producto artístico, así como en destacar sus características más importantes.

Pasos para describir una obra de arte

1. **IDENTIFICACIÓN** → Indicar qué tipo de obra de arte es (escultura, pintura, dibujo, fotografía...); su título; su autora o autor; en qué época se creó; si pertenece a algún movimiento artístico...
2. **INTERPRETACIÓN** → Explicar el tema de la obra; detallar la escena representada, los personajes o elementos que aparecen en ella y en qué disposición; indicar la técnica, colores y luz utilizados...
3. **VALORACIÓN** → Identificar el mensaje que quiere transmitir el artista o la artista en su obra; y explicar cómo nos sentimos al contemplarla.

Actividades

10 Elige una de estas obras de arte y descríbela. Para ello, sigue los pasos señalados anteriormente:

La cosecha (1888), Vincent van Gogh.

Las meninas (1656), Diego Velázquez.

INTERCAMBIO

INTERCAMBIO LINGÜÍSTICO CON UN CENTRO ESCOLAR EXTRANJERO

Tu clase va a viajar a la ciudad de Salzburgo, en Austria, en el marco de un intercambio lingüístico organizado entre tu centro escolar y un centro escolar austriaco. Durante unos días, visitarás esa ciudad, conocerás sus costumbres, convivirás con tu estudiante de intercambio… ¡y mejorarás tus conocimientos de lengua alemana! ¡Prepárate para que todo salga bien y vivir una experiencia inolvidable!

INTERCAMBIO LINGÜÍSTICO

ESCRIBE

Preséntate a tu estudiante de intercambio.

1 Reflexiona sobre tu forma de ser para después poder presentarte ante tu estudiante de intercambio. Puedes ayudarte respondiendo a este test en tu cuaderno. Luego, interpreta tus resultados.

TEST DE PERSONALIDAD

1. ¿Cuáles son tus aficiones favoritas?

a. Los deportes.

b. Todo lo relacionado con la naturaleza: pasear, ir a la montaña, sentarme a ver el mar…

c. Ver una buena película o leer un buen libro.

2. ¿Con quién te gusta pasar el tiempo?

a. Con mucha gente… ¡Cuanta más gente mejor!

b. Con una amiga, con un amigo, con algún familiar…

c. En general, prefiero la soledad.

3. ¿Cómo reaccionas ante los conflictos?

a. Me manejo bien mediando en los conflictos y me da mucha satisfacción ayudar a resolverlos.

b. Para mí, un conflicto es una buena oportunidad para conocer otros puntos de vista.

c. Los conflictos me generan tensión. Si puedo, prefiero evitarlos. Pero si no hay más remedio, los afronto.

4. Ante un problema…

a. Tomo decisiones rápidas para solucionarlo.

b. Intento entender su origen para solucionarlo.

c. Echo mano de la imaginación y la creatividad para solucionarlo.

RESULTADOS

VALORA EL RESULTADO

Mayoría de respuestas A

Eres una persona activa, sociable y extravertida. Se te dan bien las relaciones sociales y la resolución de conflictos. Eres decidida y directa.

Mayoría de respuestas B

Eres una persona sencilla y tranquila. Gozas mucho de la intimidad, de la naturaleza y de los buenos ratos con los seres queridos. Procuras aprender de los conflictos. Eres flexible y tolerante.

Mayoría de respuestas C

Eres una persona que ama la soledad. Eres creativa y pacífica. Tienes una gran imaginación y tus mayores placeres tienen que ver con inventar historias.

2 Escribe cómo eres tú físicamente. Puedes inspirarte en el ejemplo, a la derecha.

3 Basándote en la información obtenida en las actividades anteriores, escribe un correo electrónico a tu estudiante de intercambio en Salzburgo para presentarte y que te conozca mejor. Incluye esta información:

email

- Tu nombre y edad.
- Los rasgos más importantes de tu aspecto físico.
- Los rasgos más importantes de tu personalidad.
- Tus costumbres y rutinas.
- Tus gustos y aficiones.
- Tu familia.
- Tu casa.

INTERCAMBIO LINGÜÍSTICO

ESCUCHA

Conoce a tu estudiante de intercambio.

4 Escucha el mensaje de audio que te envía tu estudiante de intercambio. ¿Cuál de estas personas crees que es?

5 ¿Qué grupo de palabras se corresponde con la descripción que has escuchado? Cópialas en tu cuaderno y añade otras que te parezcan adecuadas.

deportista
comunicativa
DELGADA
OJOS VERDES
NO MUY ALTA
MORENA
PÁLIDA
SIMPÁTICA

SEDENTARIA
alegre
menuda
DELGADA
PELIRROJA
OJOS AZULES
TÍMIDA

TRANQUILA
discreta
DELGADA
OJOS NEGROS
ALTA
rubia
PÁLIDA
INTROVERTIDA

INTERCAMBIO LINGÜÍSTICO

LEE

Conoce la ciudad de tu estudiante de intercambio.

6 Lee este folleto con información sobre la plaza de Salzburgo en la que te encontrarás con tu estudiante de intercambio y responde a las preguntas.

a) ¿Con cuál de las fotografías de plazas de Salzburgo se corresponde la descrita en el folleto?

b) ¿Desde qué edificio está tomada esa fotografía?

c) ¿Cuáles de los edificios mencionados en el folleto aparecen en ella?

A

B

C

KAPITELPLATZ

Kapitelplatz es una plaza sorprendente del casco antiguo de Salzburgo. La plaza está delimitada al norte por la catedral; al este, por los edificios del palacio episcopal; al oeste, por edificios con buhardillas; y al sur, por la montaña que sube hacia la fortaleza de la ciudad.

Es la cara sur de la plaza la que ofrece los mayores contrastes. Al alzar la vista de los pequeños edificios de las callejuelas, aparece la frondosa vegetación de la montaña de la ciudad y, entre esta, emerge el ondulante edificio blanco de la fortaleza Hohensalzburg, cuyos muros y bastiones datan del siglo XVII.

También en la parte sur de la plaza se halla una imponente fuente de piedra, de arquitectura barroca presidida por una estatua de Poseidón, que emerge de las aguas blandiendo su tridente. Antiguamente era un abrevadero de caballos.

Un elemento moderno que sirve de contrapunto a esta plaza es una escultura del artista alemán Stephan Balkhenhol. La escultura consiste en una enorme esfera dorada sobre la que se alza la figura de un hombre, que observa el panorama en dirección este.

7 Según el texto, la Kapitelplatz se encuentra en el casco antiguo. ¿Qué quiere decir esto? Copia en tu cuaderno las afirmaciones que correspondan y explica por qué.

- Todos los edificios de la plaza son antiguos.
- La plaza se ubica en el área comercial de la ciudad.
- Los monumentos más importantes de la ciudad estarán cerca de la plaza.
- La plaza se halla en una zona de interés histórico y turístico.

INTERCAMBIO LINGÜÍSTICO

HABLA

Grabad una audioguía sobre vuestra ciudad de destino.

8 En grupos, observad el plano del casco antiguo de Salzburgo y preparad una audioguía de la ciudad. Para ello, seguid estos pasos:

- Informaos e identificad en el plano los lugares, edificios y monumentos de mayor interés turístico y cultural, y elegid los que os parezcan más interesantes.
- Informaos sobre los aspectos históricos, las características y las curiosidades relacionadas con los lugares de interés que habéis seleccionado.
- Decidid el itinerario que vais a seguir en vuestro recorrido.
- Escribid un guion del texto de la audioguía donde indiquéis el recorrido y describáis brevemente los lugares en los que os vais a detener durante la visita. Podéis incluir información práctica sobre precios, horarios e, incluso, alguna recomendación de restaurante, café, mercadillo...
- Grabad un documento de audio de unos tres minutos con la ruta turística que habéis preparado. Recordad que la grabación debe hacerse en un lugar silencioso y evitando el ruido ambiente.

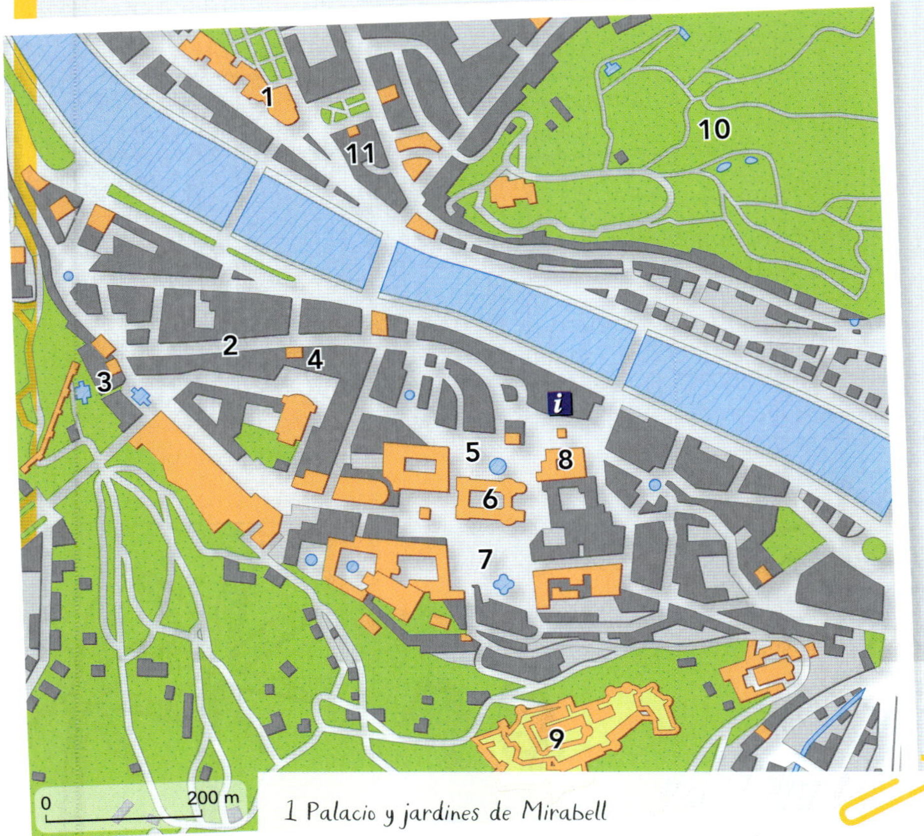

1 Palacio y jardines de Mirabell
2 Calle Getreidegasse
3 Museo del Juguete
4 Casa Natal de Mozart
5 DomQuartier (barrio de la Catedral)
6 Catedral
7 Kapitelplatz
8 Museo de Salzburgo
9 Fortaleza Hohensalzburg
10 Colina Kapuzinerberg
11 Teatro de Marionetas

Reflexiona sobre este ámbito profesional

Infórmate sobre la profesión de guía turístico: en qué consiste, cuáles son sus herramientas de trabajo, qué tipo de habilidades y conocimientos son necesarios para ejercerla...

Luego, reflexiona sobre si te gustaría ejercer esta profesión. Aporta tres razones que justifiquen tu respuesta.

3 GRAMÁTICA

EL ADJETIVO

3.1 El adjetivo

El **adjetivo** es una clase de palabra variable que expresa una **cualidad** o una **propiedad** del nombre con el que se relaciona: *perro ladrador, mañana calurosa, cielo azul, ordenador portátil, música clásica.*

Si esta cualidad es propia o característica del nombre al que complementa, el adjetivo se denomina **epíteto.** Suele ir antepuesto al sustantivo: *la mansa paloma, la blanca nieve, el frío invierno...*

El género y el número

- Según el **género,** los adjetivos pueden ser **masculinos** y **femeninos.**
- Según el **número,** los adjetivos pueden ser **singulares** y **plurales.**

EL ADJETIVO

- **Según el género**
  - Masculino
  - Femenino
    - Se forma añadiendo el morfema *-a* al lexema.
      - Ejemplos: *chico contento* / *chica contenta*
    - Algunos adjetivos son invariables en cuanto al género.
      - Ejemplos: *chico feliz* / *chica feliz*
- **Según el número**
  - Singular
  - Plural
    - Se forma añadiendo *-s* al singular.
      - Cuando acaba en vocal átona.
        - Ejemplo: *Sombreros amarillos*
      - Cuando acaba en vocal tónica *-í, -ú* suele admitir las dos terminaciones.
        - Ejemplos: *Mujeres hindús* / *Vestidos carmesíes*
    - Se forma añadiendo *-es* al singular.
      - Cuando acaba en vocal tónica *-í, -ú* suele admitir las dos terminaciones.
      - Cuando acaba en consonante.
        - Ejemplo: *Palmeras tropicales*

Actividades

1 Lee el siguiente texto y realiza las actividades:

> Azorín está sentado junto al balcón abierto de par en par. El aire es tibio; viene la primavera. El sol baña la plaza y pone gratos resplandores en las torres chatas de la iglesia. Todo calla. A las diez, Pepita toca el piano, cuyas notas resuenan sonoras en la plaza. Primero se oyen unas lecciones lentas, monótonas, con una monotonía sedante, melancólica; luego parte una sinfonía de alguna vieja ópera, y por fin, todos los días, la *Priere des bardes,* de Godefroid. Azorín se sabe ya de memoria esta melodía pausada y triste, y conforme va oyéndola va recordando cosas pasadas, esfumadas, perdidas en los rincones de la memoria. Vuelve luego otra vez el silencio [...] El sol es templado y entra en una confortante oleada hasta la mesa en que Azorín lee y escribe. De cuando en cuando cruza la plaza una mujer con un tablero en la cabeza, cubierto con un mandil a rayas rojas y azules [...] Y el viejo reloj da sus lentas campanadas. Y un vendedor lanza a intervalos un grito agudo.
>
> Azorín, *Antonio Azorín,* Cátedra.

a) Localiza siete adjetivos y escríbelos junto a los nombres con los que se relacionan.

b) Señala cinco adjetivos que vayan pospuestos al nombre.

c) Al final del texto encontrarás varios adjetivos antepuestos al nombre. ¿Cuáles son?

d) Copia un caso en el que el adjetivo se relaciona indirectamente con el nombre mediante el verbo *ser* y escribe dos ejemplos más con el mismo adjetivo.

> Por ejemplo: *La música* es *agradable.*

2 Copia y completa este texto con adjetivos:

> El lugar me pareció .... y ..... Sin embargo, me adentré en él con determinación y valor. Vi cosas .... que llamaron mi atención: una escalera ...., una puerta .... y una mesa .... .

3 En estas construcciones nominales, algunos adjetivos son epítetos y otros no. Identifica los epítetos.

mesa alargada	*hierro incandescente*
crudo invierno	*devastador huracán*
cálido verano	*dulce infancia*
ordenador veloz	*inmenso océano*

4 Escribe el femenino de los siguientes adjetivos: *francés, rápido, cumplidor, blanco, lleno, deteriorado, moderno, entregado.*

5 Escribe el nombre correspondiente a cada animal y añádele dos epítetos a cada uno. Luego, escribe una oración con cada grupo de palabras.

6 ¿Cuáles de los siguientes adjetivos no presentan variación de género?: *fácil, suspicaz, hablador, feliz, íntegro, aragonés, leve, tenue, veloz.*

7 Forma el femenino plural de los siguientes adjetivos y escribe una oración con cada uno de los invariables:

agradable	*sutil*	*ladrador*
fiel	*tibio*	*escocés*
frágil	*luminoso*	*gris*

8 ¿Qué diferencia hay entre estas parejas de oraciones? ¿Qué significa el adjetivo en cada caso?

- *Petra es una mujer pobre.*
- *Petra es una pobre mujer.*
- *¡No es más que un perro triste!*
- *¡No es más que un triste perro!*
- *Amalia nos contó ciertas cosas sobre ti.*
- *Amalia nos contó cosas ciertas sobre ti.*
- *Encontró las llaves en su casa antigua..*
- *Encontró las llaves en su antigua casa.*

9 Copia y completa esta tabla con los siguientes adjetivos: *alucinante, maravillosa, gigantescas, cariñoso, portuguesas, oxidadas, frescos, largo, precioso, cómoda, diminuta, estrictos.*

	Masculino	Femenino
Singular		
Plural		

3.2 La concordancia

El **adjetivo** concuerda **en género** y **número** con el nombre: *chicos sanos, chicas sanas.*

Cuando un mismo adjetivo afecta a dos nombres de distinto género, la concordancia se efectúa en masculino:

- *La casa y el jardín próximos.*
- *Su tío y su tía son divertidos.*

3.3 Usos especificativos y explicativos de los adjetivos

Observa estos dos ejemplos: *Los alumnos cansados se marcharon; Los alumnos, cansados, se marcharon.*

- En el primer ejemplo, el adjetivo *cansados* indica que solo se marcharon los alumnos que estaban cansados, los demás se quedaron. El adjetivo asume un valor **especificativo.**
- En el segundo ejemplo, el adjetivo *cansados* explica por qué se marcharon todos los alumnos. Fíjate en que va entre comas. Es un adjetivo de uso **explicativo.**

Actividades

Actividad resuelta

10 Completa estas construcciones con el adjetivo indicado en la forma que corresponda:

- *Los tomates y los pimientos están* .... (caro)
- *Un padre y una abuela* .... (muy generoso)
- *Un libro y una revista* .... (interesante)

Solución

- *Los tomates y los pimientos están* caros.
- *Un padre y una abuela muy* generosos.
- *Un libro y una revista* interesantes.

11 Indica el nombre al que complementan los adjetivos subrayados en este texto y analiza el género y el número en el que concuerdan:

> Acabo de llegar de una visita al dueño de mi casa, el solitario vecino con el que voy a tener que lidiar. Es esta en verdad una hermosa región, no creo que me hubiera podido fijar en toda Inglaterra en un paraje tan del todo apartado del mundanal ruido; es un perfecto paraíso para misántropos, y el señor Heathcliff y yo una pareja ideal para compartir esta desolación entre los dos. Es un hombre extraordinario; poco se podía imaginar lo que simpatizaba con él cuando vi sus ojos negros esconderse recelosos bajo sus cejas.

Emily Brontë, *Cumbres borrascosas,* Cátedra.

12 Identifica el adjetivo especificativo y el adjetivo explicativo en esta pareja de oraciones. Señala la diferencia formal y de significado entre ellas:

Los jugadores lesionados pasaron por la enfermería.

Los jugadores, lesionados, pasaron por la enfermería.

13 Inspírate en esta imagen y escribe cuatro oraciones en las que utilices dos adjetivos explicativos y dos adjetivos especificativos:

Clase de danza (1874), Edgar Degas.

3.4 Grados del adjetivo

Las cualidades que expresan los adjetivos *(feo, alto, fresco, limpio)* pueden afectar al nombre en mayor o menor grado o intensidad. Por ejemplo: *alto, más alto, menos alto, tan alto, muy alto, altísimo.*

En un adjetivo se distinguen tres grados: el **positivo,** el **comparativo** y el **superlativo.**

- El adjetivo en **grado positivo** expresa la cualidad de forma neutra, tal cual es, sin cuantificar: *listo, grande, contento, frío...*
- El adjetivo en **grado comparativo** está acompañado por un adverbio de cantidad *(más, menos, tan)* y sirve para crear comparaciones.

  Las comparaciones pueden ser de tres tipos:

  - de **superioridad:** *más alta (que su hermano);*
  - de **inferioridad:** *menos ágil (que su amigo);*
  - de **igualdad:** *tan simpático (como su abuelo); igual de rico (que Pepe).*
- El adjetivo en **grado superlativo** expresa una cualidad en un nivel elevado. Se forma con el adverbio ***muy*** o con el sufijo ***–ísimo:*** *muy largo, lentísimo...*

CASOS ESPECIALES

bueno – malo
grande – pequeño

Comparativo: *mejor, peor, mayor, menor*

Superlativo: *óptimo, pésimo, máximo, mínimo*

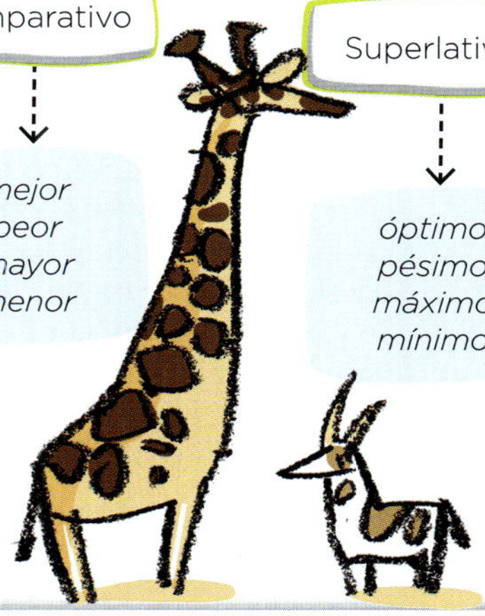

Actividades

Actividad resuelta

14 Determina el grado de los adjetivos en las siguientes oraciones: *Es una película muy interesante; Utilizaron una tecnología menos avanzada; El libro que estoy leyendo es divertidísimo; Esta es una calle más ruidosa que la mía; ¡Es un problema complicado!*

Solución

- *Es una película muy interesante:* grado superlativo.
- *Utilizaron una tecnología menos avanzada:* grado comparativo de inferioridad.
- *El libro que estoy leyendo es divertidísimo:* grado superlativo.
- *Esta es una calle más ruidosa que la mía:* grado comparativo de superioridad.
- *¡Es un problema complicado!:* grado positivo.

15 Copia y completa la tabla con los comparativos y superlativos de estos adjetivos:

Positivo	Comparativo	Superlativo con *-ísimo*	Superlativo con *muy*
sencillo	....	....	....
hermoso	....	....	....
limpio	....	....	....

16 Completa en tu cuaderno esta tabla con el comparativo de igualdad, de superioridad y de inferioridad de los adjetivos indicados:

	Superioridad	Inferioridad	Igualdad
fácil	....	....	....
cercana	....	....	....
despistado	....	....	....
difícil	....	....	....
cómodo	....	....	....

17 Completa esta tabla en tu cuaderno con los comparativos y los superlativos de los adjetivos indicados:

	Comparativos	Superlativos
Un libro bueno	....	....
Un alimento malo	....	....
Una altura grande	....	....
Una persona afortunada	....	....
Una mujer contenta	....	....
Una casa limpia	....	....
Un coche pequeño	....	....

APLICA LO APRENDIDO

Reflexiona sobre la gramática

Solución paso a paso

1 Analiza los adjetivos subrayados en este texto:

> Tendría de veinticinco a treinta años. Soy muy malo calculando la edad de la gente, podría ser uno arriba o uno abajo. Poseía un físico corriente, casi vulgar, de los que pasan inadvertidos. Pequeña y robusta, de complexión fuerte [...] Vestía pantalón vaquero con peto muy ancho, cómodo, y botas camperas.
>
> A su lado, descuidadamente depositado sobre la silla, reposaba un chambergo ajado. Las apariencias estéticas y la moda no eran un problema para la tercera Constanza. Mantenía la vista clavada sobre su tarea y hacía muecas con los labios, como si hablara sola o entrechocara los dientes, lo que parecía ayudarle a concentrarse. No era guapa; cara redonda, nariz demasiado larga y desangelada... Una chica normal, del montón. Pelo corto, muy negro...
>
> Fernando Marías, *Cielo abajo*, Anaya.

Paso 1. Identifica el género de los adjetivos.

Femenino: *pequeña, robusta, camperas, estéticas, guapa, redonda, larga, desangelada;* masculino: *malo, ancho, cómodo, ajado, corto, negro;* invariable: *corriente, vulgar, fuerte, normal.*

Paso 2. Identifica el número de los adjetivos.

Singular: *pequeña, robusta, malo, ancho, cómodo, corriente, vulgar, fuerte, ajado, guapa, redonda, larga, desangelada, normal, corto, negro;* plural: *camperas, estéticas.*

Paso 3. Especificativos o explicativos, ¿qué uso del adjetivo predomina?

Predomina el uso de adjetivos explicativos.

Paso 4. Determina el grado de los adjetivos.

Todos están en grado positivo, excepto *muy malo, muy ancho* y *muy negro,* que están en grado superlativo.

2 Lee con atención este texto y realiza las actividades:

> Andaba sobre la nieve blanda sin mirar, hundiéndose a menudo en las negras huellas de los caballos. Altísimos árboles sin sombra sobrepasaban las casas de tejado blanco. Delante de la lechería, tres hombres habían encendido un fuego; se sentó en su sitio habitual, dando la espalda al espejo empañado, y se quitó las gafas.
>
> Elsa Morante, *El chal andaluz,* Cátedra.

a) Identifica en el texto seis adjetivos.

b) Indica el sustantivo con el que concuerda cada uno de los adjetivos de la actividad anterior.

c) Especificativos o explicativos, ¿qué uso del adjetivo predomina? ¿Cuál puede ser la razón?

d) ¿Hay algún epíteto?

e) Localiza en el texto dos adjetivos invariables en cuanto al género. ¿A qué sustantivo acompañan?

f) Señala un adjetivo en grado superlativo.

3 Lee este texto y realiza las actividades:

> Dámaso es como un viejo velero de altos mástiles, con la madera trabajada. Un velero sólido, capaz de resistir travesías y embates que anegarían a un barquito joven y recién calafateado. Yo no he visto jamás pies y manos tan grandes como los de Dámaso. Ni tan grande osamenta. Los ojos son pequeños o quizás los ha vuelto pequeños a fuerza de achicarlos, y la piel sin color está salpicada de manchas pardas, estigmatizada por el sol y el mar.
>
> Elena Quiroga, *La enferma,* Cátedra.

Embate: golpe fuerte dado por las olas del mar. Calafatear: cerrar las uniones de las maderas de una embarcación para que no entre agua.

a) ¿Cuántos adjetivos puedes localizar en el texto? ¿A qué nombre acompaña cada uno?

b) Identifica el grado del adjetivo en esta construcción tomada del texto:

> *Yo no he visto jamás pies y manos tan grandes como los de Dámaso.*

4 Escucha la canción y realiza las actividades:

a) ¿A qué sustantivos acompañan estos adjetivos utilizados en la canción?

dorado · blanca · rojas · tierno · finas

b) ¿Qué adjetivo se utiliza para expresar una cualidad de los cabellos?

c) ¿Qué dos adjetivos se repiten en el estribillo? ¿A qué sustantivo acompañan?

d) En la canción se repiten varios adjetivos en grado comparativo. ¿Qué tipo de comparación es?

superioridad · igualdad · inferioridad

Visualiza la gramática. Comprende los conceptos gramaticales mediante este vídeo disponible en anayaeducacion.es.

Repaso interactivo. Accede a este juego interactivo y repasa el contenido de la unidad en anayaeducacion.es.

Recuerda seleccionar el material de trabajo de esta unidad para tu **portfolio.**

Recuerda que en tu banco de recursos dispones de:

- diversos talleres para gestionar tus emociones y de una diana para evaluarlas.
- fichas para mejorar tu ciudadanía digital.

Organiza tus ideas gramaticales

Copia y completa el siguiente diagrama jerárquico en tu cuaderno:

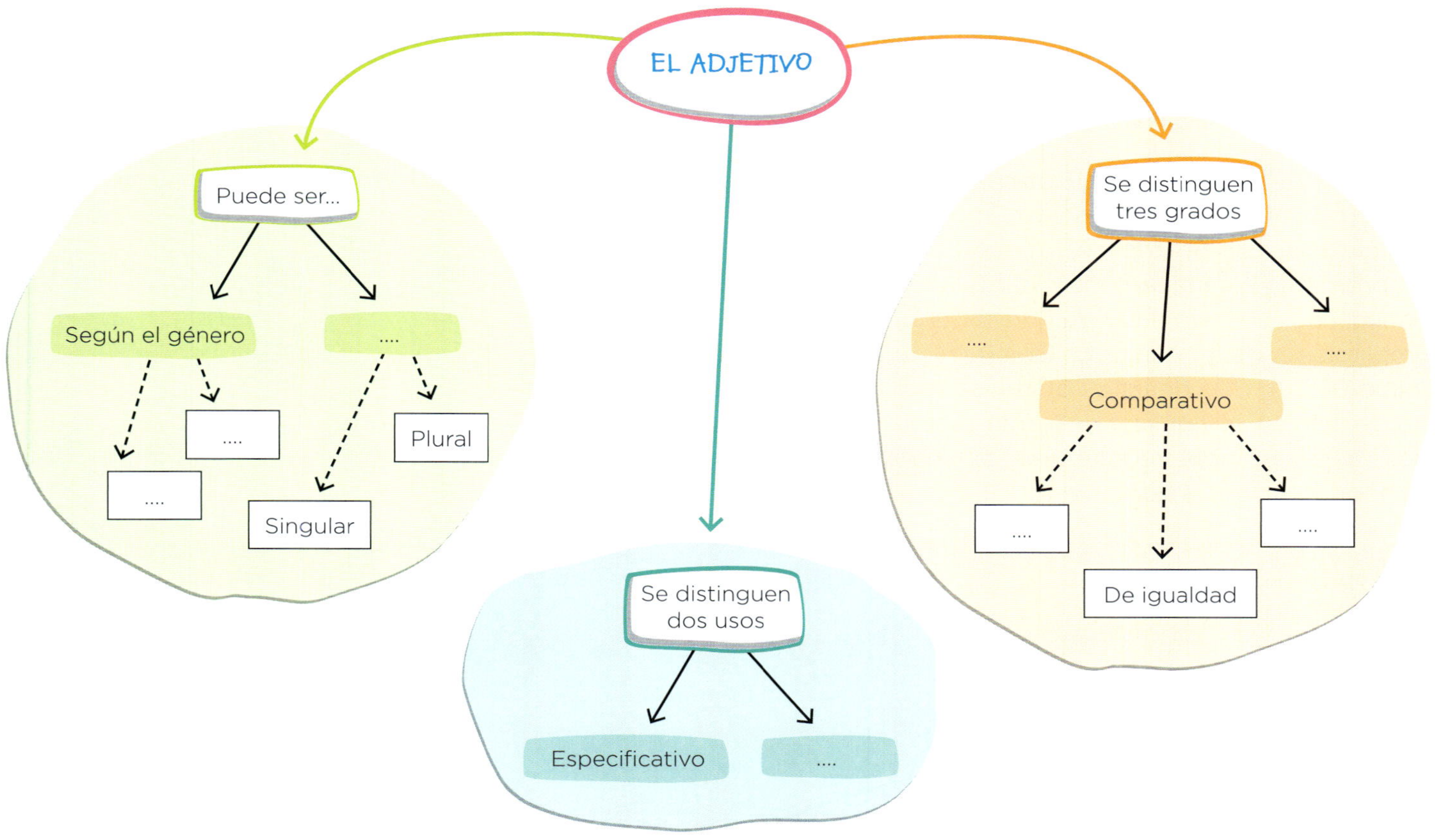

Practica la ortografía

1 Lee el texto y realiza las actividades:

Hace años dejé las extensas llanuras de la Minnesota rural para dirigirme a la isla de Manhattan en busca del héroe de mi primera novela. Cuando llegué allí en agosto de 1978, más que un personaje era una posibilidad rítmica, una criatura embrionaria de mi imaginación percibida como una serie de compases métricos que se aceleraban o ralentizaban con mis pasos al recorrer las calles de la ciudad. Creo que estaba descubriéndome a mí misma en él, demostrar que ambos éramos dignos de cualquier historia que pudiera salirnos al encuentro. En Nueva York no buscaba felicidad ni comodidades sino aventuras, y sabía que la persona aventurera debe someterse a un sinfín de pruebas por tierra y mar antes de regresar a casa, o acaba sucumbiendo a manos de los dioses. Entonces no sabía lo que ahora sé: que al escribir también me escribía. El libro había empezado a escribirse mucho antes de que yo llegara de las llanuras. En el cerebro tenía grabados múltiples borradores de una novela de misterio, pero eso no significa que supiera qué iba a salir. Mi héroe aún por formar y yo nos dirigíamos a un lugar que era poco más que una brillante ficción: el futuro.

Siri Hustvedt, *Recuerdos del futuro,* Seix Barral.

a) Fíjate en las palabras subrayadas y clasifícalas según contengan diptongo o hiato, y explica por qué llevan o no tilde.

b) Explica por qué estos monosílabos tomados del texto llevan o no llevan tilde:

mi – mí *mas – más* *él – el* *sé – se*

c) Extrae del texto:

- Siete palabras esdrújulas.
- Cinco palabras agudas sin tilde.
- Cinco palabras agudas con tilde.
- Cinco palabras llanas sin tilde.
- Tres palabras llanas con tilde.

ORTOGRAFÍA CONSULTA EL ANEXO 2 3 4

4

¡MISIÓN SOSTENIBLE!

En septiembre de 2015, los 193 países miembros de la Organización de Naciones Unidas suscribieron la Agenda 2030 para el Desarrollo Sostenible, un documento por el que se comprometen a caminar juntos hacia la sostenibilidad económica, social y ambiental de nuestro planeta mediante el cumplimiento de los llamados Objetivos de Desarrollo Sostenible (ODS). Uno de estos objetivos establece la necesidad de conservar y utilizar en forma sostenible los océanos y los mares, grandes reguladores que hacen que la Tierra sea habitable para la humanidad.

Plano abierto. Accede al vídeo de la unidad en el banco de recursos de **anayaeducacion.es**.

Intercambia opiniones

NUESTROS OCÉANOS

- ¿Has visto alguna vez plásticos y otros residuos en la playa?
  - ¿Cómo te has sentido al verlo?
  - ¿Y qué has hecho?
- ¿Qué tipo de productos plásticos sueles consumir en tu vida diaria?
  - ¿Cómo podrías reducir su consumo?
- ¿Conoces alguna organización que se dedique a proteger los océanos?
  - ¿Cómo se llama?

QUÉ VAS A ENCONTRAR EN ESTA UNIDAD

1 LECTURA ODS

En esta unidad vas a leer un texto divulgativo sobre la crisis medioambiental a la que se enfrenta el planeta Tierra. Los océanos no escapan al problema. Es urgente que la sociedad se sensibilice en la lucha contra la contaminación de las aguas marinas generada, entre otras cosas, por los residuos plásticos. Consulta los vídeos en el banco de recursos de **anayaeducacion.es** y reflexiona sobre la protección de la vida submarina: metas ONU 14.1 y 14.4.

2 COMUNICACIÓN

Los textos expositivos aportan información organizada y permiten conocer a un ser, un objeto, un fenómeno, una situación... Por su parte, los textos argumentativos aportan razonamientos y permiten influir en el pensamiento de la persona destinataria del mensaje. Reflexiona: ¿dónde sueles encontrar cada uno de estos tipos de texto?

3 GRAMÁTICA

Cuando digo *planeta* y *mi planeta,* ¿en qué caso me estoy refiriendo a cualquier planeta y en qué caso a un planeta concreto? ¿Sabes qué clase de palabra marca la diferencia?

ORTOGRAFÍA Al final de este libro encontrarás un anexo con reglas ortográficas y actividades que te ayudarán a solucionar las propuestas a lo largo de esta unidad: **el uso de mayúsculas y minúsculas.**

Comprensión oral

Escucha el texto locutado de la lectura y responde a las siguientes preguntas:

- ¿Cuál de estos tonos emplean los locutores?

alegre | serio | humorístico

- ¿De qué importante problema se habla en el texto?
- Tras escucharlo, ¿cuál crees que es su intención?

LOS PLÁSTICOS

El plástico ha inundado nuestra vida diaria: podemos encontrarlo en envases de productos, ingredientes de cosméticos, el textil de la ropa, materiales de construcción...

CADA AÑO LLEGA A MARES Y OCÉANOS EL EQUIVALENTE EN BASURA A HASTA **1 200** VECES EL PESO DE LA TORRE EIFFEL

SOLO EL **30 %** DE LOS PLÁSTICOS SE RECICLAN EN ESPAÑA

UNA BOTELLA DE PLÁSTICO TARDA UNOS **500** AÑOS EN DESCOMPONERSE

EL PROBLEMA

Los plásticos han tomado la Tierra. Su creciente producción y uso amenazan con contaminar cada rincón del planeta, especialmente los mares, destino final de muchos de ellos, donde perjudican seriamente la salud de los ecosistemas acuáticos y la supervivencia de las especies que los pueblan. Los podemos encontrar en la playa, en las rocas, flotando en el agua e incluso en las zonas más profundas. Desde el Ártico hasta la Antártida, en zonas pobladas y en islas deshabitadas. Cada año, los mares y océanos son receptores de hasta 12 millones de toneladas de basura.

La situación mundial es dramática, más aún teniendo en cuenta que la producción de plásticos se acercará en 2020 a los 500 millones de toneladas (un 900 % más que en 1980). Estas cantidades, su fácil dispersión y su lento proceso de degradación convierten al plástico en el enemigo número uno de mares y océanos. Su uso es un problema asociado a los modos de consumo, ya que la mayoría se emplean para envases de un solo uso. España es el quinto mayor productor de la UE.

Particularmente perjudiciales resultan los microplásticos, fragmentos inferiores a 5 mm que pueden venir de la rotura de trozos grandes o haber sido fabricados directamente así, como es el caso de las **microesferas** presentes en productos de higiene y limpieza como exfoliantes, pastas de dientes o detergentes. Se calcula que cada bote de 100 ml puede contener entre 130 000 y 2,8 millones de estas diminutas bolas de plástico que llegan al mar a través del desagüe, porque su tamaño tan reducido hace que no queden atrapadas por los filtros de las **depuradoras.** Estudios recientes han observado que los animales marinos están ingiriendo estos microplásticos, lo que está provocando bloqueos gastrointestinales y alteraciones en sus patrones de alimentación y reproducción. Pero no se queda ahí: hay evidencias de que se transfieren a lo largo de la cadena alimentaria y llegan hasta nuestros platos.

Y aún hay más, porque tanto los microplásticos como los macroplásticos tienen enormes impactos económicos y sociales. La basura acumulada en las playas afecta directamente a un sector turístico dependiente de la buena salud del litoral y el medio marino, mientras que las necesarias labores de limpieza causan enormes desembolsos de dinero público.

Vocabulario

Microesfera: pequeña partícula de plástico utilizadas generalmente en productos de higiene y limpieza, y en investigación médica.

Depuradora: planta o instalación dedicada a la eliminación de los contaminantes presentes en las aguas residuales para que estas puedan ser reutilizadas o devueltas limpias a la naturaleza.

Insostenible: que no se puede mantener durante largo tiempo sin agotar los recursos o causar grave daño al medio ambiente.

LA SOLUCIÓN

Reducir el uso y el impacto que los plásticos tienen sobre los ecosistemas es responsabilidad de todos y todas, tanto de las administraciones públicas como de la ciudadanía. Sus efectos, aunque puedan parecernos imperceptibles, son demoledores, extendiéndose desde el Ártico a la Antártida, y causan estragos en las especies marinas.

El uso del plástico es **insostenible** y es un claro ejemplo de los impactos de la cultura del usar y tirar. Por ello hay que ir al origen del problema y, en primer lugar, reducir la cantidad de plástico que se pone en circulación y después apostar por la reutilización. Ya hay un movimiento creciente de personas en todo el mundo que están apostando por un estilo de vida libre de plásticos de un solo uso.

es.greenpeace.org

Hipertexto. Conoce la organización y contextualiza su misión en el banco de recursos de **anayaeducacion.es**.

Comprende el texto

Pasión por leer. Disfruta con la lectura de otros textos sobre medio ambiente en el banco de recursos de **anayaeducacion.es**.

Extrae información

1 ¿Qué parte del planeta está especialmente amenazada por la producción y el uso de los plásticos?

2 ¿Cuánta basura llega a los mares y océanos anualmente?

3 ¿Qué tipo de plásticos son los más perjudiciales? Justifica tu respuesta.

4 ¿A qué sector económico afecta directamente la basura acumulada en las playas?

5 Copia en tu cuaderno la opción fundamental para resolver el problema:

- Usar todo el plástico ya producido y degradarlo rápidamente.
- Reducir la cantidad de plástico que se pone en circulación y reutilizarlo después.

6 ¿Qué estilo de vida defienden las personas concienciadas con este problema?

Reflexiona sobre la lengua

7 Localiza en el texto dos adjetivos con esta estructura, explica su significado y escribe dos ejemplos más:

in- + lexema + *-ible*

8 Los elementos compositivos *micro* y *macro* indican tamaño. ¿En qué palabras del texto se utilizan? ¿Cuál es su significado?

9 Localiza en la lectura términos correspondientes a estos campos de experiencia: productos de higiene y limpieza, elementos del ecosistema acuático y materiales.

10 Justifica el uso de las mayúsculas o minúsculas en estas palabras:

Antártida · UE · particularmente · mm · plásticos

11 ¿Por qué la palabra *Eiffel* se escribe en mayúscula?

12 Escribe en tu cuaderno los gentilicios masculinos y femeninos correspondientes a estas palabras de la lectura. ¿Se escriben con minúscula o con mayúscula?

España · Francia

ORTOGRAFÍA CONSULTA EL ANEXO 5

Interpreta y analiza

13 Copia y completa el siguiente esquema con la estructura del texto:

Partes	Contenido
1.ª parte	Título e información gráfica
2.ª parte	....
3.ª parte	....

14 Escribe un resumen del texto en el que queden destacadas las ideas principales de cada una de sus partes.

Valora y relaciona con tu mundo

15 ¿En qué sentido todos los seres humanos somos responsables del impacto del plástico sobre los ecosistemas?

16 De las medidas que el texto expone para reducir el uso de plásticos, ¿cuál te parece la más sencilla para llevarla a cabo?, ¿y la más complicada? Justifica tus respuestas.

17 **Rompecabezas.** En grupos de cuatro o cinco personas, elaborad un breve informe que responda a las cuestiones siguientes:

a) **Antes pensaba... ahora pienso...** ¿Qué actuaciones realizáis ya en vuestra vida diaria para contribuir a frenar el uso de plásticos?

b) **Las alternativas.** ¿Con qué otras acciones podríais colaborar?

c) ¿Observáis que algo está cambiando en vuestro entorno?

d) ¿Consideráis que el problema es realmente grave?

Amplía tu vocabulario

PRODUCCIÓN Y CONSUMO

El texto de la lectura nos transmite la importancia de favorecer una **producción** respetuosa con el medio ambiente y de promover un **consumo** responsable para lograr un desarrollo sostenible.

1 Sustituye el verbo *hacer* por otro de esta lista en las siguientes oraciones:

fabricar - construir - levantar - crear

– *Aquí van a* hacer *un polideportivo municipal.*
– *En esas instalaciones se* hacen *piezas de automóviles.*
– *Elisa aprendió en ese taller a* hacer *figuras originales.*
– *Habrá que* hacer *una valla para separar los distintos terrenos.*

2 Copia y completa la tabla en tu cuaderno con estos verbos, como en el ejemplo: *producir, construir, crear, formar, generar.*

Verbo	*producir*	....	....	....	....
Sustantivo	*producción*	....	....	....	....
Adjetivo	*productivo*	....	....	....	....

3 ¿Qué significa la palabra *manufacturar*? ¿Es lo mismo *manufacturar* que *producir artesanalmente*?

4 Copia y relaciona cada verbo con el sustantivo que le corresponda:

Verbos: reciclar, reutilizar, retornar

Sustantivos: envases, basuras, bolsas

5 1-2-4. Busca tres sinónimos del verbo *consumir* y escribe una oración con cada uno de ellos.

6 Relaciona cada uno de estos conceptos con su definición:

BIODEGRADABLE **RENOVABLE** **ECOLÓGICO**

- Que es descompuesto por la acción de organismos biológicos y reintegrado a la naturaleza.
- Fabricado u obtenido sin emplear compuestos químicos que dañen el medio ambiente.
- Energía cuya fuente se presenta en la naturaleza como inagotable.

7 Construye una palabra acabada en *-bilidad* a partir de estos adjetivos: *responsable, rentable, compatible* y *perdurable.*

8 Forma parejas de sinónimos y de antónimos con estas palabras:

productividad, construir, derribar, rendimiento, usar, destrucción, fabricación, emplear

2.1 El texto expositivo

Qué es una exposición

Una **exposición** es un texto, oral o escrito, que explica un tema.

Encontrarás exposiciones en los libros de texto. También elaborarás textos expositivos (escritos u orales) cuando hagas un examen o prepares un trabajo para clase.

Características de la exposición

- La exposición puede ser **objetiva,** cuando el autor o la autora desarrolla un asunto sin dar su opinión, o **subjetiva,** si explica su punto de vista.
- En una exposición es importante la **claridad.** Esta se logra con un lenguaje sencillo, unos enunciados breves y los signos de puntuación necesarios para evitar ambigüedades.
- También es fundamental seguir un **orden** determinado (lógico, cronológico, espacial, de lo más importante a lo menos...).

Clases de exposiciones

- La **exposición divulgativa** va dirigida a personas que no están familiarizadas con el tema que se trata. Por ejemplo, una charla sobre el sida destinada a un público que no está relacionado con el mundo de la medicina.
- La **exposición especializada** va dirigida a personas que poseen buena formación en la materia. Por ejemplo, una conferencia a investigadores sobre un descubrimiento científico en su área de conocimiento.

Estructura de la exposición

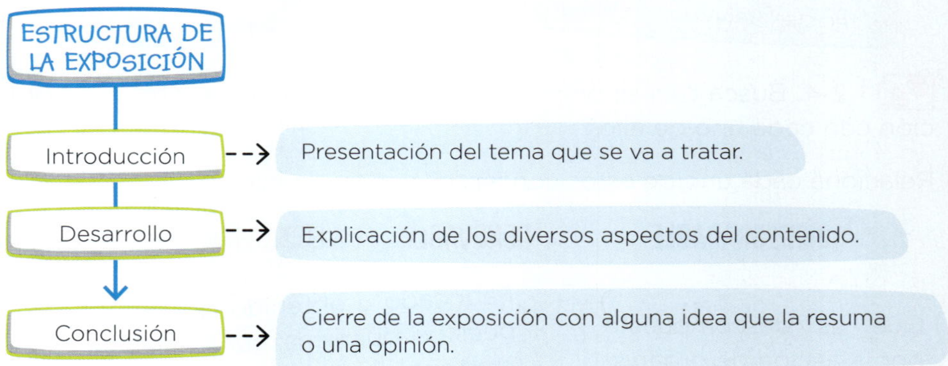

La cohesión textual

Como ya sabes, los textos deben ser coherentes. Un recurso lingüístico que cohesiona el texto y favorece su coherencia son los **conectores textuales.**

En los textos expositivos, los conectores tienen especial importancia para organizar las ideas. Entre otros, podemos distinguir los siguientes:

- De **adición:** palabras como *y, además, también,* unen una idea a otra.
- De **contraste:** palabras o expresiones como *pero, no obstante, sin embargo,* oponen dos ideas.
- De **explicación:** expresiones como *pues, es decir, o sea,* introducen una aclaración.

Actividades

1 Lee este texto y realiza las actividades:

María Moliner.

> MOLINER, María. Lexicógrafa española (Paniza, 1900-Madrid, 1981). Formada en la Institución Libre de Enseñanza, fue bibliotecaria de varias instituciones y perteneció al cuerpo facultativo de Archivos, Bibliotecas y Museos. En 1966 publicó su *Diccionario de uso del español,* considerado actualmente como una de las mejores aportaciones hechas al campo de la lexicografía española contemporánea. Por su obra le fue concedido el premio Lorenzo Nieto López, otorgado por la Real Academia Española.
>
> Cristina Segura Graíño, *Diccionario de mujeres célebres,* Espasa.

Lexicógrafo: lingüista que estudia la composición de los diccionarios.

a) ¿Por qué este texto es expositivo?

b) ¿Qué clase de exposición es: divulgativa o especializada? Razona tu respuesta.

c) Localiza en el texto un conector e indica a qué clase pertenece. ¿Cuáles son las ideas que relaciona?

2 Piensa en un personaje que te interese y escribe un texto expositivo siguiendo el modelo anterior.

3 Lee este texto y realiza las actividades:

> Todos nos hallamos unidos a la familia por los apellidos, que se pasan de padres a hijos; sin embargo, el nombre es algo que recibimos de una forma caprichosa, acaso obedeciendo a la imposición de alguien o a una preferencia causada por las modas del momento.
>
> Es fácil comprobar cómo, en los años cincuenta [del siglo xx], a muchas niñas españolas se les puso el nombre de Esther (con la «h» intercalada por influencia anglosajona) debido al éxito de las películas de la bella y magnífica nadadora Esther Williams.
>
> Sin embargo, los nombres provienen de la Antigüedad, encierran un significado y constituyen un elemento identificador. A un guerrero germánico, o a un patricio romano, le importaba mucho el nombre que iba a asignar a sus hijos, por eso lo elegía pensando en las cualidades que deseaba transmitir. [...] Puede decirse que el nombre formaba parte de la herencia, como una especie de estandarte a tener muy en cuenta.
>
> Actualmente, solo en los grandes colectivos, como cuarteles o colegios, se nos llama por el apellido. Mientras que en los demás lugares se nos reconoce por los nombres.
>
> Sin embargo, hay más. Los amigos y amigas utilizan los nombres como una muestra de intimidad, igual que si pretendieran decirnos que somos algo muy especial para ellos.
>
> M. Yáñez Solana, *El gran libro de los nombres.* M.E. Editores.

Patricio: descendiente de los primeros senadores romanos, que formaba parte de la clase social noble y privilegiada.

a) ¿De qué tema habla el texto?

b) ¿Por qué es una exposición? ¿Es una exposición objetiva o subjetiva? ¿Por qué?

c) ¿Es una exposición divulgativa o especializada?

d) Localiza los conectores de adición y contraste del texto e indica qué ideas relacionan.

e) En el texto hay referencias a diferentes momentos del pasado, pero no se presentan en orden cronológico. Elabora una línea del tiempo para organizar temporalmente los hitos descritos en el texto.

4 Piensa en algún tema de actualidad que te interese y haz una breve exposición oral sobre el tema. Para ello, sigue estos pasos:

PREPARAR UNA EXPOSICIÓN ORAL

1. Infórmate.
2. Selecciona las ideas principales y las secundarias que quieras utilizar.
3. Escribe un guion. Sigue una estructura ordenada de introducción, desarrollo y conclusión.
4. Utiliza un lenguaje claro y sencillo.
5. Si lo deseas, apóyate en esquemas o imágenes.
6. Ensaya ante un compañero o una compañera.
7. Expón con tranquilidad. No olvides establecer contacto visual con tu público.

En el banco de recursos de anayaeducación.es encontrarás una actividad de orientación académica y profesional.

EL DEBATE

Es una controversia pública entre dos o más personas que discrepan sobre un asunto polémico aduciendo argumentos para apoyar sus puntos de vista.

En él intervienen:

Moderador: dirige y organiza los turnos de palabra.

Participantes: defienden puntos de vista diferenciados.

Público: asiste a la controversia y, a veces, participa en ella con preguntas o exponiendo su opinión.

2.2 El texto argumentativo

Argumentar es aportar razones para convencer de algo a la persona destinataria o para influir en su comportamiento.

En nuestra vida cotidiana nos hallamos expuestos continuamente a los **textos argumentativos.** Por ejemplo, los anuncios publicitarios argumentan cuando tratan de convencernos por medio de un eslogan para que compremos algo; en los discursos políticos se aportan argumentos para que la ciudadanía apoye una determinada candidatura; los sermones religiosos argumentan para transmitir la enseñanza y la moral de una doctrina; argumentan nuestros familiares cuando tratan de convencernos de la importancia del esfuerzo y de la constancia; en las columnas de opinión de los periódicos se aportan argumentos para apoyar una tesis; argumentan los científicos para demostrar la importancia de que cuidemos el planeta...

Estructura de los textos argumentativos:

Introducción → **Presentación** de la tesis o idea que se quiere defender.

Argumentación → **Cuerpo central** donde se aducen las razones para apoyar la tesis.

Conclusión → **Resumen** de la tesis que se defiende.

La argumentación puede ser de dos tipos:

- **Argumentación objetiva.** Aporta razones que tienen una base real. Por ejemplo, la demostración con pruebas de una teoría científica.
- **Argumentación subjetiva.** Trata de influir en la persona destinataria basándose en sus sentimientos, pasiones, gustos y emociones. Por ejemplo, un anuncio publicitario utiliza sentimientos como el gusto por la aventura para vender un coche deportivo.

Actividades

5 Lee este texto y realiza las actividades:

> La razón por la cual el hombre es un ser social, más que cualquier abeja [...], es evidente: la naturaleza, como decimos, no hace nada en vano, y el hombre es el único animal que tiene *palabra*. Pues la voz es signo del dolor y del placer, y por eso la poseen también los demás animales, porque su naturaleza llega hasta tener sensación de dolor y de placer e indicársela unos a otros. Pero la palabra es para manifestar lo conveniente y lo perjudicial, así como lo justo y lo injusto. Y esto es lo propio del hombre frente a los demás animales: poseer, él solo, el sentido del bien y del mal, de lo justo y de lo injusto, y de los demás valores.
>
> Aristóteles, en M. Á. Rossi, *Lecciones sobre la Política de Aristóteles,* Miño y Dávila.

a) ¿Por qué este es un texto argumentativo?

b) Completa la tesis del fragmento en tu cuaderno:

El hombre es un ser más social porque...

6 Elegid uno de estos temas y debatid en clase:

Perros o gatos | Ver películas en el cine o en la televisión | Leer en soporte de papel o digital

- Infórmate, reflexiona y fórmate tu propia opinión sobre el tema elegido.
- Escribe dos o tres argumentos en los que apoyar tu punto de vista.
- Durante el debate, desarrolla bien tus argumentos, cuida el lenguaje verbal y el no verbal, y escucha y respeta las opiniones de los demás.

2.3 El diálogo

El **diálogo** es un intercambio de mensajes entre dos o más personas.

A las personas que participan en un diálogo con sus **intervenciones** se les llama **interlocutores.** Cada una de estas personas debe respetar su turno de palabra, es decir, debe dejar hablar a las demás; y debe intervenir con orden y respeto.

Los diálogos pueden ser orales o escritos

- El **diálogo oral** es la primera forma de comunicación que aprende un niño o una niña en su entorno familiar.

  En los diálogos orales, el lenguaje es informal y se acompaña de gestos de la cara o movimientos de las manos que refuerzan lo que se está diciendo.
- El **diálogo escrito** es una adaptación a la escritura de los diálogos orales. Hay diálogos, por ejemplo, en el teatro, en los cómics, en las novelas...

  En estos casos, el lenguaje está más organizado y preparado que en el diálogo oral.

Los diálogos pueden ser espontáneos o planificados

- El **diálogo espontáneo** se produce en situaciones que no se han previsto, como, por ejemplo, en una conversación entre amigos.

  En su lenguaje son frecuentes los descuidos, los enunciados inacabados, la alteración del orden de las palabras, las exclamaciones, las interrogaciones...
- El **diálogo planificado** se produce en situaciones programadas y formales; por ejemplo, en una **tertulia,** en una **entrevista** o en un **debate.**

  El lenguaje, en estos casos, se cuida mucho y está más organizado que en el diálogo espontáneo.

La tertulia

Una tertulia es una reunión de personas que se juntan habitualmente para conversar o discutir sobre una determinada materia o sobre temas de actualidad, en lugares como un café o, públicamente, en un programa de televisión o de radio.

Actividades

7 Lee este fragmento teatral y realiza las actividades:

Michel y Véronique son los padres de Bruno, chico de 11 años al que ha agredido Ferdinand, hijo de Alain y Annette. Los padres de ambos niños intentan solucionar el problema dialogando.

MICHEL.—Me preguntaba, aunque sé que no tiene mayor importancia, cuál fue el motivo de la disputa. Bruno no nos ha dicho nada sobre ello.

ANNETTE.—Bruno no dejaba entrar a Ferdinand en su banda.

VÉRONIQUE.—¿Bruno tiene una banda?

ALAIN.—Y le llamó «chivato».

VÉRONIQUE.—¿Tú sabías que Bruno tenía una banda?

MICHEL.—No. Pero estoy muy contento.

VÉRONIQUE.—¿Por qué estás contento?

MICHEL.—Porque yo también era jefe de una pandilla.

ALAIN.—Yo también.

VÉRONIQUE.—¿Y en qué consiste eso?

MICHEL.—Tienes a cinco, seis compañeros que te admiran y que están dispuestos a sacrificarse por ti. Como en Ivanhoe.

ALAIN.—Exacto. Como en Ivanhoe.

Yasmina Reza, *Un dios salvaje,* Alba Editorial.

a) Explica en una o dos líneas por qué esta lectura es un diálogo.

b) ¿Cuántas intervenciones hay en el texto?

c) ¿Cuántos interlocutores participan?

d) Lo que leemos en este texto es un diálogo escrito. ¿En qué momento pasaría a ser un diálogo oral?

Webquest. Accede a esta actividad en el banco de recursos de **anayaeducacion.es** e investiga sobre las tertulias literarias.

SEMANA DE LA ORATORIA

¡Prepárate para emocionar, persuadir y entretener a tu público en la Semana de la Oratoria!

EL ARTE DE HABLAR EN PÚBLICO

LEE

Lee e infórmate sobre la importancia de aprender a hablar en público.

Todas las personas sabemos hablar en público, lo hacemos cada día a todas horas. Con más o menos público, todos hablamos con personas que nos escuchan y reaccionan ante lo que decimos. Hablar en público es algo similar a una conversación. Y nunca deberíamos olvidar que de nosotros depende que lo siga siendo. [...]

He aquí nuestra primera idea: aprenderás a hablar en público no como una competencia nueva desconocida para ti, sino como un hábito recuperado que con el tiempo habías ido perdiendo. En nuestra infancia nos gustaba contar historias con ilusión y pasión. Nos encantaba que nos escucharan. Pues bien, hablar en público es exactamente eso: hablar para que otros nos escuchen. Para hacerlo bien, hay que hablar bien y decir cosas interesantes.

No hace falta más. Lo único que diferencia contar historias de hablar en público es que, en el proceso de comunicación, tenemos que intentar que nada se pierda por el camino y que quienes nos escuchan reaccionen como nosotros deseamos. Para conseguirlo, debemos preocuparnos por conocer a la audiencia, cuáles son sus intereses, sus inquietudes y sus preocupaciones. [...]

De nuestra capacidad de transmitir dependerá la reacción de quienes nos están escuchando. Motivar, implicar y persuadir no es algo que surja de la nada, sino de la fuerza que tienen las palabras pronunciadas por el orador en la forma y el tono correctos. [...] Ni la más sofisticada tecnología podrá jamás sustituir la capacidad de motivación que tienen las palabras entre un grupo de personas, o el ánimo que podemos infundir en alguien que esté abatido. De ahí la importancia que tiene cuidar la comunicación. Es lo que te ayudará a crecer como persona y también como profesional. [...]

Hablar en público es una habilidad al alcance de todos. No es un talento; se aprende con la práctica, con la repetición y con una actitud positiva. La satisfacción que obtendrás al poder hacerlo te compensará enormemente. Ya nunca volverás a tener miedo. Porque una vez se ha dado el paso, es imposible retroceder. [...]

Ponte a prueba. Tu serás la primera persona en sorprenderte de lo que eres capaz de hacer. Solo una cosa debes tener clara: dónde quieres llegar. De lo contrario, nadie te podrá ayudar. Te podría suceder como a la Alicia de Lewis Carroll.

Bárbara Pastor,
Hablar bien en público con el método Oratoga, Larousse.

—¿Me podría indicar, por favor, hacia dónde dirigirme desde aquí? —preguntó Alicia.

—Eso depende en gran parte de adónde quieras llegar —dijo el gato.

—No me importa demasiado adónde —respondió Alicia.

—Entonces, da igual qué camino cojas —contestó el gato.

1 Según lo que has leído, indica si las siguientes afirmaciones son verdaderas o falsas:

A Hablar en público es una habilidad que no está al alcance de todo el mundo.

B Aunque practiquemos mucho, repitamos y tengamos una actitud positiva, el miedo siempre vuelve.

C Para lograr que nuestra audiencia reaccione como queremos, hay que tener en cuenta sus intereses.

D Para hablar bien en público hay que recuperar el gusto por contar historias de nuestra infancia.

2 Organizad una lluvia de ideas en clase sobre el tema: ¿por qué es importante aprender a hablar en público? Aquí tenéis algunas sugerencias:

El arte de HABLAR en público

ESCUCHA

Aprende a reconocer una buena intervención oral.

3 Escucha estas intervenciones orales. ¿Qué está haciendo cada persona?

- Intervención 1
- Intervención 2
- Intervención 3

- Defiende una opinión.
- Expone un tema de actualidad.
- Presenta a un artista.

4 ¿Cuál de las intervenciones orales te ha parecido la mejor? ¿Y cuál la peor? Justifica tus respuestas.

5 A partir del siguiente decálogo, identifica los aciertos y los errores que encuentras en cada una de las intervenciones orales que has escuchado:

DECÁLOGO PARA HABLAR BIEN EN PÚBLICO

1. Fija claramente la idea o mensaje principal que quieres transmitir.
2. Expón de manera ordenada y bien estructurada.
3. Utiliza el tono adecuado y acorde con tu intención.
4. Emplea un lenguaje sencillo y evita utilizar muletillas.
5. Marca las pausas necesarias y empléalas también para despertar el interés o crear expectación entre el público.
6. Evita leer todo el tiempo. No tengas miedo a improvisar si con ello vas a añadir espontaneidad y viveza a tu discurso.
7. Utiliza el volumen adecuado, habla con claridad y articula bien las palabras.
8. Mira a los ojos de las personas a quienes te diriges; no lleves la mirada al suelo o al techo, ni te dirijas a una única persona.
9. Utiliza el lenguaje corporal de manera controlada.
10. Si lo deseas, puedes apoyarte en diapositivas, fotos, imágenes, etc., y animar así tu intervención oral.

serio
FORMAL
HUMORÍSTICO
melancólico
PERIODÍSTICO
íntimo
TRÁGICO
MORALISTA
REALISTA
IRÓNICO

EL ARTE DE HABLAR EN PÚBLICO

ESCRIBE

Planifica y diseña tu intervención oral.

6 Prepara un guion para tu intervención oral en la Semana de la Oratoria. Para ello, sigue estos pasos:

- Escoge lo que quieres hacer en tu intervención. Por ejemplo:
  - Defender una opinión sobre un asunto importante.
  - Desmontar algún tópico.
  - Divertir a los demás mediante un monólogo humorístico.
- Sintetiza la información que quieres transmitir en un texto ordenado y bien estructurado.
- Los primeros segundos de exposición son muy importantes. Piensa en algún recurso que te ayude a captar la atención de tu público desde ese primer momento: lanza una pregunta, cuenta una historia o una anécdota personal, utiliza una cita de algún personaje célebre...
- El final puede ser lo que mejor recuerden tus oyentes. Piensa en un texto breve que sintetice el mensaje principal que quieres transmitir, en una oración que ligue con la historia o anécdota con la que comenzaste, solicita la participación del auditorio pidiéndoles sugerencias, opiniones, preguntas...

EL ARTE DE HABLAR EN PÚBLICO

HABLA

Pon en práctica tus habilidades para hablar en público.

7 Ordena estas palabras en tu cuaderno según la importancia que les quieres otorgar a la hora de realizar tu intervención oral. Si lo necesitas, búscalas en el diccionario.

asertividad	conexión	sencillez
ingenio	naturalidad	afabilidad
humor	confianza	vocalización
carisma	credibilidad	concisión
serenidad	claridad	persuasión

8 Ensaya tu intervención oral varias veces ante un compañero o una compañera de clase.

9 Utiliza toda la información que has obtenido en este taller, por ejemplo en el decálogo de la actividad 5, y realiza tu intervención oral en la Semana de la Oratoria.

10 Tras la Semana de la Oratoria, por parejas, valorad vuestras habilidades para hablar en público. Para ello, dibujad esta tela de araña en el cuaderno, marcad del 1 al 3 en qué nivel está vuestro compañero o vuestra compañera en cada aspecto y unid los puntos al terminar:

1. Siempre lo logra.
2. Algunas veces lo logra.
3. Nunca lo logra.

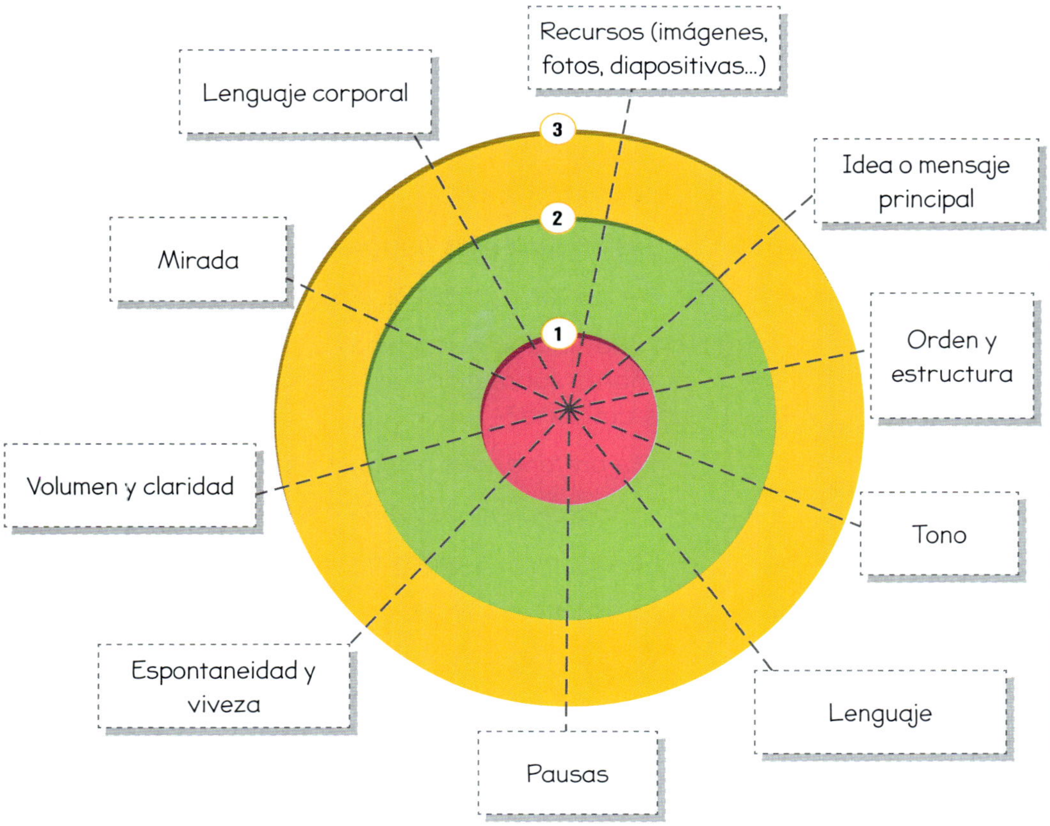

Reflexiona sobre este ámbito profesional

Cualquiera que sea tu recorrido personal, académico y profesional, te encontrarás con situaciones en las que hablar bien en público podría abrirte muchas puertas.

En grupos de cuatro, realizad estas actividades:

- Buscad tres situaciones de vuestra vida personal en las que hablar bien en público podría ayudaros a alcanzar vuestros objetivos.
- Pensad en tres actividades académicas para las que son fundamentales las destrezas comunicativas orales.
- Elaborad un listado de profesiones en las que son importantes las habilidades para hablar en público y explicad por qué.
- Para terminar, compartid vuestras respuestas con el resto de la clase y organizad un debate sobre las ventajas de aprender a hablar bien en público.

3 GRAMÁTICA

LOS DETERMINANTES Y LOS PRONOMBRES

3.1 Características de determinantes y pronombres

Los determinantes

Los sustantivos como *mesa, coche* o *móvil* incluyen en su significado a todos los coches, todas las mesas o todos los móviles que existen. Pero si decimos *la mesa, mi coche* o *este móvil* precisamos a qué realidades nos estamos refiriendo. Las palabras *la, mi* o *este* son determinantes.

> Los **determinantes** se anteponen al sustantivo para formar con él expresiones que se refieren a una realidad concreta.

Son determinantes: el *artículo* así como algunos *demostrativos, posesivos, numerales, indefinidos, relativos, interrogativos* y *exclamativos.*

Los pronombres

> Los **pronombres** son palabras que sustituyen a sintagmas nominales.

Observa los sintagmas nominales subrayados en la siguiente oración: *Mi hermana pequeña compró un regalo para mis padres.* Podemos sustituirlos con pronombres y la oración quedaría así: *Ella compró eso para ellos.*

Son pronombres: los *personales* así como algunos tipos de *demostrativos, indefinidos, relativos, interrogativos* y *exclamativos.*

Sintagma o grupo nominal

El **sintagma** o **grupo nominal** está formado por un nombre al que pueden complementar otras palabras que pueden ser determinantes, adjetivos...

Actividades

1 Lee atentamente el texto y realiza las actividades:

A mi madre le encanta la mitología. Tiene muchos libros sobre el tema. Me ha contado que se aficionó de adolescente. Sus amigas leían novelas, pero ella prefería esas historias increíbles llenas de dioses y personajes legendarios. Cuando yo era pequeña me contaba algunas. Recuerdo que mis padres acababan discutiendo por ese motivo.

—Crono se casó con su hermana Rea. Como sus padres habían predicho que sería destronado por uno de sus hijos, se los comía a todos nada más nacer. Cuando Rea dio a luz a Zeus, lo escondió y le dio a Crono una piedra envuelta en pañales para que la devorase...

—No le cuentes esas cosas a la niña —intervenía mi padre.

—Se trata del nacimiento de Zeus, el dios más importante del Olimpo.

—No es apropiado para su edad.

—Mira, si tú quieres le cuentas la historia de los tres cerditos, de Cenicienta o de Pulgarcito; pero yo le voy a contar la de Zeus, la de los hermanos Apolo y Artemisa, la de Poseidón...

Creo que a pocas niñas les habrán contado sus padres tantas historias como a mí. Mi madre no paraba con la mitología y mi padre, para contrarrestar, me contaba todos los cuentos tradicionales; me contó tantos que yo creo que alguno se lo inventó.

Alfredo Gómez Cerdá, *Ninfa rota*. Anaya.

a) Clasifica las palabras subrayadas en determinantes y pronombres.

b) Sustituye por pronombres los sintagmas nominales subrayados en estas oraciones tomadas del texto:

- *A mi madre le encanta la mitología.*
- *Sus amigas leían novelas.*
- *Mis padres acababan discutiendo.*
- *Tiene muchos libros.*
- *Ella prefería esas historias increíbles.*
- *Me contaba todos los cuentos.*

c) ¿A qué sintagmas nominales se refieren los pronombres subrayados en estas oraciones tomadas del texto?

- *Ella prefería esas historias increíbles.*
- *Cuando yo era pequeña me contaba algunas.*
- *Se los comía a todos nada más nacer.*
- *Lo escondió y le dio a Cronos una piedra.*
- *No le cuentes esas cosas a la niña.*
- *Yo creo que alguno se lo inventó.*

3.2 El artículo

El **artículo** pertenece a la categoría de los determinantes. Se antepone al nombre y concuerda con él en género y número.

Había **un** sillón, **un** periódico y **unas** zapatillas. **El** sillón era rojo, **el** periódico estaba abierto y **las** zapatillas estaban en el suelo.

CLASES DE ARTÍCULOS

- Indeterminados → Introducen una determinación imprecisa en el significado del nombre. Se usa para presentar realidades nuevas en el discurso.
- Determinados → Introducen una concreción precisa en el significado del sustantivo. Se emplean para referirse a una realidad que el oyente ya conoce. La forma neutra *lo* se antepone solo a los adjetivos.

	Singular			Plural	
	Masculino	Femenino	Neutro	Masculino	Femenino
Determinado	el	la	lo	los	las
Indeterminado	un	una		unos	unas

- **Formas contractas** del artículo: **al** (*a* + *el*) y **del** (*de* + *el*).

3.3 Los demostrativos

Los **demostrativos** sitúan la realidad señalada en el espacio o en el tiempo según la posición que guardan respecto del hablante o del oyente: *este* (cerca del hablante), *ese* (cerca del oyente), *aquel* (lejos de ambos).

- Los **demostrativos** son **determinantes** cuando se anteponen al nombre *(este examen)* y **adjetivos** cuando se posponen *(la maleta aquella)*.

Determinantes demostrativos			
Singular		Plural	
Masculino	Femenino	Masculino	Femenino
este	esta	estos	estas
ese	esa	esos	esas
aquel	aquella	aquellos	aquellas

- Los **demostrativos** son **pronombres** cuando sustituyen al nombre *(He encontrado dos abrigos, este y ese)*. En este caso equivalen pues a sintagmas nominales. Los pronombres demostrativos poseen género neutro.

Pronombres demostrativos				
Singular			Plural	
Masculino	Femenino	Neutro	Masculino	Femenino
este	esta	esto	estos	estas
ese	esa	eso	esos	esas
aquel	aquella	aquello	aquellos	aquellas

La brújula del español. Accede a esta guía del uso del español correcto en el banco de recursos de anayaeducacion.es.

3.4 Los posesivos

Los **posesivos** aportan al nombre un significado de posesión o pertenencia en relación con las personas gramaticales.

Los **posesivos son determinantes** cuando se anteponen al nombre; son átonos y muchas de sus formas son apocopadas (*mi perro, su gata*).

		Posesivos átonos		
		1.ª persona	2.ª persona	3.ª persona
		Masc./Fem.	Masc./Fem.	Masc./Fem.
Un poseedor	Singular	mi	tu	su
	Plural	mis	tus	sus
Varios poseedores	Singular	nuestro/nuestra	vuestro/vuestra	su
	Plural	nuestros/nuestras	vuestros/vuestras	sus

Los **posesivos son adjetivos** cuando se posponen al nombre *(Una amiga mía)* o aparecen como atributos *(Esta casa es nuestra)* y son tónicos.

		Posesivos tónicos		
		1.ª persona	2.ª persona	3.ª persona
		Masc./Fem.	Masc./Fem.	Masc./Fem.
Un poseedor	Singular	mío/mía	tuyo/tuya	suyo/suya
	Plural	míos/mías	tuyos/tuyas	suyos/suyas
Varios poseedores	Singular	nuestro/nuestra	vuestro/vuestra	suyo/suya
	Plural	nuestros/nuestras	vuestros/vuestras	suyos/suyas

Actividades

Actividad resuelta

2 Identifica los artículos, demostrativos y posesivos en estas oraciones:

– *Aquel artículo se publicó en el periódico de mi ciudad.*

– *Nuestra preocupación ahora es la contaminación en esta región.*

Solución

Artículos: *el, la;* demostrativos: *aquel, esta;* posesivos: *mi, nuestra.*

3 Observa los demostrativos subrayados e identifica cuál es determinante, y cuál, pronombre:

– *Me gustan estas manzanas, pero aquellas me gustan todavía más.*

– *Este museo expone dos obras de Goya; aquella es mi preferida.*

4 Copia y completa con los posesivos que corresponda, e indica si son determinantes o adjetivos:

– *Algunos familiares* .... (de nosotros) *viven aquí.*

– .... *paciencia* (de ellas) *es infinita.*

– .... (de vosotros) *abuelas vivieron siempre en* .... (de las abuelas) *pueblo.*

– *Todo el mérito es* .... (de ti).

5 Identifica los demostrativos y los posesivos, e indica si son determinantes, pronombres o adjetivos.

– *Este simpático tío vuestro viene a mi casa.*

– *Su máxima aspiración era alcanzar esa magnífica plaza de funcionario.*

– *Alguna actuación suya no gustó mucho a aquel gobernador.*

– *En aquel jardín pasaban sus tardes aquellos niños.*

3.5 Los indefinidos

Los **indefinidos** expresan una cantidad imprecisa: *algunas alumnas, varios conceptos, ciertas críticas...*

LOS INDEFINIDOS

- **Determinantes**
  - Cuando se anteponen al nombre.
  - Ejemplos: *Ningún examen, muchas críticas, pocos asistentes, bastante comida, varios amigos, cada diputada.*
- **Pronombres**
  - Cuando equivalen a sintagmas nominales.
  - Ejemplos: *Ninguno lo cree, compraremos algo, no saben nada, vinieron muchos.*
- **Adverbios**
  - Cuando son invariables, no equivalen a sintagmas nominales y complementan a un verbo, a un adjetivo o a un adverbio.
  - Ejemplos: *Ellas se ríen mucho; muy contento, algo sucio, nada lejos.*

3.6 Los numerales

Los **numerales** expresan cantidad numérica (numerales cardinales) u orden (numerales ordinales).

- Los **numerales cardinales** son **determinantes** que indican cantidades precisas *(dos ojos, veinte años)*. Cuando van solos, no son propiamente pronombres, siguen siendo determinantes, pues siempre se necesita restituir el sustantivo elidido: *Hay diez libros, yo me quedo con cinco* [libros].
- Los **numerales ordinales** son **adjetivos** que expresan orden. Pueden aparecer antepuestos o pospuestos al nombre: *segundo capítulo, disposición cuarta...* Los ordinales *primero* y *tercero* se apocopan en *primer* y *tercer* cuando se anteponen a sustantivos masculinos en singular: *primer día, tercer acto.*

Actividades

6 Copia y completa con la forma adecuada de los indefinidos:

- .... (ninguno) *ciudadano tiene más derechos que* .... (ninguno) *otro ciudadano.*
- *Ellos tienen* .... (alguno) *poder, pero nosotros no tenemos* .... (ninguno) *privilegio.*
- *Hay* .... (mucho) *hombres y* .... (mucho) *mujeres.*

7 Señala en los siguientes ejemplos cuáles son los indefinidos y cuáles son los numerales:

- *Algunas niñas se bañaron hasta siete veces.*
- *Varios pilotos lograron hacer tres cabriolas.*
- *Ningún asistente recuerda haber escuchado cinco conferencias.*

8 Diferencia los numerales cardinales de los numerales ordinales en estas oraciones:

- *El primer corredor tardó cinco horas en llegar a la meta.*
- *Hace veinte años se cambió la vigésima condición del contrato.*
- *En la décima curva se produjeron diez adelantamientos.*

3.7 Los interrogativos y los exclamativos

Los **interrogativos** y los **exclamativos** tienen por misión construir enunciados interrogativos y exclamativos.

INTERROGATIVOS Y EXCLAMATIVOS

Pueden ser

- Determinantes
  - Ejemplos
    - *¡Cuánta prisa!*
    - *¡Qué liberación!*
- Pronombres
  - Ejemplos
    - *¡Qué dices!*
    - *¿Quién interviene?*
- Adverbios
  - Ejemplos
    - *¿Dónde vive?*
    - *¿Cuándo sucedió?*

3.8 Los relativos

Los **relativos** tienen la propiedad de referirse a una palabra que aparece con anterioridad en el texto llamada **antecedente.**

RELATIVOS

Pueden ser

- Determinantes
  - Ejemplo: *Esa es la niña cuyo padre ha ganado.*
- Pronombres
  - Ejemplo: *Me han presentado a María, que es la jefa.*
- Adverbios
  - Ejemplo: *Fuimos al centro cultural donde actuaba.*

3.9 Los pronombres personales

Los **pronombres personales** designan a los participantes en el discurso por medio de la variación de persona:

- La **primera persona** designa al emisor *(yo, nosotras).*
- La **segunda persona** se refiere al destinatario *(tú, vosotros).*
- La **tercera persona** se refiere a seres que no son ni emisor ni receptor *(él, ella, ello, ellas).*

Los pronombres personales pueden ser **tónicos** o **átonos.**

- Los **pronombres tónicos** pueden aparecer solos *(yo, tú, él, ella, ello, nosotros...)* o con preposición *(de mí, conmigo, por ti, consigo, tras ellos...).*
  - *El perro viene siempre conmigo.*
  - *A mí me gustan mucho los helados.*
  - *Ellos no consiguieron llegar a la final.*

- Los **pronombres átonos** acompañan siempre a un verbo. Pueden aparecer antes o después. Si se colocan después, se unen al verbo formando una sola palabra. Observa los ejemplos:
  - *Le pedí un poco de sal.*
  - *Dámelo, por favor.*

		1.ª persona	2.ª persona	3.ª persona
Tónicos	Singular	yo, mí, conmigo	tú, ti, contigo	él, ella, ello, sí, contigo
	Plural	nosotros, nosotras	vosotros, vosotras	ellos, ellas, sí, consigo
Átonos	Singular	me	te	lo, la, le, se
	Plural	nos	os	los, las, les, se

Usted y ustedes

Los pronombres de tratamiento **usted** y **ustedes** se refieren al destinatario, pero concuerdan en 3.ª persona con el verbo:

- *Usted venga otro día.*
- *Ustedes digan la verdad.*

Actividades

Actividad resuelta

9 Analiza los pronombres personales subrayados:

- *Me dijo que tú no vendrías.*
- *Ella se negó a hacerlo.*
- *Él os vio cuando salíais.*

Solución

Me: primera persona del singular, átono; *tú:* segunda persona del singular, tónico; *ella, él:* tercera persona del singular, tónico; *lo:* tercera pesona del singular, átono; *os:* segunda persona del plural, átono.

10 Lee el texto y realiza las actividades:

> Eres como tu padre. Claro que él vestía mejor que tú, pero os parecéis.
> —Usted sabe que yo no lo recuerdo.
> —No puedes recordarlo. Apenas tenías un año cuando… cuando murió. […]
> —¿Cuándo murió?
> Iba a añadir: ni usted ni yo sabemos cuándo murió mi padre. Pero decidió callarse. Decirlo significaba iniciar con doña Mariana un modo de conducirse que quizá fuese inoportuno; que lo era, sin duda, en aquel momento, mientras ella le sonreía, con verdadero afecto, desde el espejo.
> —Tienes preparado el baño, y lista una habitación que da a la mar. Te gustará. Mientras te bañas, habrán llegado las maletas. Muévete en mi casa con entera libertad. No es un ofrecimiento; es un ruego.
> El gesto de él, al darle las gracias, quería decir claramente: ¿por qué guarda usted conmigo tanta cortesía? Soy, para usted, un desconocido.
> —No somos apenas parientes —añadió ella—, pero tu padre y yo fuimos amigos, y tú eres la única persona que me interesa en el mundo.

G. Torrente Ballester, *Los gozos y las sombras,* I. Biblioteca El Mundo.

a) Señala los pronombres personales que aparecen en el texto y analízalos, según el modelo:

> *Ella:* pronombre personal de tercera persona del singular, femenino, tónico.

b) Identifica los pronombres personales de tratamiento que aparecen en el texto. ¿Qué cambio se produce en el verbo si en lugar de *usted* decimos *tú*? ¿Y si en lugar de *usted* decimos *ustedes*?

c) En la conversación, ¿quién tutea a quién? ¿Y quién trata de usted a quién?

11 En los siguientes ejemplos diferencia los interrogativos y exclamativos de los relativos.

- *¿En qué momento llegaron los familiares que esperabas?*
- *¡Quién pudiera adivinar las cosas que piensa!*
- *¿Dónde está la casa donde nacieron?*
- *¿Cuándo llegará el pedido que hicimos ayer?*

Gonzalo Torrente Ballester.

Reflexiona sobre la gramática

Solución paso a paso

1 Observa y sigue los pasos para identificar clases de palabras en una serie de oraciones:

– *El agente inmobiliario enseñó nuestra casa.*

– *Estos son algunos ejemplos.*

Paso 1: Primero, identifica si la palabra subrayada es artículo, demostrativo, posesivo, indefinido...

El: artículo — *nuestra*: posesivo
Estos: demostrativo — *algunos*: indefinido

Paso 2: Por último, determina si la palabra subrayada es determinante, porque se antepone al sustantivo o pronombre, porque sustituye al sintagma nominal.

Determinantes: *el, nuestra, algunos.*
Pronombre: *estos.*

2 Lee el texto y realiza las actividades.

Nunca, durante los once años de su vida, el sonido estridente del despertador sobresaltó a Jujú como aquella madrugada memorable. Dio un brinco, una auténtica cabriola en la cama, y se lanzó sobre el despertador, enterrándolo en las profundidades de la manta. A aquella hora en que todo, absolutamente todo, permanecía en el más negro silencio, el destemplado timbre del maldito cachivache parecía querer destruir y derribar las paredes, el techo, y la casa entera.

Jujú se encontró sentado encima, temblando, cubierto de sudor, cuando el grito cesó. Aún estuvo un rato estrujándolo bajo la manta, las sábanas y la almohada. Nunca hubiera creído que aquel sonido pudiera resultar tan frenéticamente escandaloso.

Jujú bajó al fin de la cama. Sobre la cómoda, había una lamparilla rosada, y Jujú la encendió con dedos, a su pesar, temblorosos. En el espejo, encerrado en su marco negro, contempló la cabeza despeinada de un muchacho, con los cabellos erizados, y los ojos redondos y fijos.

Notó la garganta seca, y tragó saliva. Se miró los ojos, la boca, la nariz. Luego se contempló las palmas de las manos. Era extraño, pero de pronto Jujú sintió algo así como si se estuviera despidiendo de alguien: de un niño que fue amigo suyo, en algún tiempo, en algún lugar.

Desechó estos pensamientos y se frotó los ojos.

—Estoy todavía medio dormido —dijo. Y pensó en Polizón. Aquel hombre que había permanecido durante tiempo y tiempo allí arriba, confiando en él. En él, que, al fin y al cabo, solo era un niño. Escondido en un agujero, saliendo solo durante las noches y las horas de la siesta, a estirar las piernas por el Ulises.

¡Qué valor había demostrado!

Ana María Matute: *El polizón del Ulises,* Anaya.

a) Localiza en el texto dos artículos determinados, dos artículos indeterminados y dos formas contractas.

b) Diferencia en estos enunciados del texto cuándo el posesivo subrayado es un determinante y cuándo es un adjetivo:

– *un niño que fue amigo suyo*

– *encerrado en su marco negro*

c) Diferencia en estos enunciados cuándo el indefinido subrayado es un determinante y cuándo es un pronombre:

– *Todo permanecía en silencio.*

– *Fue amigo suyo, en algún tiempo.*

d) ¿A qué sustantivo sustituye el pronombre subrayado en esta oración?

– *Jujú la encendió con los dedos temblorosos.*

e) Sustituye los sintagmas nominales subrayados por el pronombre personal que corresponda:

– *Se lanzó sobre el despertador.*

– *Contempló las palmas de las manos.*

– *Desechó estos pensamientos.*

– *Jujú bajó al fin de la cama.*

f) Encuentra un numeral en el texto. ¿Es cardinal u ordinal?

g) Determinante, pronombre o adverbio: ¿qué clase de palabra es el exclamativo destacado en esta oración?

¡Qué valor había demostrado!

Visualiza la gramática. Comprende los conceptos gramaticales mediante este vídeo disponible en **anayaeducacion.es**.

Repaso interactivo. Accede a este juego interactivo y repasa el contenido de la unidad en **anayaeducacion.es**.

Organiza tus ideas gramaticales

Copia y completa el siguiente esquema con ejemplos:

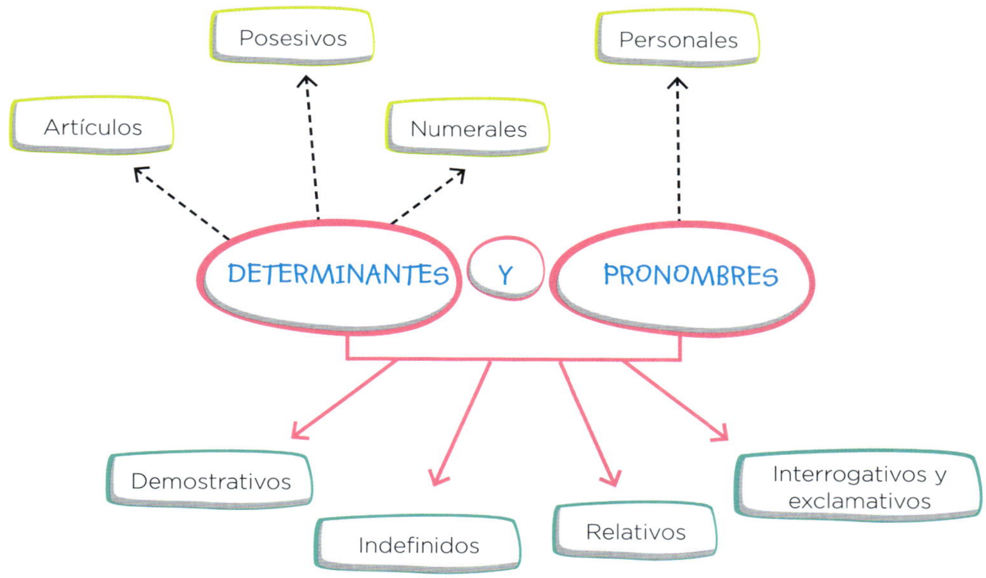

Practica la ortografía

1 Lee el texto y realiza las actividades:

María Blanchard

Ven, te invito a visitar una exposición. Veremos los cuadros pintados por una mujer excepcional, se llamaba María Blanchard y su obra está a la altura de otros grandes y conocidos pintores como Pablo Picasso o Diego Rivera. Convivió con ellos a comienzos del siglo xx, pintó con ellos, expuso en las mismas galerías que ellos y no les debe nada a ninguno. Ella creó su propio estilo, sin imitar ni ser deudora de nadie.

¿Empezamos? ¡Vamos allá! El primer cuadro, lleno de color, que vemos en esta exposición se titula *Gitana,* es el retrato de una mujer sonriente. Lo firma como María Gutiérrez Cueto, su nombre auténtico. Con él, en 1906, participó por primera vez en la Exposición Nacional de Bellas Artes. Tenía entonces veinticinco años, empezaba a pintar y la pintura sería su gran válvula de escape, la manera de huir de sí misma, de los espejos y de las fotografías.

María tenía joroba y mucha miopía. Ella, tan amante de la belleza, sufría con su deformidad hasta un grado impresionante. Desde pequeña se acostumbró a las miradas ajenas. Los niños la señalaban y la llamaban bruja. En aquella época, la sociedad no se mostraba nada caritativa con los que padecían una discapacidad física; más bien, la conducta popular predominante era cruel hacia ellos. En el tiempo de María, tener una deformidad era como llevar una diana para ser el blanco de burlas y crueldades.

Nació en Santander, en el seno de una familia acomodada, culta y refinada que creía en la educación igualitaria. Su padre la animó a formarse como pintora y acudió en Madrid a los talleres de los mejores pintores del momento, donde comenzó su andadura. Pero María quería más, quería ir al lugar donde el mundo del arte estaba cambiando la historia, y ese lugar era París.

Rosa Huertas, *Mujeres de la cultura*. Anaya.

a) Justifica el uso de las mayúsculas en estas palabras del texto:

Ven - María Blanchard - Pablo Picasso - Madrid - Veremos - ¿Empezamos? - Exposición Nacional de Bellas Artes - Santander - Gitana - xx - París

b) ¿Por qué la palabra *mujer* debe ir en minúscula?

c) ¿Cuál es el gentilicio de estos lugares?

Madrid | París | Santander

d) Explica la diferencia en la forma de escribir la palabra *exposición* en estas dos oraciones:

- *Ella colgó un cuadro en una exposición.*
- *Participó en la Exposición Nacional de Bellas Artes.*

ORTOGRAFÍA CONSULTA EL ANEXO 5

5

UN MUNDO MEJOR

Paz. Una palabra breve, fácil de pronunciar, de solo tres letras. Y, sin embargo, un auténtico desafío para el ser humano, cuyo deseo de un mundo más justo y no violento cuesta ver realizado, un mundo en el que todas las personas participemos en la comunidad y nos veamos protegidos por ella.

Es responsabilidad de los gobiernos garantizar la seguridad y la protección social, económica y jurídica de la ciudadanía. Pero el cumplimiento de los valores superiores de la humanidad, como la libertad y la igualdad, es tarea de todas y cada una de las personas que la forman.

Plano abierto. Accede al vídeo de la unidad en el banco de recursos de **anayaeducacion.es**.

Intercambia opiniones

PAZ Y JUSTICIA

- ¿Qué significa para ti la palabra «paz»?
  - ¿De qué manera puedes contribuir tú a lograrla?
  - ¿Cuál crees que es el papel de la educación en la construcción de la paz?
  - ¿Crees que es posible la paz sin justicia?
- ¿Sabes lo que son los derechos humanos?
  - ¿De dónde vienen?
  - ¿Quién tiene derechos humanos?

QUÉ VAS A ENCONTRAR EN ESTA UNIDAD

1 LECTURA ODS

El principito, el ser extraordinario que protagoniza la lectura, viaja al asteroide 325. Allí se encontrará con un rey que pretende ejercer su poder de forma muy curiosa. Consulta los vídeos en el banco de recursos de **anayaeducación.es**, y reflexiona sobre la paz y la justicia: metas ONU 16.3. y 16.8.

2 COMUNICACIÓN

En las leyes, en las reglas de juegos, en los libros de cocina, en los manuales de instrucciones... Para dar órdenes, recomendaciones, indicaciones, consejos... En soporte de papel, en el cartón de los embalajes, en las pantallas de ordenador, en los distribuidores automáticos... ¿Qué haríamos sin los textos prescriptivos?

3 GRAMÁTICA

La voz *verbo* procede del latín *verbum,* que significa 'palabra'. Y es que el verbo es una clase de palabra fundamental para comunicarnos y expresar acciones o estados. ¿Sabrías decir con qué otra clase de palabras concuerda el verbo en número y persona en la oración?

ORTOGRAFÍA Al final de este libro encontrarás un anexo con reglas ortográficas y actividades que te ayudarán a solucionar las propuestas a lo largo de esta unidad: **las letras *g* y *j*.**

1 LECTURA

Comprensión oral

Escucha el texto locutado de la lectura y responde a las siguientes preguntas:

- ¿Qué dos personajes protagonizan la lectura?
- ¿Dónde se desarrolla la acción? ¿Es un lugar real o imaginario?
- ¿De qué estaba cubierto todo el reino?
- ¿A qué hora sería la puesta de sol esa noche?
- ¿Quería el rey que el principito se fuera?

El principito: capítulo X

Se encontraba en la región de los asteroides 325, 326, 327, 328, 329 y 330. Comenzó, entonces, a visitarlos para buscar un trabajo y para instruirse.

El primero estaba habitado por un rey. El rey, vestido de púrpura y armiño, se hallaba sentado en un trono muy sencillo y sin embargo majestuoso.

—¡Ah! He aquí un súbdito —exclamó el rey cuando vio al principito.

Y el principito se preguntó:

—¿Cómo puede reconocerme si nunca me ha visto antes?

No sabía que para los reyes el mundo está muy simplificado. Todos los hombres son súbditos.

—Acércate para que te vea mejor —le dijo el rey, que estaba orgulloso de ser al fin rey de alguien.

El principito buscó con la mirada dónde sentarse, pero el planeta estaba totalmente cubierto por el magnífico manto de armiño. Quedó, pues, de pie, y como estaba fatigado, bostezó.

—Es contrario al protocolo bostezar en presencia de un rey —le dijo el monarca—. Te lo prohíbo.

—No puedo impedirlo —respondió confuso el principito—. He hecho un largo viaje y no he dormido...

—Entonces —le dijo el rey— te ordeno bostezar. [...]

—Eso me intimida..., no puedo... —dijo el principito, enrojeciendo.

—¡Hum! ¡Hum! —respondió el rey—. Entonces te... te ordeno bostezar o no bos... [...]

El rey exigía esencialmente que su autoridad fuera respetada. Y no toleraba la desobediencia. Era un monarca absoluto. Pero, como era muy bueno, daba órdenes razonables.

«Si ordeno», decía corrientemente, «si ordeno a un general que se transforme en ave marina y si el general no obedece, no será culpa del general. Será culpa mía».

—¿Puedo sentarme? —inquirió tímidamente el principito.

—Te ordeno sentarte —le respondió el rey, que recogió majestuosamente un faldón de su manto de armiño.

El principito se sorprendió. El planeta era minúsculo. ¿Sobre qué podía reinar el rey?

—Sire... —le dijo—, os pido perdón por interrogaros...

—Te ordeno interrogarme —se apresuró a decir el rey.

—Sire.... ¿sobre qué reináis?

—Sobre todo —respondió el rey, con gran simplicidad. [...]

Un poder tal maravilló al principito. [...] Y como se sentía un poco triste por el recuerdo de su pequeño planeta abandonado, se atrevió a solicitar una gracia al rey:

—Quisiera ver una puesta de sol... Hazme el gusto... Ordena al sol que se ponga...

—Si ordeno a un general que vuele de flor en flor como una mariposa, o que escriba una tragedia, o que se transforme en ave marina y si el general no ejecuta la orden recibida, ¿quién, él o yo, estaría en falta?

—Vos —dijo firmemente el principito.

—Exacto. Hay que exigir a cada uno lo que cada uno puede hacer —replicó el rey—. La autoridad reposa, en primer término, sobre la razón. Si ordenas a tu pueblo que vaya a arrojarse al mar, hará una revolución. Tengo derecho de exigir obediencia porque mis órdenes son razonables.

—¿Y mi puesta de sol? —respondió el principito, que jamás olvidaba una pregunta una vez que la había formulado.

—Tendrás tu puesta de sol. Lo exigiré, pero esperaré, con mi ciencia de gobernante, a que las condiciones sean favorables.

—¿Cuándo lo serán? —averiguó el principito.

—¡Hem! ¡Hem! —le respondió el rey, que consultó antes un grueso calendario—, ¡hem!, ¡hem!, ¡será a las... a las... será esta noche a las siete y cuarenta! ¡Y verás cómo soy obedecido!

El principito bostezó. Lamentaba la pérdida de su puesta de sol. Y como ya se aburría un poco:

—No tengo nada más que hacer aquí —dijo al rey—. ¡Voy a partir!

—No partas —respondió el rey, que estaba muy orgulloso de tener un súbdito—. ¡No partas, te hago ministro!

—¿Ministro de qué?

—De... ¡de justicia!

—¡Pero no hay a quién juzgar!

—No se sabe —le dijo el rey—. Todavía no he visitado a mi reino. Soy muy viejo, no tengo lugar para una carroza y me fatiga caminar.

—¡Oh! Pero yo ya he visto —dijo el principito, que se asomó para echar otra mirada hacia el lado opuesto del planeta—. No hay nadie allí, tampoco...

—Te juzgarás a ti mismo —le respondió el rey—. Es lo más difícil. Es mucho más difícil juzgarse a sí mismo que juzgar a los demás. Si logras juzgarte bien a ti mismo eres un verdadero sabio.

—Yo —dijo el principito— puedo juzgarme a mí mismo en cualquier parte. No tengo necesidad de vivir aquí.

—¡Hem! ¡Hem! dijo el rey. Creo que en algún lugar del planeta hay una vieja rata. La oigo por la noche. Podrás juzgar a la vieja rata. La condenarás a muerte de tiempo en tiempo. Así su vida dependerá de tu justicia. Pero la indultarás cada vez para conservarla. No hay más que una. [...]

Tenía un aire muy autoritario.

Las personas mayores son bien extrañas, se dijo a sí mismo el principito durante el viaje.

Antoine de Saint-Exupéry, *El principito,* Alianza.

Vocabulario

Púrpura: tela de color rojo fuerte que forma parte de la vestimenta de reyes, emperadores, cardenales...

Armiño: piel del animal del mismo nombre que se utilizaba para adornar la vestimenta de los reyes.

Protocolo: reglas que se deben seguir en las ceremonias y actos oficiales o solemnes.

Hipertexto. Conoce al autor y contextualiza su obra en el banco de recursos de **anayaeducacion.es**.

Antoine de Saint-Exupéry, aviador y escritor francés, autor de *El principito*.

Comprende el texto

Extrae información

1 ¿Con qué fin visita el principito la región de los asteroides?

2 Según el texto, para el rey el mundo está muy simplificado. ¿Por qué crees que lo dice?

3 ¿Qué solicita el principito al rey? ¿Por qué lo hace? ¿Cuándo se lo va a conceder el monarca?

4 ¿Qué cargo ofrece el rey al principito? ¿Por qué crees que se lo ofrece?

5 ¿Qué importante problema habría tenido el principito como ministro de justicia?

6 ¿Qué reflexión extrae el principito al final del texto, cuando decide continuar su viaje?

Reflexiona sobre la lengua

7 ¿Qué tipo de texto predomina en el fragmento que has leído? Justifica tu respuesta con algún ejemplo.

narración | descripción | diálogo

8 Busca en el texto un ejemplo de cada una de estas clases de oraciones: interrogativa, exclamativa, imperativa y enunciativa negativa.

9 ¿Qué quiere decir la palabra *gracia* en: «Se atrevió a solicitar una gracia al rey»? Escribe una oración con otro significado de esta misma palabra.

10 Cuando el rey habla de «la vieja rata» emplea una pareja de verbos antónimos relacionada con el vocabulario de la justicia. Escribe una oración con cada uno.

11 ¿Qué quiere decir «de tiempo en tiempo»? ¿Conoces alguna otra expresión que signifique lo mismo?

12 Copia y completa en tu cuaderno estas palabras del texto con *g* o con *j*:

via....e
exi....ía
....esto

enro....eciendo
reco....ió
....usticia

13 En el texto aparecen algunas formas de verbos terminados en *-ger* y *-gir* como *recoger* o *exigir.* Escribe tres palabras más pertenecientes a sus respectivas familias léxicas.

ORTOGRAFÍA CONSULTA EL ANEXO 6

Interpreta y analiza

14 ¿Por qué crees que el rey no quería que se fuese el principito?

15 ¿Con cuál o cuáles de estos adjetivos calificarías la personalidad del rey?

seria | antipática | lógica | ridícula | razonable | justa | divertida | tiránica

16 ¿Qué es un «monarca absoluto»? Infórmate y escribe la definición en tu cuaderno.

17 **Folio giratorio en grupos.** Intolerante o conciliadora, sumisa o libre: ¿cuál es la actitud del principito ante el rey? Argumenta tu respuesta.

18 ¿Cómo crees que habrías reaccionado tú ante ese mismo rey?

Valora y relaciona con tu mundo

19 **Rompecabezas.** El texto recoge algunas sentencias que nos hacen reflexionar. Explica en un breve texto cuál es tu opinión sobre las siguientes:

- *Era un monarca absoluto.*
- *La autoridad reposa sobre la razón.*
- *Hay que exigir a cada uno lo que cada uno puede hacer.*
- *Es mucho más difícil juzgarse a sí mismo que juzgar a los demás.*

20 ¿En qué se convierten los gobernantes cuando no dan órdenes razonables?

21 **Círculo de puntos de vista.** ¿En qué se parece y en qué se diferencia el rey del texto que has leído de los gobernantes que tú conoces?

Pasión por leer. Disfruta de otros textos de la literatura francesa en el banco de recursos de anayaeducacion.es.

Amplía tu vocabulario

PAZ Y JUSTICIA

En la extraña conversación entre el principito y el rey de la lectura se habla del **poder** y del ejercicio responsable de la **autoridad,** pero también están presentes los conceptos de **paz, justicia** y **derechos humanos.**

1 Copia y completa en tu cuaderno las siguientes definiciones:

- *Una persona poderosa es ....*
- *Una persona pacífica es ....*
- *Una persona autoritaria es ....*
- *Una persona justa es ....*

2 Busca el significado de *empoderar*. ¿De qué palabra procede? Escribe una oración en la que la utilices.

3 Completa cada oración con el verbo adecuado, en la forma que corresponda: *acatar, carecer, abusar.*

- *Lorenzo .... de su autoridad al exigirles injustamente que salieran.*
- *No podía actuar porque .... de autoridad en este asunto.*
- *La gente obedeció y ... las órdenes de la autoridad.*

4 Explica el significado de estas expresiones:

Venir en son de paz | Hacer las paces

Estar en paz | Dejar en paz

5 Los prefijos *in-*, *i-* y *des-* significan 'negación', 'privación´. Construye con ellos antónimos de las siguientes palabras: *justicia, tolerancia, responsabilidad, honra, protección, seguridad, igualdad.*

6 ¿Con qué palabra polisémica completarías todas estas oraciones? Explica su significado en cada caso.

- *Martín no se anda con rodeos, siempre va .... al asunto.*
- *El .... estudia los principios y normas que rigen en una sociedad.*
- *Todos los seres humanos tienen .... a ser tratados con dignidad.*
- *No me gusta este cuadro y, además, no está colgado .... en la pared.*
- *Tengo más miopía en el ojo izquierdo que en el ojo .... .*

7 El elemento compositivo *-fobia* significa 'aversión' o 'rechazo'. Según eso, infórmate y explica el significado de: *homofobia* y *xenofobia.*

8 Clasifica estas palabras en tu cuaderno: *marginación, integración, convivencia, rechazo, diversidad, aislamiento.*

Exclusión social	Inclusión social
....	....

9 CTF. ¿Sabes cuál es la diferencia entre las palabras parónimas *exiliado* y *asilado*? Copia y completa en tu cuaderno con la palabra correspondiente:

- *Este opositor vive .... en otro país desde hace tres años.*
- *Este opositor vive .... de su país desde hace tres años.*

2 COMUNICACIÓN

TEXTOS DE LA VIDA COTIDIANA Y TEXTOS PRESCRIPTIVOS

2.1 ¿Cuáles son los textos de la vida cotidiana?

Los **textos de la vida cotidiana** contienen información sobre las cosas que nos suceden o nos van a suceder, sobre las necesidades que tenemos o sobre las peticiones que queremos realizar, tanto en el entorno escolar, como en el entorno familiar y social.

Generalmente son textos escritos, con carácter informativo y de redacción muy sencilla.

Estos textos informativos de la vida cotidiana son muy variados. Entre ellos podemos diferenciar:

- los **avisos** y las **notas,**
- las **instrucciones** y las **normas,**
- las **cartas,** los **correos electrónicos** y los textos de **mensajería instantánea.**

Actividades

1 Lee estos textos de la vida cotidiana y realiza las actividades:

a) Resume el contenido de cada texto.

b) ¿Quién lo ha escrito en cada caso?

c) ¿A qué personas va dirigido cada uno?

d) ¿En qué lugar podrías leer cada texto?

Licenciada en Bellas Artes

Se ofrece para dar clases de dibujo y pintura.
Para todas las edades.
En mi taller o a domicilio.
Llamar a Sara.

Teléfono: 61957743773.

Bandeja de entrada

De: martinf@mail.es
Para: avelez@mail.es
Asunto: Documento solicitado

Estimado Arturo:

Te mando adjunto el documento que me solicitaste en tu correo.

Espero que te sirva para tus fines.

Recibe un cordial saludo,

Martín

Sonia, hoy tengo clase de danza hasta las 8.
Espérame para cenar, por favor.

Pablo

AVISO

A partir de próximo día 2 de junio, debido a la llegada del calor, no se podrán dejar las bolsas de basura en el rellano del piso. Cada persona deberá bajar sus propias bolsas a los contenedores.

La presidenta de la comunidad

2.2 El aviso

El **aviso** es un texto breve que se utiliza para transmitir una información pública, como, por ejemplo, a una comunidad de vecinos, a los componentes de un club o a todo el alumnado de un centro escolar.

El aviso suele tener un carácter público y formal. Debe contener las siguientes partes:

Encabezamiento → **AVISO**

Asunto → **CIERRE POR VACACIONES**

Mensaje → El centro permanecerá cerrado durante las vacaciones de verano. La actividad se reanudará el lunes día 6 de septiembre.

¡Feliz verano!

Lugar y fecha → Granada, 31 de julio de 2021.

Firma → LA DIRECCIÓN

2.3 La nota

La **nota** tiene un carácter más restringido y puede servir para advertir o explicar algo a otros miembros de la familia, a un amigo, a una compañera o a un vecino.

Papá, me voy al instituto. A las seis tenemos ensayo de la obra de teatro. Me llevo varios libros para el atrezo de la obra. También me llevo una manzana rica, rica, ricaaa.

Por favor, ¿podrías venir a buscarme a las siete y media? Seguramente también tengamos que llevar a su casa a Alejandra y a Miguel.

Ana

Actividades

2 Lee y continúa en tu cuaderno el aviso siguiente:

> LA JUNTA MUNICIPAL DEL DISTRITO HA DECIDIDO PEDIR LA COLABORACIÓN DE LOS VECINOS Y DE LAS VECINAS PARA...

3 Imagina que estás en una estación de tren. Redacta un aviso que se pueda emitir a través de la megafonía, por ejemplo:

- El retraso de un tren.
- La llegada de un tren, su procedencia y la vía.
- La salida de un tren, la vía y su destino.
- Las obras en la estación.

2.4 La carta

La **carta** es un texto que escribe una persona, el remitente, a otra, el destinatario, que se encuentra en otro lugar.

Dependiendo de la finalidad de la carta, distinguimos dos clases:

- La **carta personal,** que se utiliza para comunicar asuntos particulares a familiares y amistades. Su lenguaje es sencillo y directo.
- La **carta comercial,** que es usada por los bancos y las empresas para informar de sus actividades. El tono es serio y formal.

Saludo o **encabezamiento** seguido de dos puntos: *Querido amigo; Estimada compañera...*

Cuerpo de la carta o **mensaje.**

Despedida: *Se despide atentamente; Reciba un cordial saludo; Un abrazo; Un beso...* .

Lugar y fecha

Firma

Posdata: texto que se añade en algunos casos, después de la firma.

Málaga, 23 de febrero de 2014

Querido Javier:

Ayer recibí tu carta y te cuento algo de por aquí. Estamos ya a mitad de curso y se me está haciendo más corto de lo que imaginaba. Me he hecho amigos y amigas enseguida. También me he metido en el equipo de baloncesto. Entrenamos los miércoles y los viernes.

Venga, escríbeme tú y cuéntame algo de por ahí, de la gente de siempre.

Un beso,

Martina

P. D.: Por favor, dale mi dirección a Luisa para que me escriba.

2.5 Textos de la vida cotidiana en Internet

El **correo electrónico** es un servicio a través de Internet para enviar y recibir mensajes tanto en registro formal como informal. Permite adjuntar archivos de texto, fotos, música, vídeos... Actualmente, el correo electrónico ha sustituido en gran medida a las cartas tradicionales, en parte debido a que con él la información llega al instante al destinatario o destinatarios, y a que estos pueden responder inmediatamente.

Además, Internet ofrece diversas aplicaciones para comunicarse de manera informal con otras personas: **mensajería instantánea, redes sociales, foros, chats...** Muchas de ellas permiten también intercambiar mensajes de texto, archivos de audio, imágenes, vídeos...

Actividades

4 Observa el correo electrónico y realiza las actividades:

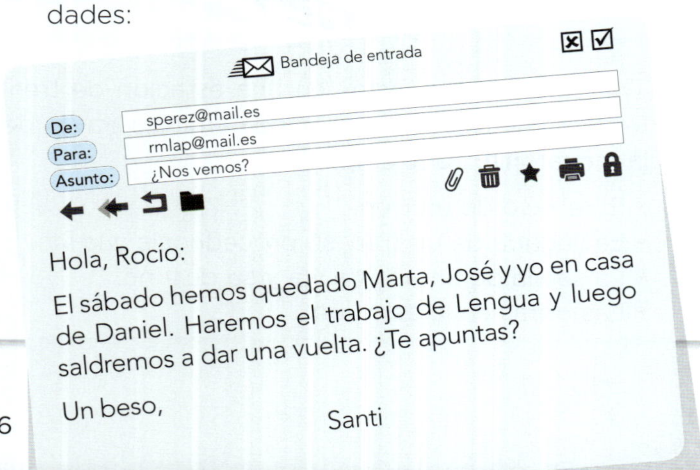

a) ¿Quién envía el correo? ¿A quién se lo envía?

b) ¿Qué fórmulas de saludo y despedida utiliza? ¿Conoces tú otras?

c) ¿Para qué sirve el apartado «Asunto»?

5 Indica los usos que haces tú del correo electrónico.

6 Clasifica estos elementos según sean necesarios en una carta tradicional, en un correo electrónico, o en ambos: botón de envío, sobre, dirección del emisor y del destinatario, localidad y conexión a Internet.

Webquest. Accede a esta actividad en **anayaeducación.es** e investiga sobre el género epistolar.

2.6 Los textos prescriptivos

En la vida académica, familiar y social son muchas las circunstancias en las que es preciso establecer normas e instrucciones para regular actividades y comportamientos.

Los **textos prescriptivos** expresan normas e instrucciones.

En la vida diaria se pueden distinguir dos clases de textos prescriptivos:

- Las **instrucciones** o **textos instructivos,** que guían a las personas en la realización de una tarea. Por ejemplo: las recetas de cocina, los prospectos médicos...
- Las **normas** o **textos normativos,** que plantean las órdenes que regulan el comportamiento de las personas. Por ejemplo: las normas de tráfico, las leyes...

CARACTERÍSTICAS DE LOS TEXTOS PRESCRIPTIVOS

- Los **enunciados** son breves y claros.
- El **orden** suele ser lógico, según el tema, y, a veces, cronológico.
- El **verbo** suele ir en modo imperativo (*Sal despacio*) o en infinitivo (*Ante una emergencia, marcar el 112*).
- El **lenguaje** tiene que ser preciso y adecuado al tema que se trata.
- La **estructura** suele presentarse en forma de esquema, y para ello se utilizan números, letras, asteriscos u otros signos (*1. - 1.1. - 1.2. - 1.2.1...; 1. - 1.a. - 1.b.1...*).
- Las **imágenes** que pueden acompañar a un texto prescriptivo explican o aclaran la norma o las instrucciones.

Actividades

7 Lee este texto y realiza las actividades:

a) ¿Qué clase de texto prescriptivo es? ¿Por qué?

b) Analiza las características del lenguaje que utiliza apoyándote en ejemplos del texto.

c) Redacta en cinco puntos unas normas para comportarse con educación en casa de un amigo o una amiga.

d) Continúa en tu cuaderno las instrucciones siguientes para explicar a un alumno o a una alumna de Primaria cómo se suman varias cantidades:

Paso 1: Escribe una cantidad en tu cuaderno.

Paso 2: Debajo y coincidiendo por el final, escribe...

NORMAS DE CONVIVENCIA EN EL COMEDOR ESCOLAR

- ✔ Entrar de forma ordenada y sin gritar.
- ✔ Esperar con paciencia a que se sirva la comida.
- ✔ Respetar las instalaciones y el mobiliario.
- ✔ Respetar los lugares establecidos para cada comensal.
- ✔ Seguir hábitos de higiene y limpieza (lavarse las manos antes de comer, retirar platos y cubiertos después de comer y reciclar los residuos).
- ✔ Adquirir buenos hábitos de alimentación y comer de todo lo que se le ofrezca.
- ✔ Mantener la mesa limpia y en orden.
- ✔ Hablar en un tono de voz adecuado.
- ✔ Seguir las normas establecidas a la hora de comer: usar correctamente los utensilios de comedor, utilizar las servilletas, masticar con la boca cerrada, pedir las cosas por favor y dar las gracias, tratar con respeto y seguir las directrices de las personas encargadas del servicio del comedor, etc.

Fuente: www.juntadeandalucia.es

CONCURSO DE PAPIROFLEXIA

Todavía estás a tiempo de participar en un concurso de papiroflexia… ¿Te atreves?

CONCURSO DE PAPIROFLEXIA

ESCRIBE

Solicita por escrito información sobre el concurso.

1 Lee este aviso en el tablón de anuncios de la biblioteca de tu barrio o tu localidad y responde a las preguntas:

AVISO

CAMBIO DE FECHA DEL CONCURSO DE PAPIROFLEXIA

Informamos de que la primera fase de nuestro V Concurso de Papiroflexia Creativa de Linares no tendrá lugar el día 20 de enero de 2021, tal como estaba previsto en la convocatoria, sino el día 31 de enero. Por ello, queda prorrogado también el plazo de inscripción (que se cerraba hoy) hasta el día 20 de enero, a las 10.00 h.

La fecha de la segunda fase del concurso será el 15 de febrero.

Las personas interesadas en conocer las bases del concurso pueden solicitarlas por correo electrónico en la dirección:

pajaritasdepapel.andalucia@tuasociacion.org

10 de enero de 2021

Asociación Pajaritas de Papel Linares

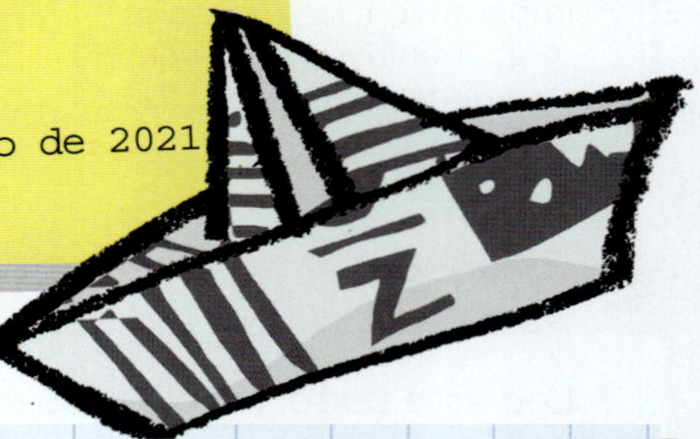

a) ¿Cuál es el motivo de la publicación de este aviso? ¿Quién lo publica?

b) Si lo deseases, ¿podrías presentarte al concurso? Justifica tu respuesta.

c) ¿Qué otro documento necesitas consultar para presentarte al concurso? ¿Cómo puedes conseguir ese documento?

2 Escribe un correo electrónico a la Asociación Pajaritas de Papel, de Linares, para solicitar que te envíen las bases del concurso. Recuerda cuáles son los pasos para escribir un correo electrónico:

1. En el campo «Para» escribe la dirección del destinatario.
2. En el campo «Asunto» escribe brevemente, con una o dos palabras, el motivo de tu correo.
3. ¿Cuáles de los siguientes saludos te parecerían apropiados en este caso? Explica por qué.

   - Hola:
   - Estimados miembros de la Asociación Pajaritas de Papel:
   - Distinguida presidenta de la Asociación Pajaritas de Papel:
   - Querida amiga:

4. En el cuerpo del texto, explica quién eres y por qué escribes.
5. Escribe una despedida (*saludos cordiales, atentamente…*) y firma.

Concurso de PAPIROFLEXIA

LEE

Infórmate sobre las bases del concurso.

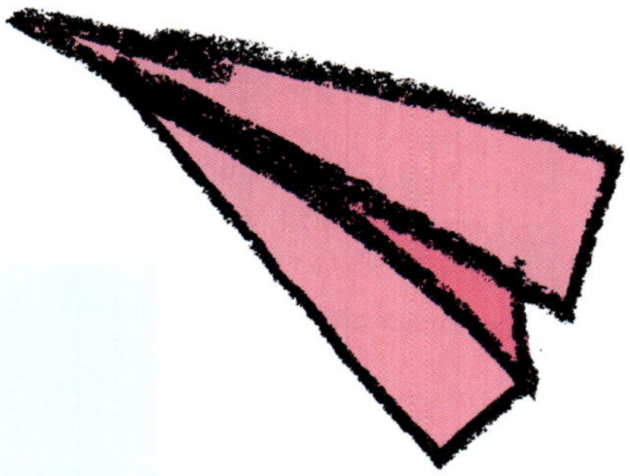

3 Lee el siguiente documento adjunto con las bases del concurso que te envía la Asociación Pajaritas de Papel en respuesta a tu correo:

LA JUNTA DIRECTIVA DE LA ASOCIACIÓN PAJARITAS DE PAPEL, DE LINARES (JAÉN), CONVOCA EL V CONCURSO DE PAPIROFLEXIA, QUE QUEDA REGULADO MEDIANTE LAS SIGUIENTES BASES:

1. Podrán participar las personas mayores de diez años, residan o no en Andalucía, siempre y cuando se inscriban en el plazo estipulado.
2. El plazo de inscripción se abre con la publicación de estas bases y quedará cerrado el día 10 de enero de 2021.
3. No podrán participar en el concurso las personas premiadas en ediciones pasadas, ni aquellas que intervienen en la organización del concurso.
4. Los consursantes participarán en la **primera fase** del concurso mediante envío, antes del 20 de enero, de un correo electrónico a la dirección **pajaritasdepapel.andalucia@tuasociacion.org** que incluya los siguientes datos: nombre y apellidos, fecha de nacimiento y teléfono de contacto.

   Este correo electrónico llevará adjunto un vídeo en el que cada participante mostrará cómo elabora una figura papel. El tamaño, la forma y el tema serán libres.

   En esta primera fase del concurso, un jurado de especialistas seleccionará los veinte mejores vídeos entre todos los recibidos.

5. La **segunda fase** será pública y tendrá lugar el día 15 de febrero de 2021, a las 15.00 horas, en la Biblioteca Andrés Segovia. En esta fase final, cada participante montará ante el jurado y ante el público asistente una figura de libre elección. Tiempo de realización: diez minutos. Papel: aportado por cada participante.

   El jurado calificará los siguientes parámetros:

   - Cromática................ 10 puntos
   - Dificultad .... 30 puntos
   - Limpieza y precisión .... 30 puntos
   - Belleza.. 30 puntos

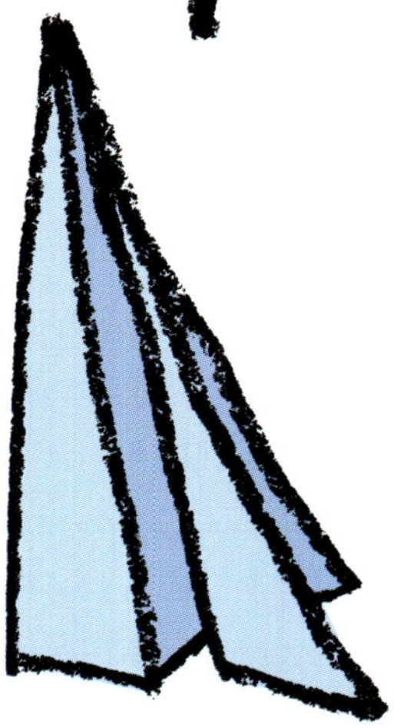

6. Se establecen los siguientes premios:

   - 1.er premio: 200 euros y libro de 500 hojas de papel especial para papiroflexia.
   - 2.º premio: 100 euros y libro de 500 hojas de papel especial para papiroflexia.
   - 3.er premio: 50 euros y libro de 500 hojas de papel especial para papiroflexia.

7. La participación en el concurso implica la aceptación de estas bases.

20 de diciembre de 2020
Asociación Pajaritas de Papel.

4 Según lo que has leído en las bases del concurso, identifica, entre estas tareas, aquella a la que te enfrentas como participante:

- Montar una figura elegida por ti con el papel proporcionado por la organización y enviarla el día 15 de febrero.
- Elegir tú una figura y elaborarla en casa para luego presentarla ante el jurado el 15 de febrero.
- Presentar dos figuras libres, una enviarla en vídeo por correo electrónico y la otra montarla el día 15 de febrero ante el jurado y el público.
- Montar ante los miembros del jurado una figura propuesta por ellos con un papel de tu elección.

CONCURSO DE PAPIROFLEXIA

ESCUCHA

Entrénate para el concurso.

5 Observa el teléfono móvil de Candela y escucha los mensajes que ha intercambiado con su amigo Curro. Luego, contesta a las preguntas:

a) ¿Cuál de estas figuras ha elegido Candela? ¿Por qué la ha elegido?

b) Di qué figura ha elegido Curro. ¿Por qué ha elegido esa figura precisamente?

c) ¿Qué tipo de papel va a utilizar Candela?

d) Y Curro, ¿qué papel necesita?

e) ¿Cuál de esas figuras elegirías tú?

f) Según lo que has escuchado, ¿qué adjetivos utilizarías para describir la manera de trabajar de Candela? ¿Y la de Curro?

técnica · artística · minuciosa · estética · sencilla · precisa

CONCURSO DE PAPIROFLEXIA

HABLA

Graba un vídeo para participar en el concurso de papiroflexia.

6 Por parejas, observad los pasos para montar una figura de papel y explicadlos oralmente.

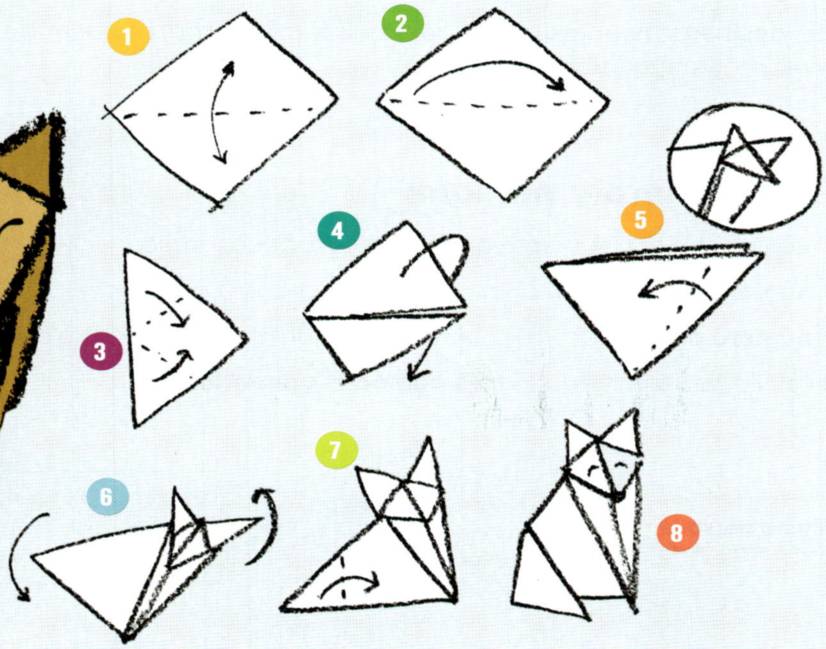

7 Inspírate en la actividad anterior y graba un vídeo para poder enviarlo al concurso. Para ello, sigue estos pasos:

- Decide primero la figura que vas a montar.
- Elige el tipo y tamaño del papel que necesitarás.
- Infórmate en Internet sobre cómo montar la figura que has elegido.
- Escribe el guion de tu vídeo. Ten en cuenta los siguientes aspectos:
  - Presenta la figura que vas a realizar.
  - Explica el material necesario.
  - Indica el tiempo aproximado que se necesita para su ejecución.
  - Detalla los pasos que hay que seguir para montarla.
- Practica varias veces los pasos para la realización de tu figura.
- Ensaya oralmente la explicación de los pasos.
- Sincroniza ahora los movimientos de tus manos con la explicación de los pasos.
- Decide dónde vas a ubicar la cámara.
- Para terminar, graba tu vídeo. ¡Recuerda grabar con la cámara del móvil en horizontal!

Reflexiona sobre este ámbito profesional

Origami es el nombre que se le da en Japón a la papiroflexia, el arte de dar a un trozo de papel la forma de determinados seres u objetos, muchos de las cuales podrían considerarse auténticas esculturas de papel.

El origami o la papiroflexia puede llegar a un grado máximo de maestría y elegancia: un verdadero arte.

- ¿Sabes cuáles son las disciplinas consideradas como «bellas artes»?
- Haz una lista de los oficios que pueden estar relacionados con ellas.
- ¿Requieren todos estos oficios las mismas habilidades? Justifica tu respuesta.
- ¿Cuál de estos oficios relacionados con las bellas artes te atrae más a ti?
- ¿Cómo te sentirías practicándolo?

3 GRAMÁTICA

EL VERBO

Cómo reconocer una raíz verbal

Para reconocer la raíz de un verbo, hay que eliminar las terminaciones *-ar*, *-er* o *-ir* de su infinitivo:

- *bail* -*ar*
- *com* -*er*
- *dorm* -*ir*

3.1 El verbo

El **verbo** es la palabra variable que expresa una acción *(recitar, coser, aplaudir)* o un estado *(dormir, parecer, pensar)* en un tiempo determinado.

El verbo se compone de raíz y desinencias.

- La **raíz** contiene el significado de la acción o el estado al que se refiere el verbo:

  habl -*ar*   *com* -*er*   *viv* -*ir*

- Las **desinencias** aportan a la raíz la información gramatical de número, persona, tiempo, modo y aspecto:

  habl -*amos*   *com* -*isteis*   *viv* -*o*

3.2 Número y persona

- El verbo, como el sustantivo y el adjetivo, puede indicar:
  - **número singular** (*yo como, tú comes, él o ella come*);
  - **número plural** (*nosotros comemos, vosotros coméis, ellos o ellas comen*).
- En el verbo se distinguen **tres personas gramaticales:**

Primera persona ----> Indica que el hablante participa en la acción o estado que expresa el verbo. ----> El verbo en 1.ª persona concuerda con los pronombres *yo, nosotros* o *nosotras*.

Segunda persona ----> Indica que el oyente participa en la acción o estado que expresa el verbo. ----> El verbo en 2.ª persona concuerda con los pronombres *tú, vosotros* o *vosotras*.

Tercera persona ----> Indica que uno o varios seres que no son ni el hablante ni el oyente participan en la acción o estado que expresa el verbo. ----> El verbo en 3.ª persona concuerda con un nombre o con los pronombres *él, ella, ello, ellos* y *ellas*.

Los morfemas de número y persona vienen unidos en una sola desinencia. Obsérvalo en las siguientes formas del verbo de la primera conjugación *cantar:*

	1.ª PERSONA	2.ª PERSONA	3.ª PERSONA
SINGULAR	yo canto	tú cantas	él o ella canta
PLURAL	nosotros o nosotras cantamos	vosotros o vosotras cantáis	ellos o ellas cantan

3.3 El tiempo verbal

El **tiempo verbal** indica el momento en que se produce la acción o el estado al que se refiere el verbo.

TIEMPOS VERBALES

Pasado o **pretérito**

Indica que la acción o el estado se ha producido antes del momento en que se habla.

Ejemplos

Volé, viajasteis, has nadado, habían plantado...

Presente

Indica que la acción o el estado se produce en un lapso de tiempo que incluye el momento en que se habla.

Ejemplos

Dibujas, digan, sienten, levanto...

Futuro

Indica que la acción o el estado se producirá en un momento posterior al que se habla.

Ejemplos

Aprenderéis, corregirá, llenaremos, habrá venido...

Actividades

Actividad resuelta

1 Identifica los verbos en estas oraciones y clasifícalos según indiquen pasado, presente o futuro: *Marta se ha puesto la chaqueta; El cometa pasará a millones de kilómetros de la Tierra; ¿Por qué no me crees?*

Solución

Pasado	Presente	Futuro
ha puesto	*crees*	*pasará*

2 Separa la raíz y las desinencias de estos verbos y escribe su infinitivo: *caminabais, supuso, salían, reparando, llegué, saltaron, bailamos, recogerán, venda, dibujó, cocinan, nadasen, cantas, sonarías, comprabais.*

3 Indica el número y la persona que presentan las siguientes formas verbales:

desearían	*comunicamos*	*escribía*
saludabais	*comió*	*estáis*
despertaríais	*regresé*	*sufres*

4 Localiza los verbos en el texto siguiente, indica cuál es su raíz y analiza su persona y su número:

> La abuela me esperó afuera mientras compré el pan. Entramos a la villa, ella hacía preguntas que yo evitaba contestar. Solo le conté que había empezado la secundaria por la tarde. Íbamos despacio porque a ella le costaba caminar.

Fabiana Duarte, *A los trece*, Eolas.

5 Determina si los verbos de los siguientes enunciados se refieren al pasado, al presente o al futuro:

- *Podaron los árboles del parque.*
- *Escuchan música clásica.*
- *Tenía entonces doce años.*
- *Aterrizaremos en unos instantes.*
- *Me siento satisfecho con el trabajo.*

6 Analiza en tu cuaderno las formas verbales incluidas en esta tabla:

	Número	Persona	Tiempo
subíamos	....	....	....
tendrán	....	....	....
corrió	....	....	....
escucháis	....	....	....

7 ¿Qué tiempos verbales predominan en esta narración?

> Keller colgó y una extraña felicidad lo recorrió de pies a cabeza. Estaba traspirando, pero de pronto supo quién era.
>
> Caminó media cuadra hasta la confitería La Alhambra y eligió una mesa junto a la ventana. Consultó la hora y calculó que faltarían cuarenta minutos para que Beatriz saliese: Había traído la novela en el bolsillo. Pidió un café con leche y mientras esperaba se dispuso a leer.

Hugo Burel, *Montevideo noir*, Alfaguara.

3.4 El modo verbal

El **modo verbal** indica cómo se refiere el hablante a la acción o al estado expresados por el verbo.

MODOS VERBALES

Indicativo

El hablante utiliza el modo indicativo cuando se refiere a la acción o al estado expresados por el verbo como un hecho real.

Ejemplos: *El suceso ocurrió a las doce; Él lo sabe todo.*

Subjuntivo

El hablante utiliza el modo subjuntivo cuando se refiere a la acción o al estado expresados por el verbo como un hecho posible, irreal o deseado.

Ejemplos: *El suceso tal vez haya ocurrido a las doce; Ojalá llegue pronto.*

Imperativo

El hablante utiliza el modo imperativo cuando quiere expresar una orden, una petición o un ruego.

Ejemplos: *Sal inmediatamente; Saludad a los vecinos.*

3.5 El aspecto verbal

El **aspecto verbal** nos informa sobre el final de la acción del verbo.

Según su aspecto, en los verbos se distinguen tiempos perfectos e imperfectos.

- Los **tiempos perfectos** presentan una acción como terminada: *Su hermana trabajó en Bruselas* quiere decir que ella ya no trabaja allí.
- Los **tiempos imperfectos** no indican si la acción ha terminado: *Su hermana trabajaba en Bruselas* no nos informa de si sigue trabajando allí o no.

Actividades

Actividades resueltas

8 Indica el modo verbal del verbo en las siguientes oraciones: *El peligro acecha; ¡Ojalá no corramos peligro!; Ven pronto y ayúdanos.*

Solución

Acecha → acción real → indicativo

Corramos → deseo → subjuntivo

Ven/ayúdanos → peticiones → imperativo

9 Indica si en las siguientes formas verbales el hablante considera acabada la acción (aspecto perfectivo) o no se manifiesta al respecto (aspecto imperfectivo): *Viven aquí; Vivieron aquí; Vivían aquí.*

Solución

viven *vivían* → imperfectivo

vivieron → perfectivo

10 Indica si los verbos subrayados expresan una acción o un estado como reales o posibles:

- *Si yo fuera rico, podría viajar más.*
- *Aunque es alta, no juega al baloncesto.*
- *Si comieras mejor, te sentirías más sano.*

11 Señala qué verbos indican una acción acabada:

- *Juana ha conseguido el segundo premio.*
- *El niño cantaba tras los cristales.*
- *Nosotros nos fuimos pronto ayer.*
- *Ella comía muchos dulces.*

12 Indica el modo de los verbos subrayados:

- *Mis amigas gritaron: ¡Sal ya!*
- *No lo sé, pero quizás regrese.*
- *Quieren que estudie Medicina.*
- *El ladrón saltó por la ventana.*

3.6 Formas personales y formas no personales

Las formas verbales se dividen en personales y no personales.

- Las **formas personales** del verbo están compuestas por la raíz y las distintas desinencias que indican persona, número, tiempo, modo y aspecto: *leo, lees, lee, leemos...*
- Las **formas no personales** no expresan persona:

Actividades

13 Lee el siguiente texto y realiza las actividades:

> Mi madre me pidió que la acompañara a vender la casa. Había llegado a Barranquilla esa mañana desde el pueblo distante donde vivía la familia y no tenía la menor idea de cómo encontrarme. Preguntando por aquí y por allá entre los conocidos, le indicaron que me buscara en la librería Mundo o en los cafés vecinos, donde iba dos veces al día a conversar con mis amigos escritores. El que se lo dijo le advirtió: «Vaya con cuidado porque son locos de remate». Llegó a las doce en punto. Se abrió paso con su andar ligero por entre las mesas de libros en exhibición, se me plantó enfrente, mirándome a los ojos con la sonrisa pícara de sus días mejores, y antes de que yo pudiera reaccionar, me dijo:
>
> —Soy tu madre.
>
> Algo había cambiado en ella que me impidió reconocerla a primera vista. Tenía cuarenta y cinco años. Sumando sus once partos, había pasado casi diez años encinta y por lo menos otros tantos amamantando a sus hijos. Había encanecido por completo antes de tiempo, los ojos se le veían más grandes y atónitos detrás de sus primeros lentes bifocales, y guardaba un luto cerrado y serio por la muerte de su madre, pero conservaba todavía la belleza romana de su retrato de bodas, ahora dignificado por un aura otoñal. Antes de nada, aun antes de abrazarme, me dijo con su estilo ceremonial de costumbre:
>
> —Vengo a pedirte el favor de que me acompañes a vender la casa.

Gabriel García Márquez, *Vivir para contarla*, Mondadori.

Gabriel García Márquez.

a) Identifica los infinitivos que aparecen en el texto que has leído.

b) Algunos infinitivos llevan pronombres personales. ¿Cuáles son? ¿En qué posición se encuentran dichos pronombres?

c) Hay un infinitivo que se ha convertido en nombre, por lo que puede llevar un determinante y un adjetivo. ¿Cuál es?

d) Localiza los gerundios e indica su raíz.

e) Identifica los participios del texto.

f) Existe un participio que se ha convertido en un sustantivo, por lo que lleva artículo. ¿Cuál es?

La brújula del español. Accede a esta guía del uso del español correcto en el banco de recursos de **anayaeducacion.es**.

APLICA LO APRENDIDO

Reflexiona sobre la gramática

Solución paso a paso

1 Sigue los pasos para analizar morfológicamente esta lista de verbos: *colaboro, hayamos, corregido, amado, sal, subiendo, comerás, canturreaban, entrad, reparar.*

Paso 1. Fíjate en sus terminaciones.

colabor-o
hay-amos correg-ido
am-ado
sal
sub-iendo
com-erás
canturre-aban
entr-ad
repar-ar

Paso 2. Identifica los verbos personales e indica su número y persona.

	1.ª persona	2.ª persona	3.ª persona
Singular	*colaboro*	*sal*	*comerás*
Plural	*hayamos corregido*	*entrad*	*canturreaban*

Paso 3. Identifica los verbos no personales: *corregido* (participio), *amado* (participio), *subiendo* (gerundio), *reparar* (infinitivo).

Paso 4. Identifica el tiempo verbal de las formas personales.

Pasado: *hayamos corregido, canturreaban.*

Presente: *colaboro, sal, entrad.*

Futuro: *comerá.*

Paso 5. Identifica el modo de las formas personales.

Indicativo: *colaboro, comerá, canturreaban.*

Subjuntivo: *hayamos corregido.*

Imperativo: *sal, entrad.*

2 Lee el texto y realiza las actividades:

Igraín se subió a una almena y puso los brazos en jarras. Por suerte se había puesto su nueva armadura nada más levantarse.

—¿Quién sois? —preguntó todo lo fuerte que pudo—. ¿Y qué queréis?

El caballero de la armadura de pinchos se levantó la visera y miró. Tenía la cara blanca como la nieve.

—Soy el alcaide de Gilgalad el Magnífico —gritó—. Gilgalad es el nuevo señor del castillo de Rocaoscura y os ofrece a los habitantes de Bibernel sus saludos.

—¡Muy amable de su parte! —respondió Igraín—. Nosotros también lo saludamos y ahora ya podéis regresar a vuestro castillo.

—¡Igraín! —murmuró Alberto—. Déjanos escuchar lo que ha venido a decirnos. Igraín se mordió los labios y asintió.

Los caballos de los visitantes bufaban algo nerviosos. Olían las serpientes de agua.

—¡El noble Gilgalad no ha venido aquí a hablar con niños! —exclamó el caballero [...].

Cornelia Funke, *Igraín la valiente*, Planeta.

Alcaide: encargado de la defensa de un castillo.

a) ¿Qué tiempos verbales predominan en el texto?

b) Define la persona y el número de las formas verbales subrayadas, como en el ejemplo:

Subió: tercera persona del singular.

c) Busca en el texto tres verbos en pasado y tres en presente, y completa la tabla en tu cuaderno:

Pasado	Presente
....	....

d) Distingue la raíz de las desinencias en los verbos: *preguntó, saludamos, bufaban.*

e) Transforma los verbos de la actividad anterior en futuro.

f) Extrae las formas no personales del texto y clasifícalas en infinitivo y participio. Luego, escribe el gerundio de los verbos encontrados.

g) Encuentra en el texto un verbo en modo imperativo.

3 Completa la tabla en tu cuaderno:

	Número	Persona	Tiempo	Modo
llegó	....	....	....	
saltaremos	....	....	....	
vengas	....	....	....	

4 Escribe dos oraciones en las que utilices la segunda persona del singular del presente de subjuntivo del verbo *jugar.*

Visualiza la gramática. Comprende los conceptos gramaticales mediante este vídeo disponible en **anayaeducacion.es**.

Repaso interactivo. Accede a este juego interactivo y repasa el contenido de la unidad en **anayaeducacion.es**.

Recuerda seleccionar el material de trabajo de esta unidad para tu **portfolio.**

Organiza tus ideas gramaticales

Copia y completa en tu cuaderno este mapa conceptual jerárquico:

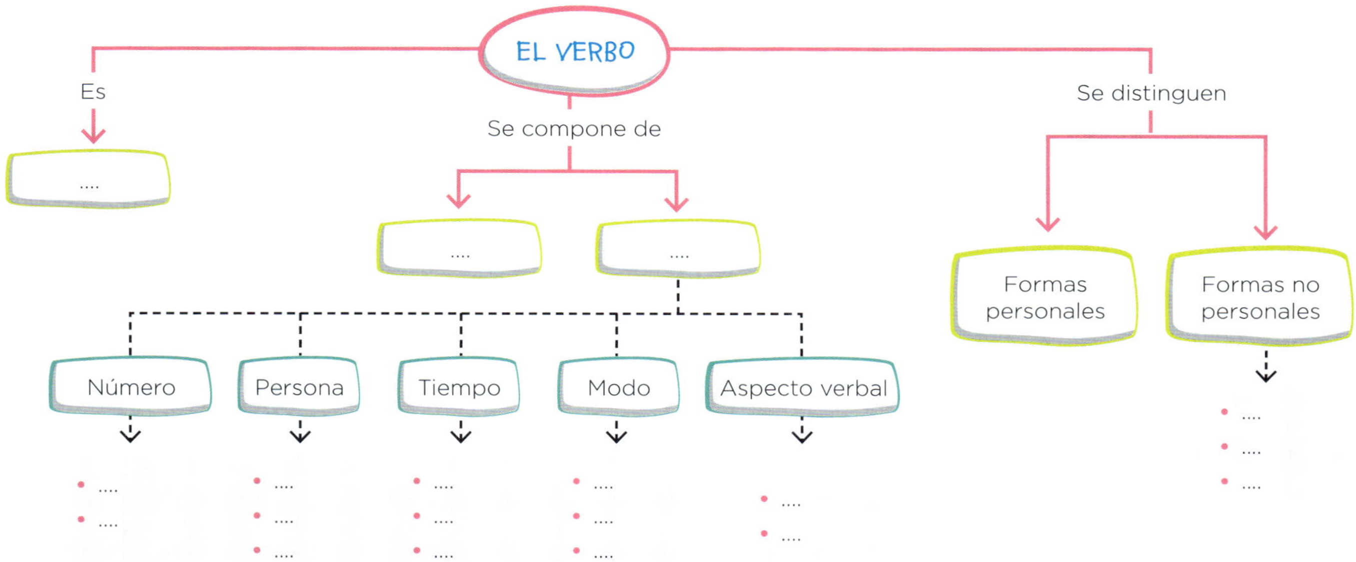

Practica la ortografía

1 Localiza en este texto todas las palabras que lleven *g* y *j*. Luego, escribe en tu cuaderno una oración con cada una de ellas.

Fueron desapareciendo los muchachos y me quedé solo con mis niñas. Aproveché la ocasión para hacerles ver que, a pesar de todo lo que oyeran, el hombre y la mujer no son diferentes por la inteligencia ni la habilidad, sino por la fisiología. Se me quedaban mirando con asombro, convencidas como estaban de la absoluta superioridad de sus hombres, que lo mismo cazaban jabalíes que arrancaban los árboles a hachazos. La fuerza física es una cosa, les expliqué. Pero hay otra fuerza que es la que nos hace discurrir y resolver situaciones difíciles…

Estoy convencida de que lo entendían. Y aprendí una cosa más: que tan importantes eran esas lecciones como las otras, las oficiales, las obligadas por principio, porque todas guardaban relación entre sí, si pretendíamos educar de verdad a aquellos hombres y mujeres en ciernes.

Josefina Aldecoa, *Historia de una maestra,* Alfaguara.

2 Escribe ocho palabras acabadas en *-aje.*

3 Escribe el pretérito perfecto simple de los verbos *decir* y *coger.*

4 Busca palabras derivadas de *tejer* y *crujir.*

5 Explica a qué regla ortográfica de la *g* se atienen estas palabras: *escoger, geología, origen, gesticular.*

6 Copia y completa en tu cuaderno con *g* o *j*:

ca....ero *co....iste*
gara....e *re....ional*
vir....en *diri....ible*

Josefina R. Aldecoa.

ORTOGRAFÍA CONSULTA EL ANEXO 6

6

NADA ES IMPOSIBLE

Llegar a ser un gran deportista, viajar por todo el mundo, trabajar en lo que te gusta, salvar el planeta... Poco importa cuál sea tu gran pasión o cuáles sean tus sueños, ¡no dudes en lanzarte a por ellos!

Nunca es demasiado tarde ni demasiado pronto, cualquier edad es buena para mostrar el coraje de luchar por lo que deseas. Y si no, que se lo pregunten a Greta Thunberg, la joven que protagoniza la lectura de la unidad.

Plano abierto. Accede al vídeo de la unidad en el banco de recursos de **anayaeducacion.es**.

Intercambia opiniones

PERSEGUIR LOS SUEÑOS

- ¿Cuáles son tus sueños?
  - ¿Qué crees que deberías hacer para verlos realizados?
  - ¿Qué deberías evitar para conseguir realizarlos?
- ¿Cuál debería ser la reacción si los sueños no se cumplen?
  - ¿Cómo reaccionarías tú si tus sueños no se ven realizados?

QUÉ VAS A ENCONTRAR EN ESTA UNIDAD

1 LECTURA ODS

En la entrevista periodística de la lectura, Greta Thunberg censura la inacción de los dirigentes del planeta respecto al cambio climático. En sus respuestas a los medios de comunicación, la joven refleja sus profundas convicciones y su determinación. Consulta los vídeos en el banco de recursos de **anayaeducación.es**, y reflexiona sobre el calentamiento global: metas ONU 13.a, 13.1, 13.2 y 13.3.

2 COMUNICACIÓN

Las inmensas redes de comunicación audiovisual de hoy en día nos exponen continuamente a mensajes periodísticos y publicitarios con distintos objetivos, desde informarnos sobre lo que pasa en el mundo hasta influir en nuestras elecciones. ¿Cuál te parece la mejor actitud ante todo ello?

3 GRAMÁTICA

La conjugación verbal sirve para reconocer y analizar las variaciones de un verbo en función de la persona, el número, el tiempo, el aspecto y el modo. ¿Te animas a conocer mejor la conjugación verbal?

ORTOGRAFÍA Al final de este libro encontrarás un anexo con reglas ortográficas y actividades que te ayudarán a solucionar las propuestas a lo largo de esta unidad: **las letras *b* y *v*, y la letra *h*.**

1 LECTURA

Comprensión oral

Escucha el texto locutado de la lectura y responde a las siguientes preguntas:

- ¿Qué nacionalidad tiene Greta Thunberg?
- ¿Qué movimiento lidera?
- ¿Qué edad tenía cuando se inició ese movimiento?

CUMBRE DEL CLIMA

Greta Thunberg contra el símbolo: «Solo soy una activista, una pequeña parte de un gran movimiento»

LA JOVEN SUECA VUELVE A PEDIR EN MADRID MEDIDAS CONCRETAS CONTRA EL CAMBIO CLIMÁTICO: «NO HEMOS CONSEGUIDO NADA»

DANIEL FLORES — MADRID, 6 DE DICIEMBRE DE 2019

Envuelta en una enorme expectación desde que puso un pie en Madrid, la activista sueca Greta Thunberg ha querido este viernes rebajar su protagonismo en un encuentro celebrado con la prensa poco antes de la manifestación contra el cambio climático por el centro de la capital y ha asegurado que su opinión no es más relevante que la del resto de personas, desde científicos a jóvenes de todo el mundo, que como ella exigen medidas contra el calentamiento global a los líderes políticos: «No tienen por qué escucharme a mí antes que a nadie, solo soy una activista, una pequeña parte de un gran movimiento», ha subrayado.

Es complicado, sin embargo, escapar a l atención que ella misma ha generado de de que hace 15 meses empezara a man festarse, todos los viernes, ante el Parla mento de Suecia, para llamar la atenció sobre la crisis climática, una protesta qu ha derivado en la organización intern cional Fridays for Future (Viernes por Futuro), a la que se adscriben jóvenes todo el mundo, y que es la principal org nizadora de la marcha de este viernes Madrid.

Thunberg, en cualquier caso, lo ha i tentado. El acto celebrado en el centr cultural La Casa Encendida —donde d cenas de personas se han concentrado

Hipertexto. Conoce a la protagonista de la lectura y su contexto en el banco de recursos de **anayaeducacion.es**.

las puertas para poder verla— incluía a otros tres activistas de Fridays for Future y, ante el riesgo de convertirlo en una rueda de prensa personal, ha pedido a los periodistas que también preguntaran a sus compañeros: «No hay que escucharme a mí antes que a nadie», ha insistido, «quiero que todo el mundo conteste, así que no me preguntéis solo a mí», ha rogado.

«No hemos conseguido nada»

> «Las emisiones siguen creciendo. Si lo miras desde cierto punto de vista, no hemos conseguido nada»

Y todos ellos han reiterado que los responsables de adoptar medidas que frenen la emergencia climática no están haciendo lo suficiente. «Creo que hemos logrado mucho, hemos creado opinión, es un gran paso en nuestra dirección», ha señalado Greta Thunberg al ser preguntada por los resultados de sus movilizaciones, «pero no es ni mucho menos suficiente, las emisiones [de gases de efecto invernadero] siguen creciendo, un 0,6 % este año. Si lo miras desde cierto punto de vista, no hemos conseguido nada», ha admitido.

«En Suecia, hoy hemos tenido una huelga climática en Estocolmo, estamos aprovechando el momento, cada vez somos más grandes. Pero, por supuesto, eso no se ha transformado en acción política, como ocurre en la mayoría de sitios», ha explicado. «Nada ha pasado en el último año, la crisis climática sigue siendo ignorada por los líderes en el poder. No queremos continuar así», ha recalcado.

En cualquier caso, ha mostrado su determinación por seguir en las calles para reclamar justicia climática: «No nos podemos permitir más días sin tomar medidas, no es algo que podamos dejar pasar e ignorar, sin mejorar la situación», ha insistido, como ya hizo ante Naciones Unidas en Nueva York hace tres meses.

Medidas concretas

En este sentido, Thunberg ha rechazado que la Cumbre del Clima que se celebra en Madrid se enfoque como una cumbre de transición antes de la de Glasgow de 2020, en la que los países deberán renovar y mejorar los compromisos adquiridos en el marco del Acuerdo de París: «Espero sinceramente que la COP25 lleve a algo concreto, que los líderes políticos reconozcan la urgencia de la crisis climática».

> «Espero sinceramente que la COP25 lleve a algo concreto»

Y también ha rechazado las críticas vertidas contra ella por los negacionistas del cambio climático o quienes tratan de menospreciar sus acciones, tildándolas de meramente simbólicas: «Algunas personas quieren que todo siga como hasta ahora, tienen miedo al cambio, que es lo queremos los jóvenes, por eso pretenden silenciarnos».

La activista sueca, de 16 años, se encuentra en Madrid con motivo de la Cumbre del Clima de Naciones Unidas, donde ha hecho acto de presencia por sorpresa este mismo viernes, por la mañana, para participar en una sentada de jóvenes contra el cambio climático, tras llegar a la capital de España en tren desde Lisboa. Allí desembarcó el pasado martes tras una travesía en catamarán de tres semanas que le ha permitido cruzar el océano Atlántico sin utilizar el avión, como gesto para evitar una mayor contaminación.

www.rtve.es

Comprende el texto

Pasión por leer. Disfruta de otros textos sobre activistas conocidos en el banco de recursos de **anayaeducacion.es**.

Extrae información

1 ¿Qué tipo de texto es el que has leído?

publicitario | periodístico | instructivo

2 ¿Cuál es el motivo de la visita de Greta Thunberg a Madrid?

3 ¿Cuándo y cómo nació la organización internacional Fridays for Future? ¿Qué papel jugó Greta en ello?

4 En el texto, la joven Greta Thunberg se define a sí misma como una «activista». ¿Qué significa ser activista?

5 ¿Cuál es el objetivo de las acciones del movimiento que lidera esta joven sueca?

6 Haz un esquema de las partes en que se divide el texto. ¿Es un texto coherente? ¿Por qué?

7 Copia en tu cuaderno las afirmaciones correctas:

a) El titular recoge las palabras de Greta.

b) El texto fue publicado el 6 de diciembre.

c) El artículo recoge las declaraciones de varios miembros de la organización Fridays for Future.

d) El texto mezcla la narración del periodista con las declaraciones de Greta.

Reflexiona sobre la lengua

8 ¿A qué norma ortográfica obedecen estas palabras del texto?:

hemos | hace | huelga

9 El texto recoge la forma verbal *ha hecho*. ¿Qué diferencia hay entre las palabras *hecho* y *echo?* Escribe una oración con cada una de ellas.

10 Copia y completa en tu cuaderno estas palabras de la lectura:

cum....re, sím....olo, cam....io, diciem....re, cele....rado, su....rayado, desem....arcó y *responsa....le*

11 Escribe la regla por la que se escriben con *b* o con *v* las palabras *adscriben* y *vuelve* tomadas del texto.

ORTOGRAFÍA CONSULTA EL ANEXO 7 8

12 Averiguad en qué lengua está escrita la sigla COP25. ¿Qué significa?

Interpreta y analiza

13 **Las desventajas y los inconvenientes.** ¿Por qué Greta ha viajado en catamarán y en tren?

14 ¿Qué reacción despierta entre la gente la llegada de Greta? ¿Cómo calificarías, entre los adjetivos propuestos, su respuesta ante esa reacción de la gente? Aporta razones que justifiquen tu elección.

Burlona | Humilde | Tímida | Respetuosa | Irónica | Indiferente

15 Para la joven sueca, hay cosas que ya se han conseguido y otras que todavía no se han conseguido. ¿Cuál sería según ella el balance actual de la situación? ¿Por qué?

16 **Sumamos.** Los textos periodísticos transmiten información de actualidad y de interés para un gran número de personas. ¿Crees que este texto informa de hechos de interés general?

17 El artículo periodístico que has leído es el resultado de una rueda de prensa convocada por la organización Fridays for Future. Infórmate sobre lo que es una rueda de prensa y responde después a las preguntas:

a) ¿Dónde se celebró la rueda de prensa?

b) ¿Cuántos activistas de la organización acudieron para realizar declaraciones y responder a las preguntas de los periodistas?

c) ¿Cuál crees que era la intención final de esa convocatoria?

Valora y relaciona con tu mundo

18 **Círculo de puntos de vista.** Los protagonistas de entrevistas suelen ser personalidades de relevancia social, política o cultural. En tu opinión, ¿qué justifica el interés general que despierta la figura de la activista Greta Thunberg?

19 **Preparar la tarea.** En grupos, preparad una batería de preguntas que os gustaría hacerle a los otros miembros de la organización Fridays for Future en una rueda de prensa.

Amplía tu vocabulario

LA ESPERANZA

La gran **esperanza** de Greta Thunberg es que los gobiernos empiecen a tomar medidas para preservar la naturaleza y asegurar así el **futuro** de la juventud.

1 La *esperanza* es un sentimiento que experimentamos cuando consideramos alcanzable aquello que deseamos. Copia y sustituye las palabras subrayadas por una palabra que exprese lo contrario:

Greta tiene esperanza de que los gobiernos tomen medidas urgentes.

2 Relaciona cada expresión con su significado:

Alimentarse de esperanzas — *Dar esperanzas*

DAR A ENTENDER A UNA PERSONA QUE PUEDE LOGRAR LO QUE DESEA.

ESPERAR, CON POCO FUNDAMENTO, QUE SE CONSEGUIRÁ LO QUE SE DESEA.

3 Lee estas dos oraciones. ¿En qué se diferencian?

– *Los actores sentían una gran expectación ante el estreno de su obra.*
– *Los actores sentían una gran esperanza ante el estreno de su obra.*

4 Encuentra los sinónimos del verbo *preservar* en la nube de palabras:

perder – conservar – olvidar – mantener – salvaguardar – guardar – cuidar – proteger – respirar – entender

5 Sustituye el verbo *preservar* en estas oraciones por otro de la lista de manera que mantengan su significado:

conservar - *proteger* - *guardar* - *alejar*

– *Hoy en día es más urgente que nunca* preservar *la naturaleza.*
– *Asegúrese de* preservar *el cable del calor, podría dañarse.*
– *Los abogados, por ley, deben* preservar *el secreto profesional.*
– *Se recomienda* preservar *la masa de hojaldre en el frigorífico.*

6 Lee estos enunciados e indica en tu cuaderno qué significa cada uno:

Futuro incierto – Futuro esperanzador – Futuro aciago

7 En parejas, elegid uno de estos refranes sobre el futuro y explicádselo al resto de la clase:

– *Lo pasado se borró, el presente vívelo y el futuro piénsalo.*
– *El que adelante no mira, atrás se queda.*
– *Más vale pájaro en mano que ciento volando.*
– *No es posible prevenir misterios del porvenir.*

2 COMUNICACIÓN

TEXTOS PERIODÍSTICOS Y TEXTOS PUBLICITARIOS

2.1 Los medios de comunicación

Los **medios de comunicación** transmiten información de actualidad o de interés general a un gran número de personas.

Los principales medios de comunicación son:

- La **prensa** (periódicos y revistas), que se expresa por medio de la escritura y de la imagen, y que se publica impresa o a través de Internet.
- La **radio,** que utiliza medios auditivos, como la palabra hablada y la música.
- La **televisión,** que utiliza medios audiovisuales, como la palabra hablada, la imagen, el sonido...
- **Internet,** que utiliza la red informática para transmitir a la población información audiovisual.

2.2 Los textos periodísticos

El periódico

En el periódico encontramos, principalmente, dos tipos de textos o géneros:

- Los **géneros informativos,** como la noticia, que transmiten información objetiva sobre un hecho de actualidad que interesa a un gran número de personas.
- Los **géneros de opinión,** como el editorial, el artículo o la columna, cuyo fin es analizar los hechos desde un punto de vista subjetivo, con la intención de crear opinión entre sus lectores.

La información del periódico se distribuye por **ámbitos** (internacional, nacional, local...) o por **temas** (política, cultura, deportes, sociedad...).

Los contenidos de un periódico

Los textos en un periódico contienen elementos lingüísticos (párrafos breves, estilo claro, predominio del modo indicativo...) y elementos no lingüísticos o paratextuales, como:

- las imágenes y los gráficos;
- el tamaño, estilo y color de las letras; cursivas, negritas;
- la organización en una o varias columnas;
- la elección del espacio en la página (arriba, abajo, primera página, páginas interiores...).

Actividades

1 Lee el texto y realiza las actividades:

a) ¿De qué nos informa este texto? Resúmelo en tres líneas.

b) ¿En qué medio de comunicación se ha publicado esta noticia?

c) ¿A qué género periodístico corresponde el texto, a uno de opinión o a uno informativo? Justifica tu respuesta.

d) La noticia fue publicada entre los temas de sociedad. ¿De qué otros temas suelen hablar también los periódicos?

2 ¿En cuál de los temas enmarcarías el texto de la lectura con que se inicia esta unidad?

3 Escribe los nombres de cuatro periódicos que tú conozcas y di si se publican en todo el territorio nacional o solo en tu comunidad.

4 Consulta varios periódicos en Internet y observa su estructura: ¿en qué secciones se dividen?; ¿qué otros tipos de información ofrecen?

EL BANCO DE ALIMENTOS BUSCA 21 500 VOLUNTARIOS PARA LA GRAN RECOGIDA DE ESTE AÑO

EL PADRINO DE LA CAMPAÑA SERÁ ALEJANDRO SANZ

El Banco de Alimentos necesita movilizar 21 500 voluntarios para llevar a cabo con éxito su próxima campaña «Gran Recogida 2019», que tendrá lugar los próximos 22, 23 y 24 de noviembre y que tiene como objetivo recoger 2,5 millones de kilos de alimentos no perecederos.

Los responsables de la campaña han pedido a la ciudadanía que «regale cuatro horas de su tiempo a favor de las personas más desfavorecidas». Los interesados pueden inscribirse en www.granrecogidamadrid.org o ponerse en contacto con el servicio de atención al ciudadano en el 91 765 12 04 o 661 085 023.

La Gran Recogida es un evento de extraordinaria importancia para el Banco de Alimentos, ya que a través de esta campaña logra recoger en torno al 14 por ciento del total de alimentos, que luego se distribuyen entre más de 140 000 personas, a través de 519 entidades benéficas.

Este año, la campaña, que lleva por lema «Solidarios con todas las letras», cuenta con Alejandro Sanz como padrino. En la VII edición de esta iniciativa, el Banco de Alimentos contará con 1 079 puntos de donación en distintos establecimientos, como hipermercados, supermercados y tiendas de alimentación.

abc.es

Webquest. Accede a esta actividad en el banco de recursos de anayaeducación.es e investiga sobre los medios de comunicación.

La noticia

Una **noticia** es un texto narrativo que informa sobre algún hecho de interés que ha ocurrido recientemente.

Todas las noticias intentan contestar a estas seis preguntas:

- **¿Qué** es lo que ha sucedido?
- **¿Quién** protagoniza los hechos?
- **¿Cómo** han ocurrido los hechos?
- **¿Dónde** ha sucedido?
- **¿Cuándo** ha ocurrido?
- **¿Por qué** se ha producido?

Partes de una noticia

En una noticia escrita se distinguen tres partes:

- El **titular.** Breve enunciado que resume lo más importante de la noticia. Su redacción pretende llamar la atención del lector o de la lectora, por lo que se utiliza una letra de mayor tamaño y visibilidad que en el resto del texto.
- El **encabezamiento** o **entrada.** Párrafo que resume los datos más importantes de la noticia con una letra menor que el título pero mayor que el cuerpo de la noticia.
- El **cuerpo.** Texto de extensión variable que desarrolla la noticia (¿qué?, ¿quién?, ¿cómo?, ¿dónde?, ¿cuándo? y ¿por qué?) y amplía los detalles. La información se ordena de lo más importante a lo menos.

Reflexiona sobre este ámbito profesional

La **profesión de periodista** consiste en la obtención, tratamiento, interpretación y difusión de información a través de medios escritos u orales.

¿Sabías que hay muchas ramas del periodismo? Indica algunas de ellas. Por ejemplo: periodismo político.

Actividades

5 Lee el texto y realiza las actividades:

a) ¿De quién habla esta noticia?

b) ¿Qué ha sucedido?

c) ¿Dónde y cuándo han ocurrido los hechos?

d) ¿Qué razones aporta el Tribunal Supremo?

e) Expón tu opinión sobre la noticia.

MIL EUROS DE MULTA POR CACAREAR DE TRES A CINCO DE LA MADRUGADA

EL TRIBUNAL SUPREMO DE PORTUGAL SEÑALA QUE EL DERECHO AL REPOSO DE LOS VECINOS PREVALECE SOBRE EL DE LA CRIANZA DE GALLOS Y GALLINAS

Javier Martín del Barrio
Lisboa, 27 de octubre de 2019

Los gallos también deben tener un horario para cantar. Así se deduce de una sentencia del Tribunal Supremo de Justicia de Portugal, que condena a un matrimonio a pagar mil euros a los vecinos por las perturbaciones nocturnas «estridentes» de sus gallos y gallinas.

En este caso, los gallos y gallinas no cantaban y cacareaban al amanecer sino horas antes, perturbando el descanso de los vecinos, que denunciaron a los criadores. El caso se remonta a 2012, cuando un matrimonio de Arcos, en las proximidades de Braga, decidió construir un gallinero y una conejera a cuatro metros de una ventana de la finca colindante.

Los vecinos denunciaron los olores y ruidos que producían los animales y exigieron la retirada del gallinero y sus animales, porque no podían dormir de una forma «reparadora, adecuada y razonable». El tribunal de primera instancia declaró improcedente la denuncia al estimar que era la actividad normal de los animales en el campo. En segunda instancia, el juez dio la razón a los denunciantes y el caso acabó en el Supremo, que ha fallado en contra de los gallos. [...]

elpais.es

2.3 Los textos publicitarios

El anuncio

Un **anuncio publicitario** es un mensaje que combina texto y otros elementos (imagen, sonido...) e intenta convencernos para que compremos algún producto o contratemos un servicio.

Si su finalidad no es vender sino informarnos para que realicemos alguna acción u orientarnos hacia algún comportamiento, se llama **propaganda.**

La **publicidad** está presente en los más variados aspectos y momentos de nuestra vida cotidiana. Anuncia ropa, comida, perfumes, utensilios electrónicos e informáticos, coches, libros, viajes, vacaciones...

También abunda la **propaganda** sobre actitudes que hemos de rechazar o acciones que nos aconseja realizar. Por ejemplo, cuando nos anima a unirnos a una ONG o nos informa de que hemos de rechazar el uso del tabaco.

En la publicidad y en la propaganda se suelen combinar los **elementos verbales** y los **elementos gráficos.** Si se hace en radio o en televisión, se incluyen **elementos sonoros.**

Elementos verbales

En la publicidad, el lenguaje se utiliza de manera persuasiva. Es decir, pretende convencer al receptor, a través de mensajes breves, orales o escritos, que informan sobre un producto o un servicio, sus características, sus cualidades, sus ventajas...

Elementos gráficos

Son imágenes y fotografías que suelen representar el objeto publicitado. Funcionan también como elementos simbólicos que resaltan valores deseables, como la belleza, la simpatía, la juventud o la fuerza. Además, se incluyen otros recursos, como elementos de diseño y tipográficos (tipos de letra, tamaños, colores...).

En la publicidad se distinguen un anunciante, o emisor, y un destinatario, o receptor.

- El **anunciante** o **emisor** suele estar muy despersonalizado, porque a menudo no es una persona sino una institución o un grupo comercial que encarga la realización del anuncio a una agencia publicitaria.
- El **destinatario** o **receptor** del anuncio suele ser muy general, aunque distribuido en sectores: jóvenes, niños, personas ancianas, ejecutivos, deportistas, lectores...

Fuente: Consejería de Agricultura, Ganadería, Pesca y Desarrollo Sostenible de la Junta de Andalucía. Campaña "Andalucía sin Incendios", año 2017

El eslogan

El **eslogan** es un texto corto y fácil de recordar que se utiliza para atraer la atención sobre el producto o servicio.

Actividades

6 Observa este anuncio institucional y realiza las actividades:

a) En el anuncio hay elementos verbales: ¿cuáles son?

b) Identifica los elementos gráficos en el cartel. ¿Qué mensaje pretenden transmitir?

c) ¿Quién emite el mensaje?

d) ¿A quién va dirigido?

e) ¿Cuál es el eslogan?

f) En parejas, inventaos otro eslogan para este mismo anuncio.

g) ¿Es publicidad o propaganda? Razona tu respuesta.

7 Lee estos eslóganes. ¿Qué producto o servicio podrían publicitar?

- *Que no te den gato por liebre*
- *Adiós al calor*
- *Contigo al fin del mundo*
- *A un clic de ti*
- *Y tú, ¿ya lo conoces?*
- *Blancura resplandeciente*
- *¡Nada es imposible!*
- *Energía para vivir*

8 En grupos, cread un cartel para anunciar una acción promovida por un organismo oficial para concienciar a la población sobre un tema o fomentar un determinado comportamiento. Para ello, seguid estos pasos:

1. Elegid una idea para vuestro anuncio institucional: promover la lectura, la limpieza de la ciudad, el uso del transporte público...
2. Redactad los textos con la información necesaria. Utilizad un lenguaje sencillo y persuasivo.
3. Inventad un eslogan que resuma de manera directa y eficaz el mensaje.
4. Seleccionad imágenes atractivas que ayuden a comprender el mensaje.
5. Utilizad recursos gráficos (distribución de los elementos en el espacio, tipos y tamaños de letra, colores...).

ALTERNATIVAS AL TELÉFONO MÓVIL

¿Te animas a organizar una iniciativa para promover un uso diferente del tiempo libre?

OTRO OCIO ES POSIBLE

LEE

Lee una noticia y comprende el problema.

1 Lee esta noticia publicada en un periódico de tu localidad y realiza las actividades:

¿Cuánto tiempo dedicas al móvil?

Martes, 6 de mayo de 2021

NUESTRA COMARCA APAGÓ AYER SUS MÓVILES, EN UNA ACCIÓN QUE PRETENDÍA CONCIENCIAR A LA CIUDADANÍA ACERCA DE LA EXCESIVA CANTIDAD DE TIEMPO QUE DEDICAMOS A LAS PANTALLAS DE NUESTROS TELÉFONOS

La iniciativa, denominada «Súmate al apagón», no pretende demonizar el uso del móvil, sino plantear que el tiempo dedicado a juegos de ordenador, redes sociales, etc., impide realizar otras actividades de ocio también interesantes. La idea fue secundada por muchas personas que renunciaron a utilizar sus teléfonos móviles durante dos horas y once minutos, concretamente entre las 12.00 h y las 14.11 h. La duración tan precisa de este «apagón» se corresponde con el tiempo diario que cada persona dedica a su teléfono móvil en nuestro país, dos horas y once minutos, según un informe publicado en el portal de estadísticas alemán Statista.

La acción fue promovida y divulgada por varios ayuntamientos de la comarca. Sin embargo, gracias a su difusión a través de las redes sociales, muchas personas de otras localidades de la zona se sumaron al apagón. El seguimiento fue mayoritario, aunque desigual entre las distintas zonas.

La jornada dejó estampas como estas, que llevaban tiempo sin verse: gente leyendo libros en las paradas de autobuses, personas conversando en las colas de los establecimientos comerciales, oídos despejados y sin auriculares por las calles, charlas en los descansos laborales…

Como manifestó Sheila, una estudiante de 1.º de la ESO, a un periodista de este medio, «Me ha servido para darme cuenta de cuánto dependo del móvil, y es bueno tenerlo presente». Y Norberto, un conocido comerciante: «Ha venido más gente a mi pescadería y, además, más comunicativa». Para otras personas, como Claudia, bibliotecaria, la medida ha servido para demostrar «lo necesario que es hoy día estar conectado, pero también para que la gente recuerde los beneficios de dedicarle un tiempo diario a la lectura».

a) Tras leer la noticia, responde a estas preguntas en tu cuaderno:

b) Cada persona dedica una media de 2:11 h al móvil. Según la noticia, ¿es mucho o poco tiempo? Y tú, ¿qué piensas?

c) ¿Qué han aprendido estas personas con la iniciativa? Relaciónalo con su situación o profesión.

d) Invéntate otro titular para esta misma noticia y escríbelo en tu cuaderno.

Otro OCIO es posible

ESCUCHA

Escucha una entrevista a una profesional: ¿es posible «despegarse» del móvil y dedicar más tiempo a otras actividades?

2 Escucha ahora esta entrevista emitida en una radio local y responde a las preguntas:

a) ¿De qué se ocupa el diseño urbano?

b) ¿Qué ventajas y qué inconvenientes tiene la creación de «carriles *smartphone*» para la ciudadanía en China o las señales luminosas a ras de suelo en Alemania y Australia?

c) Según la entrevistada, ¿de qué forma se aprende a respetar el bien común? ¿Estás tú de acuerdo? Justifica tu respuesta.

d) ¿Cuál de estas medidas mencionadas por la entrevistada te parece a ti más interesante y eficaz para disuadir del uso excesivo del teléfono móvil? Justifica tu respuesta.

- **A** Instalar papeleras de tamaño reducido.
- **B** Introducir asientos y mesas movibles en los espacios públicos.
- **C** Colocar señales luminosas a ras de suelo.
- **D** Colocar dispensadores con lecturas en los transportes públicos.
- **E** Crear carriles específicos para la gente que usa el móvil.
- **F** Responsabilizarse del cuidado de los parques y los jardines.
- **G** Crear más espacios para la práctica de deportes.

OTRO OCIO ES POSIBLE

ESCRIBE

Informad de vuestra iniciativa mediante un cartel.

3 Con todo lo que ya sabéis, en grupos de cuatro o cinco personas, diseñad vuestra propia iniciativa para disuadir del uso excesivo del móvil y fomentar actividades alternativas. Para ello:

- ✓ Organizad una lluvia de ideas con propuestas de iniciativas y votad para elegir la que más guste a la mayoría.
- ✓ Estableced con claridad vuestro objetivo principal: ¿qué queréis conseguir?
- ✓ Definid la acción o acciones en que consistirá vuestra iniciativa.
- ✓ Decidid a qué público queréis dirigiros: a personas de vuestra edad, a niños y niñas, a personas mayores, a todo tipo de público…
- ✓ Teniendo en cuenta todo lo anterior, buscad un nombre atractivo para vuestra iniciativa.
- ✓ Cread un eslogan, es decir, un texto breve, eficaz y fácil de recordar.
- ✓ Decidid el lugar y el día en que tendrá lugar.

4 Observa este cartel de la iniciativa «Súmate al apagón» y responde a las preguntas:

a) ¿Cuál es el eslogan? Imagina otro anuncio al que podría aplicarse este mismo eslogan.

b) ¿Qué mensaje crees que quiere transmitir la imagen?

5 Ahora, cread un cartel para concienciar sobre el problema y publicitar vuestra iniciativa. Para ello:

- **A** Buscad imágenes que ilustren el mensaje que queréis transmitir.
- **B** Redactad un borrador de los textos: nombre de la iniciativa, eslogan, fecha, hora y lugar de la acción, etc.
- **C** Planificad la distribución de todos estos elementos en el espacio del cartel, de manera que sea atractivo y distinga claramente la información principal de la secundaria.
- **D** Con todo ello, cread la versión definitiva de vuestro cartel.
- **E** Colgad los carteles de toda la clase en un lugar bien visible de vuestro centro escolar y votad el que os parezca más conseguido por su estética y por su eficacia comunicativa.

OTRO OCIO ES POSIBLE

HABLA

Publicitad vuestra iniciativa mediante un anuncio de televisión.

6 En gran grupo, cread un anuncio que publicite vuestra iniciativa para fomentar un uso diferente del tiempo libre. Para ello, seguid estos pasos:

A Cread un guion gráfico, es decir, una secuencia de dibujos que representen las escenas de las que constará vuestro anuncio, acompañados de las ideas principales para los diálogos, la música, los sonidos... Podéis inspiraros en este:

B Redactad los textos definitivos. No olvidéis que vuestro objetivo principal es informar y convencer.

C Conseguid los elementos necesarios para grabar el anuncio: intérpretes, vestuario, luces, cámara, música, material para los efectos sonoros, etc.

D Ensayad varias veces y organizad un ensayo general, es decir, una representación completa de vuestro anuncio previa a la grabación definitiva, de manera que podáis comprobar que todo está preparado.

E Grabad el anuncio y pasadlo a un ordenador.

F Proyectad vuestro anuncio en clase y colgadlo después en la página web del centro escolar.

Reflexiona sobre este ámbito profesional

Como sabes, el diseño urbano supone la intervención en el espacio ciudadano para hacerlo más sostenible, cómodo y funcional.

Infórmate y relaciona cada profesión con la tarea que le corresponde:

1. Paisajista
2. Arquitecto
3. Urbanista
4. Ingeniera de caminos

- Traza y planifica un barrio.
- Proyecta y dirige la construcción de un edificio de oficinas.
- Planifica y diseña un jardín.
- Proyecta y dirige la construcción de una carretera.

- ¿Cuál de estas profesiones te atrae más?
- ¿Cómo crees que te sentirías ejerciéndola?

3 GRAMÁTICA

LA CONJUGACIÓN VERBAL

3.1 Qué es la conjugación verbal

La **conjugación verbal** es el conjunto de todas las formas que puede adoptar un verbo como resultado de unir su raíz a todas sus desinencias: *escribo, escribes, escribirás, escribiste, escribiríamos...*

LOS VERBOS SE AGRUPAN EN TRES CONJUGACIONES

- A la **primera conjugación** pertenecen los verbos cuyo infinitivo acaba en ***-ar.***
  - Ejemplos: *Cantar, caminar, llamar...*
- A la **segunda conjugación** pertenecen los verbos cuyo infinitivo acaba en ***-er.***
  - Ejemplos: *Saber, correr, mecer...*
- A la **tercera conjugación** pertenecen los verbos cuyo infinitivo acaba en ***-ir.***
  - Ejemplos: *Vivir, salir, unir...*

Actividades

1 Lee este texto y realiza las actividades:

Solo entonces reparó en un individuo cuya presencia en el andén no había advertido antes. Se trataba de una especie de mendigo, un hombre alto, de unos setenta y cinco años de edad, de aspecto sucio y desaliñado, con largos cabellos grises y barba del mismo color. Se hallaba de pie en un extremo del andén, semioculto tras una de las cabinas de sueño rápido, que a aquella hora permanecían cerradas. Parecía estar escondiéndose, o tal vez espiando a alguien… Cuando advirtió la mirada del muchacho, su rostro adquirió, de pronto, una expresión extraña, casi enloquecida. Con rapidez, abandonó su escondite y, a grandes zancadas, se dirigió hacia el banco de agua y se plantó frente al chico. La señora que ocupaba el otro lado del banco se levantó y se alejó inmediatamente, asustada. El extraño olía mal y tenía un aspecto de lo más amenazador.

—Martín Lem —dijo de pronto, mirando fijamente al muchacho desde su imponente estatura—. Martín Lem, ¿no te llamas así? Te habría reconocido entre un millón…

Ana Alonso y Javier Pelegrín, *La torre y la isla,* Anaya.

a) Identifica los gerundios y participios presentes en el texto.

b) Identifica la conjugación a la que pertenecen los verbos subrayados en el texto.

c) Forma el infinitivo, el gerundio y el participio de los verbos siguientes: *reparó, trataba, hallaba, parecía, advirtió.*

d) Señala los verbos relacionados con los siguientes sustantivos: *presencia, mendigo, expresión, amenazador, escondite.*

e) Forma derivados a partir de los verbos siguientes: *esconder, mirar, abandonar.*

2 Observa este anuncio: ¿cuántos verbos puedes extraer a partir de él?, ¿a qué conjugación pertenecen?

3.2 Las formas simples y compuestas

La conjugación diferencia dos grupos de formas verbales: las **formas simples** y las **formas compuestas.**

- Las **formas simples** constan de la raíz del verbo que se conjuga más sus desinencias: *patin -o, sufr -ían, corr -en, mand -arán.*
- Las **formas compuestas** están integradas por una forma simple del verbo auxiliar *haber* más el participio del verbo que se conjuga: *han llegado, habían comido, habremos marchado.*

Las formas simples y compuestas se agrupan en distintos tiempos de la conjugación, de manera que a cada tiempo simple le corresponde un tiempo compuesto:

Tiempos de la conjugación	
Formas simples	**Formas compuestas**
Presente *(yo bailo)*	Pretérito perfecto compuesto *(yo he bailado)*
Pretérito imperfecto *(yo bailaba)*	Pretérito pluscuamperfecto *(yo había bailado)*
Pretérito perfecto simple *(yo bailé)*	Pretérito anterior *(yo hube bailado)*
Futuro simple *(yo bailaré)*	Futuro compuesto *(yo habré bailado)*
Condicional simple *(yo bailaría)*	Condicional compuesto *(yo habría bailado)*

El verbo *haber*

El verbo **haber** es un auxiliar porque con él se forman los tiempos compuestos de los verbos.

Actividades

Actividad resuelta

3 Observa estas formas verbales. ¿A qué conjugación pertenecen? ¿Son formas simples o compuestas?

has caminado, beberé, habríamos saltado, salías

Solución

Has caminado: 1.ª conjugación; es una forma compuesta.

Beberé: 2.ª conjugación; es una forma simple.

Habríamos saltado: 1.ª conjugación; es una forma compuesta.

Salías: 3.ª conjugación, es una forma simple.

4 Lee el texto y realiza las actividades:

Pelé

Cien canciones lo nombran. A los diecisiete años fue campeón del mundo y rey del fútbol. No había cumplido veinte cuando el gobierno de Brasil lo declaró tesoro nacional y prohibió su exportación. Ganó tres campeonatos mundiales con la selección brasileña y dos con el club Santos. Después de su gol número mil, siguió sumando. Jugó más de mil trescientos partidos, en ochenta países, un partido tras otro a ritmo de paliza, y convirtió casi mil trescientos goles. Una vez, detuvo una guerra: Nigeria y Biafra hicieron una tregua para verlo jugar.

Verlo jugar bien valía una tregua y mucho más. Cuando Pelé iba a la carrera, pasaba a través de los rivales, como un cuchillo. Cuando se detenía, los rivales se perdían en los laberintos que sus piernas dibujaban. Cuando saltaba, subía en el aire como si el aire fuera una escalera. Cuando ejecutaba un tiro libre, los rivales que formaban la barrera querían ponerse al revés, de cara a la meta, por no perderse el golazo.

Eduardo Galeano, *El fútbol a sol y sombra,* Siglo XXI.

a) Busca en el texto los infinitivos y los gerundios. ¿A qué verbo y conjugación pertenecen?

b) En el texto se utiliza una forma compuesta. Identifícala e indica el verbo al que pertenece.

c) Señala las formas simples del texto e indica el tiempo al que pertenecen.

d) La forma *había cumplido* es un pretérito pluscuamperfecto. ¿Con qué tiempo simple del verbo *haber* se forma?

e) La forma *celebraría* es un condicional simple. ¿Cuál sería el condicional compuesto?

f) Escribe en tu cuaderno los tiempos compuestos correspondientes a las formas simples: *declaró, valía, iba, fuera, valía.*

3.3 Los verbos regulares y los irregulares

Los verbos regulares

Los **verbos regulares** mantienen invariable la raíz en todas las formas del verbo y tienen las mismas desinencias en cada conjugación: *llam -o*, *llam -aba*, *llam -en*, *llam -aré*, *llama -ría*...

Consulta el anexo

Para conocer los modelos de conjugación de los modos indicativo, subjuntivo e imperativo, consulta el anexo que encontrarás al final de este libro.

Todos los verbos regulares se conjugan según un modelo de conjugación. En la tabla siguiente, por ejemplo, tienes el modelo de conjugación del modo indicativo de las tres conjugaciones (todas las formas verbales están en primera persona: *yo*).

Modelo de conjugación regular del modo indicativo							
Formas simples				Formas compuestas			
	1.ª conj.	2.ª conj.	3.ª conj.		1.ª conj.	2.ª conj.	3.ª conj.
Presente	habl -o	beb -o	viv -o	Pretérito perfecto compuesto	he hablado	he bebido	he vivido
Pretérito imperfecto	habl -aba	beb -ía	viv -ía	Pretérito pluscuamperfecto	había hablado	había bebido	había vivido
Pretérito perfecto simple	habl -é	beb -í	viv -í	Pretérito anterior	hube hablado	hube bebido	hube vivido
Futuro simple	habl -aré	beb -eré	viv -iré	Futuro compuesto	habré hablado	habré bebido	habré vivido
Condicional simple	habl -aría	beb -ería	viv -iría	Condicional compuesto	habría hablado	habría bebido	habría vivido

Actividades

5 Escribe en tu cuaderno la primera persona del singular de las formas simples de indicativo de estos verbos separando la raíz de la desinencia. Apréndelas de memoria.

cantar *correr* *recibir*
combatir *toser* *nadar*

6 Escribe cinco formas compuestas de estos verbos e indica el tiempo y el modo de cada una de ellas:

desear *ver* *sobrevivir*

7 Identifica el tiempo y la conjugación de las siguientes formas verbales:

habrán cenado *salte* *sentiría*
hubo escrito *vivirán* *cocinaron*
habría dictado *levantaste* *rompió*
hablé *decidí* *había paseado*
perfeccionaría *habrán salido* *hemos temido*
habría peleado *estudiaría* *cosiste*

8 Conjuga las formas verbales de la actividad anterior en las tres personas del singular y del plural.

9 Observa la imagen: ¿qué verbo te sugiere? Escribe todas las formas verbales simples y compuestas a partir de ese verbo, en tercera persona del plural.

La brújula del español. Accede a esta guía del uso del español correcto en el banco de recursos de **anayaeducacion.es**.

Los verbos irregulares

Los **verbos irregulares** no siguen los modelos de conjugación porque tienen variaciones en la raíz, en las desinencias o en ambas: *ped -ir, pid -o, pid -iesen...*

Para saber si un verbo es irregular, hay que conjugar los tiempos presente, pretérito perfecto simple y futuro simple, y comprobar cómo se comportan su raíz y sus desinencias.

Por ejemplo, el verbo *soñar* es irregular. Observa cómo cambia su raíz en el presente:

sueño (presente)	soñé (pretérito perfecto simple)	soñaré (futuro simple)

Fíjate en estos otros ejemplos de irregularidad:

- Ejemplos de **variación en la raíz:**

cont -ar	*cuent -o*	*cont -é*	*cont -aré*
conduc -ir	*conduzc -o*	*conduj -e*	*conduc -iré*

- Ejemplos de **variación en las desinencias:**

est -ar	*est -oy*	*est -uve*	*est -aré*
and -ar	*and -o*	*and -uve*	*and -aré*

- Ejemplos de verbos que sufren **variaciones en la raíz y en las desinencias:**

ir	*voy*	*fui*	*ir -é*
dar	*doy*	*di*	*d -aré*
saber	*sé*	*supe*	*sab -ré*

Actividades

Actividad resuelta

10 Indica si el verbo *pensar* es regular o irregular y explica por qué.

Solución

– *Es un verbo irregular porque su raíz varía en el presente (pienso).*

11 Los siguientes verbos ¿son regulares o irregulares?: *caminar, calentar, decir, romper, cerrar, colgar, soplar, escribir.*

12 Conjuga en tu cuaderno el presente de indicativo de los verbos: *oler, sentir, poder, salir, agradecer, acertar, lucir, reñir.*

13 Haz lo mismo con estos verbos y escribe también su infinitivo: *salgo, agradezco, acierto, riño, luzco.*

14 Determina qué clase de irregularidad se da en los verbos: *caer, traducir, hacer.*

15 Completa en tu cuaderno el pretérito perfecto simple de los siguientes verbos:

yo hice	*yo supe*
tú	*tú ....*
él	*ella ....*
nosotras	*nosotros ....*
vosotros	*vosotros ....*
ellos	*ellas ....*

16 ¿A qué infinitivo corresponden los dos verbos anteriores?

17 Escribe el pretérito perfecto simple de estos verbos irregulares: *poner, querer, sentir, salir, morir* y *cocer.*

APLICA LO APRENDIDO

Reflexiona sobre la gramática

Solución paso a paso

1 Sigue los pasos para analizar estas formas verbales:

has frito *apretarían* *hemos corrido*

Paso 1. Encuentra el infinitivo de cada verbo para identificar la conjugación a la que pertenece.

- *has frito: freír,* tercera conjugación
- *apretarían: apretar,* primera conjugación
- *hemos corrido: correr,* segunda conjugación

Paso 2. Indica si se trata de una forma simple o de una forma compuesta.

- *has frito:* forma compuesta
- *apretarían:* forma simple
- *hemos corrido:* forma compuesta

Paso 3. Forma el presente, el pretérito perfecto simple y el futuro simple de cada verbo para saber si es regular o irregular.

Presente	*fríes*	*aprietan*	*corremos*
Pret. perf. simple	*freíste*	*apretaron*	*corrimos*
Futuro simple	*freirás*	*apretarán*	*correremos*

- *has frito:* verbo irregular
- *apretarían:* verbo irregular
- *hemos corrido:* verbo regular

2 Lee el texto y realiza las actividades:

Pablo Alborán: «nunca me doy por satisfecho»

El cantante malagueño se encuentra inmerso en la gira de presentación de *Tanto,* su segundo disco.

Desde sus inicios como cantautor, ha pasado por cuatro candidaturas a los premios Grammy Latinos, dos álbumes de estudio, un álbum en vivo, seis sencillos y varias colaboraciones musicales.

¿Esperaba esta evolución tan favorable cuando debutó en 2010?

La verdad es que jamás pensé que pasaran tantas cosas buenas. De todos modos, el mejor premio sigue siendo poder subirme a un escenario y vivir dignamente de la música.

¿Cómo diría que ha crecido artísticamente en este nuevo disco? ¿Se considera más maduro a la hora de componer? ¿Por qué?

Bueno, creo que queda todavía mucho camino por delante, queda mucho por desarrollar y por aprender. Hay que seguir trabajando.

¿Cuál es la esencia de *Tanto?*

Es un disco que habla de extremos. *Tanto* es también un disco que he compuesto entre aviones y trenes y siento que es un disco más dinámico, más vivo.

La gira 2013 hace poco que la empezó. ¿Qué puede contarnos sobre ella? ¿Qué impresiones tiene?

Llevamos ya doce conciertos y la verdad es que está siendo algo muy emocionante para todos. Es un aprendizaje enorme para mí y como no sé si podremos repetir esta experiencia, vivo el minuto a minuto.

Laura García Falcón, www.levante-emv.com.

a) Define las formas verbales subrayadas (persona, número, tiempo, modo, verbo, conjugación), como en el ejemplo.

> *Creo:* primera persona del singular del presente de indicativo, verbo *creer,* segunda conjugación.

b) Extrae del texto dos formas verbales simples y otras dos compuestas. ¿En qué tiempo verbal están?

c) Clasifica las siguientes formas verbales según pertenezcan a verbos regulares o irregulares:

doy	*encuentra*	*queda*
desarrollar	*despertar*	*prometer*
habla	*pensé*	*considera*
introducir	*meditar*	*compadecer*
empezó	*está*	*podremos*

d) De las formas verbales irregulares de la actividad anterior elige:

- Una que presente variación en la raíz.
- Una que presente variación en las desinencias.
- Una que presente variaciones en la raíz y en las desinencias.

e) Conjuga los verbos *sentir* y *salir* en:

- Presente de indicativo.
- Pretérito perfecto simple de indicativo.
- Futuro simple de indicativo.
- Pretérito pluscuamperfecto de indicativo.
- Condicional simple.

Visualiza la gramática. Comprende los conceptos gramaticales mediante este vídeo disponible en **anayaeducacion.es**.

Repaso interactivo. Accede a este juego interactivo y repasa el contenido de la unidad en **anayaeducacion.es**.

Organiza tus ideas gramaticales

Copia y completa en tu cuaderno este mapa conceptual jerárquico:

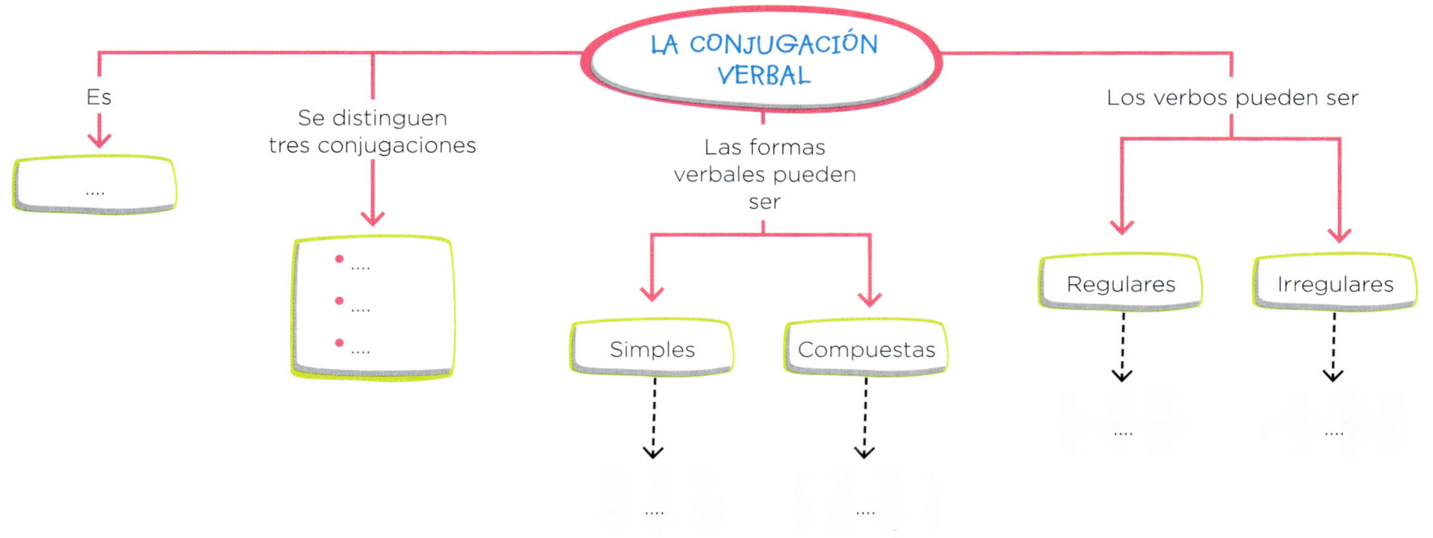

Practica la ortografía

1 Lee el texto y realiza las actividades:

La nota de Joss

Joss no estaba cuando él llegó. Había pasado un poco antes de coger algunas cosas y había dejado una nota sobre la mesa. Con siete faltas de ortografía. [...]. Sobre el margen puso la nota que le parecía que merecía: 3 sobre 10. Y al lado, en grande y subrayado, escribió: NULO.

«Tom mío, Me voy a la pla(ll)a con unos amigos. Solo cuatro días. No te preocupes. Vol(b)emos el domingo por la tarde. Si tienes alg(u)n problema, puedes co(j)er un poco de pasta de donde tú sabes. Pero solo si es gra(b)e, evide( )temente

Te (h)echaré de menos.

Besos. Joss»

Él mismo le había explicado la diferencia muchas veces. El verbo *hacer* se escribe con hache, el verbo *echar* se escribe SIN hache. Incluso le había citado aquella estúpida frase que le obligaban a repetir en el colegio «el verbo echar echa la hache por la ventana».

Barbara Constantine, *Tom, pequeño Tom, hombrecito Tom,* Seix Barral.

a) Escribe la nota correctamente en tu cuaderno.

b) Explica por qué se escriben con *b* estos verbos del texto: *estaba, obligaban.*

c) Localiza en el texto una palabra para cada uno de estos grupos de consonantes: *mb, br* y *bl.*

d) Explica por qué se escribe con *v* este verbo del texto: *voy.*

e) ¿Por qué está mal escrita la palabra *vol(b)emos*?

f) ¿Qué regla ortográfica siguen estas palabras?:

había — hacer

g) Copia y completa en tu cuaderno estas oraciones con: *¡ah!, a, ha.*

- *—¡....!, se me olvidaba: .... venido Juan .... casa.*
- *El reloj se le .... roto .... María.*
- *No sé lo que .... pasado: dijo ¡....! y se marchó.*

h) Completa en tu cuaderno con *hecho* y *echo:*

- *Marta ha .... hoy un pastel.*
- *Siempre .... poca sal a la comida.*
- *Tengo .... el trabajo pero .... en falta algo importante.*
- *Te .... de menos, ven pronto porque ya está todo ....*

ORTOGRAFÍA CONSULTA EL ANEXO 7 8

7

LA CONQUISTA DE LA SALUD

Ya desde la Antigüedad, los autores clásicos reflexionaron sobre la salud como el estado físico y mental que nos permite vivir en plenitud. Así, el poeta romano de finales del siglo I Juvenal, muy popular en su tiempo, decía «Mens sana in corpore sano», señalando la necesidad de cuidar el cuerpo para mantener en buen estado el espíritu.

La salud y el bienestar son valores supremos para el ser humano. Preservarlos es una prioridad en nuestra sociedad. De la mano de la ciencia y la tecnología, la humanidad ha logrado grandes avances en la lucha contra la enfermedad. Sin embargo, este proceso ha sido desigual entre las distintas regiones del planeta.

Plano abierto. Accede al vídeo de la unidad en el banco de recursos de anayaeducacion.es.

Intercambia opiniones

SALUD Y BIENESTAR

- ¿En qué consiste para ti tener buena salud física? ¿Y buena salud mental?
  - ¿Qué relación hay entre ambas?
    - ¿Qué puedes hacer para mantenerte en buena salud física y mental?
- ¿Asocias la salud a la juventud?
  - ¿Crees que la salud es importante en todas las etapas de la vida? ¿Por qué?
- ¿Crees que el lugar en el que vives atiende a tus necesidades de salud?
  - ¿En qué podría mejorar?

QUÉ VAS A ENCONTRAR EN ESTA UNIDAD

1 LECTURA ODS

En la lectura de la unidad, su autora, Rosa Montero, nos guía desde el recuerdo de una dura experiencia de infancia, la enfermedad de tuberculosis que sufrió, hasta la expresión del agradecimiento que siente hacia las personas que la ayudaron a superarla.

Consulta los vídeos en el banco de recursos de **anayaeducación.es**, y reflexiona sobre la salud y el bienestar: metas ONU 3.8 y 3.4.

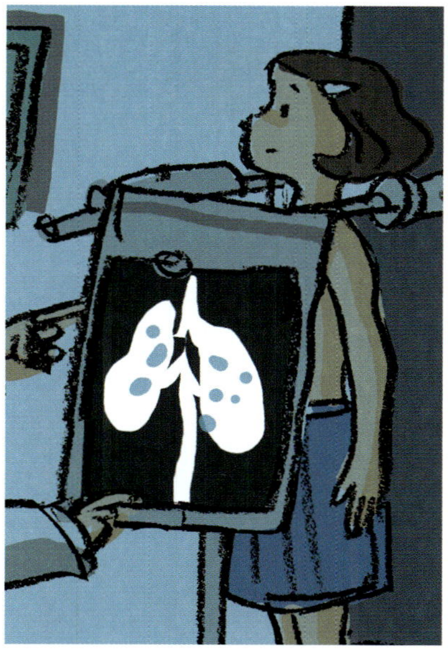

2 LITERATURA

En los libros encontrarás conocimiento, diversión, atención plena, paz... Pero si lo que te interesa es la expresión del mundo interior, de los sentimientos más íntimos y personales, entonces... ¡lee poesía!

3 GRAMÁTICA

Además de las palabras cuyo cambio de forma conlleva un cambio de significado, existen en la lengua palabras invariables que no cambian de forma y que, sin embargo, cumplen una función primordial: son los adverbios, las preposiciones, las conjunciones y las interjecciones. ¿Para qué sirven estas palabras invariables? ¿Sabes reconocerlas en la oración?

ORTOGRAFÍA Al final de este libro encontrarás un anexo con reglas ortográficas y actividades que te ayudarán a solucionar las propuestas a lo largo de esta unidad: **las letras *c*, *z*, *qu* y *k*.**

1 LECTURA

Comprensión oral

Escucha el texto locutado de la lectura y responde a las siguientes preguntas:

- ¿A qué experiencia de la infancia se refiere la narradora?
- ¿Quién la llevaba a la consulta?
- ¿Cómo se llamaba el médico que la atendía?
- ¿Qué máquina usaba el doctor para las revisiones?
- ¿Qué consulta hay en la actualidad en el antiguo piso del doctor?

Experiencia de infancia

De pequeña enfermé de tuberculosis. Estuve sin ir al colegio de los cinco a los nueve años y, según consta en la leyenda familiar, me salvó un pediatra llamado don Justo, que era un médico maravilloso y una gran persona y que no cobraba cuando no había dinero. Recuerdo bien las múltiples visitas a don Justo; vivíamos lejos, teníamos que coger un autobús y yo siempre llegaba mareada (por entonces, cuando casi nadie tenía coche propio y la gente viajaba poco en vehículo a motor, era bastante habitual ponerse malísimo en cuanto uno se subía a un automóvil). Al fondo de su consulta, don Justo tenía una especie de cuartito en donde estaba la máquina de rayos X. Una y otra vez, en cada ocasión que fui a verle, durante la enfermedad y las revisiones de los años posteriores, don Justo me ponía de pie en la máquina, desnuda de cintura para arriba porque acababa de auscultarme. Hacía que me colocara bien derecha, con la espalda pegada al metal helado, y luego acercaba a mi pecho la pantalla de rayos, también desagradablemente fría. Yo apoyaba la barbilla en el borde superior: el aparato tenía un ligero aroma como a hierro, un tufo que luego he reconocido en el olor de la sangre. Don Justo y mi madre se instalaban delante de la máquina sin ninguna protección y, tras apagar la lámpara, empezaba el espectáculo; recuerdo la penumbra del gabinete, y cómo las caras del pediatra y de mi madre se iluminaban con el resplandor azulado de los rayos. «¿Ve usted, doña Amalia? —decía don Justo, señalando con el dedo hacia algún rincón de mi pecho—, esa parte aparece más blanca porque la

lesión se está calcificando». Miraban y conversaban animadamente durante un tiempo que a mí me parecía larguísimo, fascinados por el espectáculo de mis interiores. Yo me sentía importante, pero también incómoda e inquieta: esa oscuridad, ese fulgor espectral que parecía convertirlos en fantasmas, por no mencionar la asquerosa idea de que vieran mis tripas. Hoy calculo la cantidad de radiaciones que debimos de recibir todos y se me hiela la sangre, aunque resulta tranquilizador saber que don Justo falleció con casi cien años y que mi madre sigue viva y guerrera a los noventa y uno. Todo esto fue a finales de los cincuenta y principios de los sesenta; Marie Curie había muerto, destrozada por el radio, un cuarto de siglo antes. Ahora pienso en el brillo frío que salía de mi pecho como un ectoplasma y en el zumbido de la máquina y siento una profunda cercanía, una rara intimidad con aquella ceñuda científica polaca. De algún modo, su trabajo ayudó a que me diagnosticaran y me curaran. Por no mencionar que la madre de Marie murió de tuberculosis. ¡Y además yo también he visto ese fulgor azul que Curie tanto amó! Digamos que he sido una niña radiactiva; y ahora soy una madura mayor o una vieja joven que, desde hace un par de años, reside a dos esquinas de la antigua consulta de don Justo, es decir, a cien metros de donde estuvo aquella antigua máquina de rayos X que olía como la sangre. Ahora el piso es un gabinete ginecológico. A veces tengo la sensación de que uno se mueve en la vida dando siempre vueltas por los mismos lugares, como en un desconcertante juego de la oca.

Rosa Montero, *La ridícula idea de no volver a verte,* Booket.

Vocabulario

Calcificar: modificarse o degenerar un tejido orgánico por acumulación de sales de calcio.

Fulgor: brillo, resplandor.

Espectral: fantasmagórico.

Ectoplasma: sustancia blanquecina en que supuestamente se visibiliza un espíritu o una aparición.

Hipertexto. Conoce a la autora y contextualiza su obra en el banco de recursos de **anayaeducacion.es**.

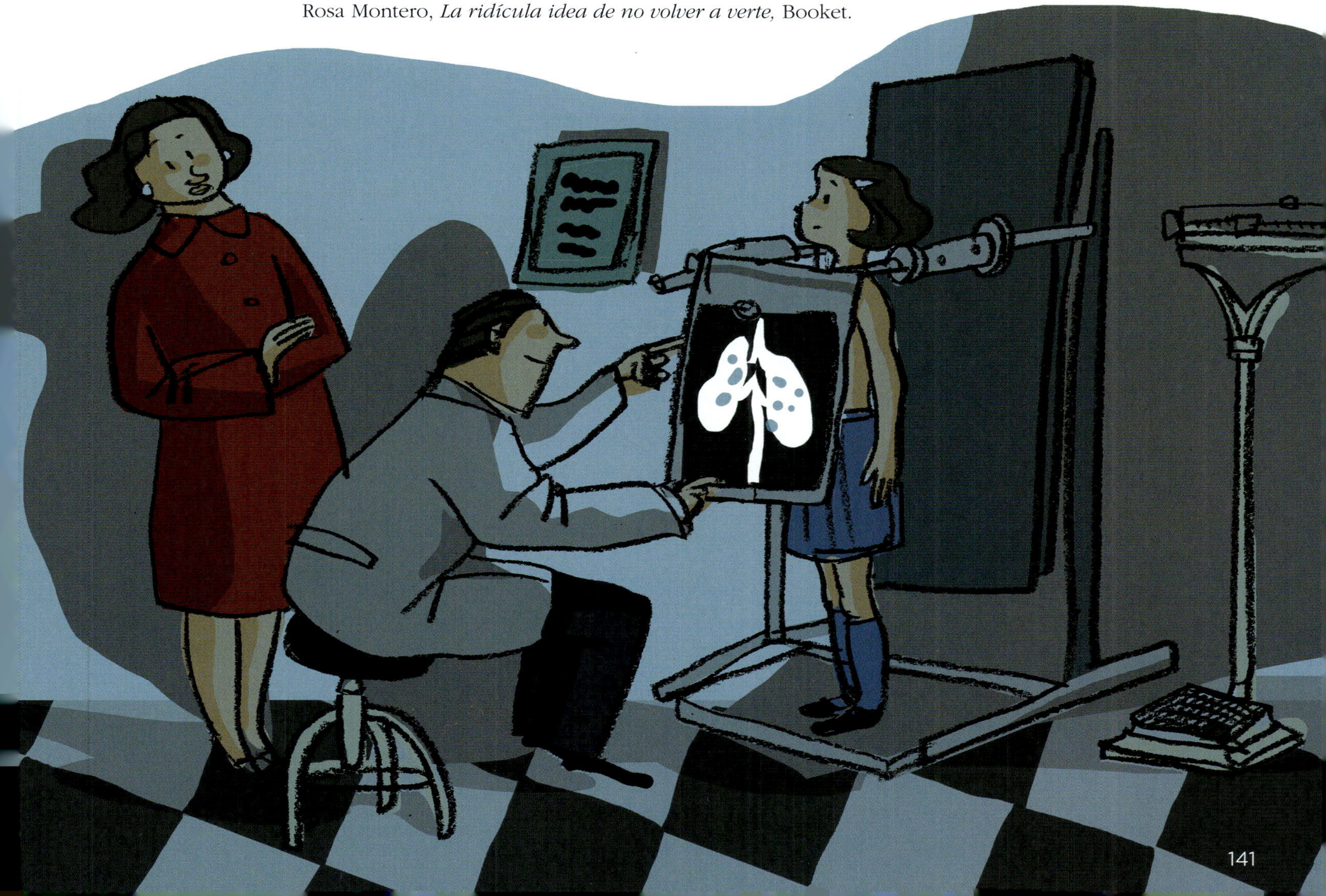

Comprende el texto

Pasión por leer. Disfruta con la lectura de otros textos narrativos sobre la infancia en el banco de recursos de **anayaeducación.es**.

Extrae información

1 El fragmento que has leído, ¿es un texto autobiográfico? Justifica tu respuesta.

2 ¿Cuál es el tema central de la lectura?

3 ¿Qué adjetivos utiliza la narradora para describir a don Justo como persona? ¿Y como médico?

4 ¿Qué máquina utilizaba el doctor para las revisiones? ¿Cómo tenía que colocarse la niña en ella?

5 ¿Qué sensaciones percibía la niña de la máquina a través de la vista, el olfato y el tacto?

6 ¿Qué idea le repugnaba mientras estaba en aquella máquina?

7 ¿A dónde le ha llevado el azar a vivir actualmente?

8 ¿En cuántas partes se divide el texto que has leído? De cada una de ellas, indica:

El contenido | La época en que se localiza | El tiempo verbal que predomina

Reflexiona sobre la lengua

9 Las palabras homónimas tienen distintas entradas en el diccionario. Busca en el diccionario la palabra *radio* y escribe una oración con una acepción de cada una de sus entradas.

10 Extrae tres sustantivos relacionados con el olfato.

11 Busca en el texto dos ejemplos de palabras que lleven cada una de estas sílabas: *ca, que, qui, co, cu*.

12 Copia y completa en tu cuaderno con *z, c* o *qu* estas palabras del texto:

cal....ificando	*má....ina*	*a....ulado*
tuber....ulosis	*gine....ológi....o*	*in....ieta*
as....erosa	*....ientífico*	*empe....aba*

13 Localiza en el texto, si lo hubiera, un ejemplo de palabra que contenga cada una de estas sílabas: *za, ce, ci, zo, zu*. ¿De cuál no has encontrado ningún ejemplo? Busca tú dos palabras que contengan esa sílaba.

ORTOGRAFÍA CONSULTA EL ANEXO 9

14 Localiza en el texto dos adjetivos en grado superlativo con el sufijo *-ísimo*.

15 La autora dice que hoy, cuando calcula la cantidad de radiaciones que debieron de recibir, se le «hiela la sangre». Relaciona esta expresión con su significado:

Se enfada | Se asusta | Le baja la temperatura

Interpreta y analiza

16 ¿Qué originaba el hecho de que la niña llegase a la consulta mareada? ¿Te ocurre igual a ti?

17 ¿Cómo definirías tú la personalidad de don Justo? ¿Qué te parece el hecho de que no cobrase a quien no tenía dinero?

18 **Viaje en el tiempo.** ¿Por qué crees que el médico y la madre de la protagonista no se protegían de las emisiones radiactivas? ¿Ocurriría hoy igual? Justifica tu respuesta.

19 ¿Por qué la autora siente una «profunda cercanía» con Marie Curie?

20 **Línea del tiempo.** En grupos, elaborad una línea del tiempo sobre la historia que habéis leído, desde la época de Marie Curie a la actualidad.

21 **Sumamos.** ¿Cómo interpretáis la comparación que se hace entre la vida y el juego de la oca?

Valora y relaciona con tu mundo

22 ¿Cómo se sentía la niña en la consulta? Señala los adjetivos que definan sus emociones:

INCÓMODA inquieta RELAJADA importante alegre ATERRORIZADA

- ¿Cómo te sientes tú cuando vas a una consulta médica?

23 **Preparar la tarea.** Por parejas, buscad información sobre Marie Curie. ¿Qué datos sobre su biografía os parecen relevantes y curiosos?

Amplía tu vocabulario

LA SALUD

Gozar de buena **salud** física y emocional es clave para nuestra felicidad y nuestro bienestar. Aunque, a veces, haya que superar algún **dolor** o alguna **enfermedad,** como le ocurre a la protagonista de la lectura.

1 La salud es el estado del ser vivo que ejerce con normalidad todas sus funciones orgánicas. Distingue entre las siguientes palabras sinónimos y antónimos de la palabra *salud* y clasifícalos en tu cuaderno:

energía · lozanía · dolencia · achaque · robustez · vigor
enfermedad · mal · fortaleza · vitalidad · padecimiento

2 Infórmate y explica el significado de estas expresiones:

Beber a la salud de alguien
Cortar por lo sano · Curarse en salud

3 El dolor puede ser físico o emocional. Escribe en tu cuaderno dos oraciones en las que utilices el verbo *doler* con cada uno de estos dos sentidos.

4 Copia y completa las oraciones con la palabra que corresponda: *rebosante, hierro, agudo, analgésico, sordo, crónicas, exposición, bomba.*

- *Mi abuelo es muy mayor pero tiene una salud a prueba de .... .*
- *Si te duele la cabeza, tómate un .... .*
- *Sintió un dolor .... y repentino en el estómago.*
- *El equipo demostró tener una salud de .... .*
- *Llevo tres días con un dolor de cabeza .... y constante.*
- *Mi madre está radiante y .... de salud.*
- *Marie Curie sufrió enfermedades .... causadas por la .... a la radiación.*

5 Infórmate y explica qué tratan estas especialidades médicas:

cardiología · *pediatría* · *geriatría* · *traumatología* · *dermatología*

6 ¿Sabes qué significa la sigla UCI? Averígualo y escribe una oración en tu cuaderno en la que la utilices.

7 El sufijo *-itis* significa 'inflamación'. Según eso, explica el significado de las siguientes enfermedades: *otitis, amigdalitis, bronquitis, tendinitis.*

8 Convierte estas emociones negativas en sus contrarias:

tristeza	*aburrimiento*	*preocupación*
cansancio	*nerviosismo*	*angustia*

En el banco de recursos de **anayaeducación.es** encontrarás una actividad de orientación académica y profesional.

Marie Curie.

2 LITERATURA

RECURSOS LITERARIOS Y POESÍA

2.1 ¿Qué son los recursos literarios?

Los **recursos literarios** son los procedimientos lingüísticos que se utilizan en un texto para embellecerlo y hacerlo más expresivo. Pueden ser fónicos, semánticos y morfosintácticos (estos últimos los estudiaremos el curso que viene).

2.2 Recursos fónicos

Los **recursos fónicos** son procedimientos lingüísticos relacionados con los sonidos.

RECURSOS FÓNICOS MÁS IMPORTANTES

La paronomasia

Es la repetición de palabras que tienen sonidos parecidos pero significados diferentes. La encontramos con frecuencia, también, en los juegos de palabras *(Tres tristes tigres)*, en los anuncios de publicidad *(Te atendemos en serio, no en serie)*, en los refranes *(Año de nieves, año de bienes)*... y, sobre todo, en poesía.

Ejemplo

Es todo el cielo un presagio
y es todo el mundo un prodigio.

Pedro Calderón de la Barca

La aliteración

Es la repetición de uno o varios sonidos iguales o parecidos.

Ejemplo

¿Qué es eso que va volando?
Solo soledad sonando.

Ángel González

La onomatopeya

Son palabras que imitan sonidos de la realidad.

Ejemplo

¡Tun, tun!
¿Quién es?
Una rosa y un clavel.
¡Abre la muralla!
¡Tun, tun!
¿Quién es?
El sable del coronel.
¡Cierra la muralla!

Nicolás Guillén

Actividades

1 ¿Qué recursos se utilizan en estos poemas?

Texto 1

Bailemos la ronda del tinajero
tic-tac
cayó la gota sobre el puchero.

Bailemos la ronda de la gallina
cloc-cloc
puso un huevo bajo la tina.

Bailemos la ronda de la gata
miau-miau
me he lastimado la pata.

Bailemos la ronda del alfiler
cras-cras
como la espina es él.

Velia Bosch, *Si ves un monte de espumas ...,* Anaya.

Texto 2

Y entre mieses de oro
y entre viñas de sangre,
este río que fluye
y huye y canta y se evade,
este río que ríe, llora, según el cante
que —ondas sobre sus ondas—
nuestras almas le engarcen...

Gerardo Diego, *Poesía,* Aguilar.

Texto 3

Mi Amado, las montañas,
los valles solitarios nemorosos,
las ínsulas extrañas,
los ríos sonorosos,
el silbo de los aires amorosos,
la noche sosegada.

S. J. de la Cruz, *Poesía completa,* Planeta.

2.3 Recursos semánticos

Los **recursos semánticos** son procedimientos lingüísticos relacionados con el significado de las palabras.

La **comparación,** la **metáfora** y la **personificación** son recursos semánticos.

La comparación o símil

La **comparación** o **símil** relaciona dos realidades que se parecen: la realidad que queremos describir es el **término real** y el **término imaginario** o **figurado** es la parte de la comparación que nos ayuda a comprender cómo es el término real. Normalmente, se unen mediante el nexo *como* o el verbo *parecer:*

Es astuto	*como*	*un zorro.*
término real	nexo	término imaginario
Su boca	*parece*	*una cueva profunda.*
término real	nexo	término imaginario

La metáfora

La **metáfora** relaciona, también, dos realidades que se parecen; pero en este caso el término real y el imaginario se identifican mediante el verbo *ser* o la preposición *de,* o están separados por una coma:

Sus ojos	*son*	*dos soles.*
término real	nexo	término imaginario
El oro	*de*	*sus cabellos.*
término imaginario	nexo	término real
Valencia,	*paraíso cultural.*	
término real	término imaginario	

La personificación

La personificación consiste en atribuir cualidades de los seres humanos a objetos o a animales: *El árbol que viste nacer grita en el aserradero* (Juan Carlos Mestre).

Un caso especial

En muchas metáforas se suprime el término real. Por ejemplo:

Dos luceros (= dos ojos) *brillaban en su rostro.*

Actividades

2 Localiza las metáforas, las comparaciones y las personificaciones que aparecen en estos textos:

¡Oh, guitarra!
Corazón malherido
por cinco espadas.
Federico G. Lorca

El libro es un pájaro con
más de cien alas para volar.
Ramón Gómez de la Serna

Como un pájaro de fuego
la luna está entre las ramas
del enebro.
Luis Cernuda

Al sueño le llaman
y el sueño contesta,
con sus ojos claros
y su boca lenta,
que dice palabras
que el sueño se inventa.
Carmen Conde

3 Identifica el término real y el término imaginario en estas metáforas de Ramón Gómez de la Serna. Después, explica cuál es la relación de semejanza que se establece entre ellos.

- *Gallo → trompeta del paisaje.*
- *Lápiz de labios → grosella de besos.*
- *Viajeros → peces pescados en redes de tren.*
- *Estornudo → borrón en el aire.*
- *Reloj → flor de metal.*
- *Celos → alfileres en el corazón.*

2.4 El poema

El **poema** es un texto formado por versos que, generalmente, se agrupan en **estrofas.** En su creación, el autor ha de tener en cuenta el **ritmo,** que se consigue mediante la **medida silábica** de los versos, la **rima** y los **acentos.**

Observa el **poema** siguiente: está formado por cuatro **estrofas** y cada estrofa está compuesta de cuatro **versos:**

Debajo de la hoja
de la lechuga
tengo a mi amante malo
con calentura.

Debajo de la hoja
de la verbena
está el pobre malo.
¡Mira qué pena!

Debajo de la hoja
del culantrillo
está mi amante malo
con tabardillo.

Debajo de la hoja
del perejil
tengo a mi amante malo,
se va a morir.

Lírica popular gaditana

2.5 La medida silábica de los versos

El **verso** es cada una de las líneas que tiene un poema.

Los versos se clasifican según el número de sílabas: los que tienen ocho o menos sílabas se denominan **versos de arte menor** y los que tienen más de ocho sílabas son **versos de arte mayor.**

Al medir los versos, además de las reglas generales de división de sílabas, hemos de tener en cuenta las **sinalefas** y el acento de la **última palabra del verso.**

La sinalefa

La **sinalefa** se produce cuando una palabra del interior de un verso termina en vocal y la siguiente empieza por vocal. Entonces ambas vocales forman parte de la misma sílaba métrica. La *h* o la *y* (de *rey, jersey*) no impiden la sinalefa.

Des - pués - qu**e e**l - rey - don - Ro-dri - go (8 sílabas)
a Es - pa - ña - per - di - d**o ha** - bí - a. (8 sílabas)

La última palabra del verso

Al medir o contar el número de sílabas de un verso, hay que ver si su última palabra es aguda o esdrújula:

- Si es aguda, se suma una sílaba al número de sílabas del verso.
- Si es esdrújula, se resta una sílaba.

Ma - nuel - del - Rí - o, - na - tu - **ral** 8 + 1 = 9
de Es - pa - ña, ha - fa - lle - ci - do el - **sá** - ba - do 10 – 1 = 9

El rey Rodrigo arengando a sus tropas (1871), Bernardo Blanco.

2.6 La rima

La **rima** es la repetición de los sonidos del final de los versos de un poema a partir de la última vocal tónica. Puede ser **consonante** o **asonante.**

Rima consonante

Cuando se repiten todos los sonidos a partir de la última vocal tónica.

Ejemplo

¡Cantar del pueblo andaluz,
que todas las primaveras
anda pidiendo escaleras
para subir a la cruz!

Antonio Machado

Rima asonante

Cuando se repiten solo los sonidos vocálicos en el mismo orden a partir de la última vocal tónica.

Ejemplo

Era un día de sol. La playa, blanca.
Las aguas del Caribe, gris acero.
Tu nombre azul grabé y se doraba
En la arena desnuda como un cuerpo.

Concha Zardoya

- Hay poemas en los que algunos versos no riman; se llaman **versos sueltos:**

Para vivir no quiero (verso suelto)
islas, palacios, torres.
Qué alegría más alta: (verso suelto)
vivir en los pronombres.

Pedro Salinas

- Hay otros poemas cuyos versos no tienen el mismo número de sílabas, ni estos riman entre sí. Se dice entonces que el poema es de **verso libre:**

Afuera hay sol.
No es más que un sol
pero los hombres lo miran
y después cantan.

Alejandra Pizarnik

Miguel Hernández.

Actividades

4 Los versos de este poema, ¿son de arte mayor o menor? Justifica tu respuesta.

Acaricio la cabeza del perro del hortelano.
Huele un poco a tristeza entre tomates.
Apuesto conmigo misma:
«Si muerde, me quedo».
Y el perro del hortelano ladra, ladra, ladra,
igual que si le fuera la vida en ello.

Laura Casielles, *El soldado que huye,* Hesperya.

5 Indica si la rima de este poema es consonante o asonante y explica por qué.

Tristes guerras

Tristes guerras
si no es amor la empresa.
Tristes, tristes.

Tristes armas
si no son las palabras.
Tristes, tristes.

Tristes hombres
si no mueren de amores.
Tristes, tristes.

Miguel Hernández, *Poemas,* Plaza y Janés.

Webquest. Accede a esta actividad en el banco de recursos de anayaeducacion.es e investiga sobre los grandes premios de poesía.

2.7 La estrofa

Los poemas están formados por versos, y estos pueden agruparse en estrofas.

La **estrofa** es un conjunto de dos o más versos que forman una estructura fija en la medida silábica y en la rima, que se repite a lo largo del poema.

El esquema métrico de la estrofa

La estructura de la estrofa se refleja en el **esquema métrico.** En él se indica el número de sílabas de cada verso (8, 11, 14...) y la rima.

Para representar la rima, se recurre a las letras del abecedario:

- a, b, c, d..., en minúscula, si los versos son de arte menor;
- A, B, C, D..., en mayúscula, si son de arte mayor.

A todos los versos que tienen la misma rima se les adjudica la misma letra.

Observa el ejemplo:

De - jé - por - ti - mis - bos - ques, - mi - per - di - da 11A
ar - bo - le - da, - mis - pe - rros - des - ve - la - dos 11B
mis - ca - pi - ta - les - a - ños - des - te - rra - dos 11B
has - ta - ca - si el - in - vier - no - de - la - vi - da. 11A

Rafael Alberti

Diríamos que el esquema métrico de esta estrofa es: ABBA.

Cuando el verso es suelto en el esquema métrico se indica con un guion.

Actividades

6 Lee el poema siguiente y realiza las actividades:

El rinoceronte

Duro como la piel lunar del monte
protegida por una capa dura,
acorazado en su vestidura,
embiste, fiero, contra el horizonte.

Su tosca estampa recuerda al mastodonte.
Sus pilares, a una arquitectura.
Su cabeza evoca la figura
de un toro antiguo, un monstruo o un bisonte.

Un ojo, triste, rememora el día
en el oro difuso de la tarde;
el otro, menos triste, se extasía

en el fuego sin fin, en el que arde
lejano el sol que le sirvió de guía
al cuerno gris que nunca fue cobarde.

Jaime Siles, *¿Dónde está el niño que yo fui? Poemas para leer en la escuela,* Akal.

a) ¿Cuántas estrofas tiene el texto?

b) ¿Tienen todas las estrofas el mismo número de versos?

c) ¿Qué clase de rima presenta el poema?

d) Indica el esquema métrico en tu cuaderno.

7 Describe el esquema métrico de este poema:

Perdimos las palabras

Perdimos las palabras
a la orilla del mar,
perdimos las palabras
de empezar a cantar.

Volvimos tierra adentro,
perdimos la verdad,
perdimos las palabras
y el cantor y el cantar.

José Ángel Valente, *Entrada en materia,* Cátedra.

2.8 Clases de estrofas

Las estrofas se clasifican según el número de versos, el número de sílabas de cada uno de ellos y su rima.

Este curso vamos a estudiar el pareado, el terceto, la copla, la redondilla y la cuarteta.

Estrofa	Definición	Ejemplo
Pareado	Estrofa de dos versos, de arte menor o mayor, que riman entre sí. No importa que ambos versos no tengan el mismo número de sílabas, pero sí han de tener la misma rima.	La primavera ha venido. 8a Nadie sabe cómo ha sido. 8a Antonio Machado
Terceto	Estrofa formada por tres versos de arte mayor que riman en consonante de la siguiente manera: ABA.	Por el primer terceto voy entrando 11A y parece que entré con pie derecho 11B pues fin con este verso le voy dando. 11A Lope de Vega
Copla	Estrofa de cuatro versos octosílabos, es decir, de arte menor, cuyos versos pares riman en asonante.	Dura tierra, madre tierra, 8- protégeme con tus ramas, 8a encántame con tus flores, 8- dilúyeme entre tus aguas. 8a Dámaso Alonso
Redondilla	Estrofa de cuatro versos de arte menor. Su rima consonante responde al siguiente esquema: abba. Cuando los versos son de arte mayor se denomina **cuarteto.**	Señora tan respetada 8a la pobre doña María, 8b con un hijo policía, 8b y ella que no sabe nada. 8a Nicolás Guillén
Cuarteta	Estrofa de cuatro versos de arte menor cuya rima consonante responde al siguiente esquema: abab. Cuando los versos son de arte mayor se denomina **serventesio.**	Contar sus años no sabe, 8a y ya sabe que el sudor, 8b es una corona grave, 8a de sal para el labrador. 8b Miguel Hernández

Actividades

8 Indica el esquema métrico de estas estrofas y di a qué clase pertenecen:

A

Te fuiste, marinerito,
en una noche lunada,
¡tan alegre, tan bonito,
cantando a la mar salada!

Rafael Alberti

B

Creer que el cielo en un infierno cabe,
dar la vida y el alma a un desengaño:
esto es amor, quien lo probó lo sabe.

Lope de Vega

C

A la orillita del río
me pongo a considerar:
mis penas son como el agua,
que no acaban de pasar.

Manuel Machado

D

Que como el sol sea mi verso
más grande y dulce cuanto más viejo.

Miguel Hernández

E

Te habrán dicho los espejos
que son tus labios muy rojos,
que son muy negros tus ojos,
que fuego son tus reflejos.

José M. Gabriel y Galán

2.9 El poema épico

Antiguamente, épica significaba 'narración', en general.

En la actualidad, llamamos **épica** al conjunto de obras en verso que narran las hazañas de los héroes de los antiguos relatos de aventuras.

Pertenecen a la literatura épica las obras siguientes: las **epopeyas,** los **cantares de gesta** y los **romances.**

Las epopeyas

Las **epopeyas** narran las hazañas de los héroes de la Antigüedad que influyeron decisivamente en la historia de su nación.

Son famosas las epopeyas del poeta griego Homero, la *Ilíada* y la *Odisea,* y del escritor latino Virgilio, la *Eneida.*

Otras epopeyas

Además de las griegas y romanas, se escribieron epopeyas en Mesopotamia (el *Gilgamesh*) y en India (el *Mahabharata* y el *Ramayana*).

Actividades

9 Lee el texto siguiente y realiza las actividades:

a) ¿Qué sentimientos expresan los gestos y las palabras de Eneas y Creúsa?

b) Resume las palabras de Creúsa. ¿Qué crees que significa «arar la vasta llanura del mar»?

c) En los últimos versos, ¿con qué compara Eneas la visión de Creúsa?

d) Busca información y resume el argumento de la *Eneida* en cuatro líneas.

En la epopeya titulada la Eneida, *del poeta latino Virgilio, el protagonista Eneas baja al infierno para averiguar qué futuro le reservan los dioses. Allí se encuentra con su mujer muerta, Creúsa.*

Aparición de Creúsa a Eneas

Buscando y corriendo sin parar entre los edificios,
se presentó ante mis ojos la sombra de la misma Creúsa.
Me quedé parado, se erizó mi cabello y la voz se clavó en mi garganta.
Entonces habló así y con estas palabras me liberó de cuidado:
«Te espera un largo exilio y arar la vasta llanura del mar,
y llegarás a la tierra de Hesperia donde el río Tíber
fluye con suave corriente entre los fértiles campos de los hombres.
Allí te irán bien las cosas y tendrás un reino y una esposa
real; guarda las lágrimas por tu querida Creúsa».
Tres veces intenté poner mis brazos en torno a su cuello,
tres veces huyó de mis manos su imagen en vano abrazada,
como el viento ligera y en todo semejante al sueño fugitivo.
Así por fin, consumida la noche, vuelvo con mis compañeros.

Antología de la literatura latina (adaptación),
Alianza Editorial.

Cuidado: preocupación, temor.

Los cantares de gesta

Durante la Edad Media, entre los siglos v y xv, en toda Europa se escribieron importantes cantares de gesta: *El cantar de Roldán* (épica francesa), *Los nibelungos* (épica germánica) y *Los volsungos* (épica nórdica).

Los **cantares de gesta** son los poemas épicos medievales.

El único cantar castellano conservado es el *Cantar de Mio Cid,* que cuenta las hazañas del Cid Campeador.

Mio Cid Ruy Díaz por Burgos entrose,
en su compaña sesenta pendones,
salíanlo a ver mujeres y varones:
burgueses y burguesas están en los balcones;
llorando de sus ojos, tanto es su dolor.
Por sus bocas todos decían esta opinión:
«¡Dios, tan buen vasallo, si tuviese buen señor!».

Poema de Mio Cid, Alhambra.

Los romances

Los **romances** son poemas de carácter narrativo o lírico y de temática muy diversa: acciones de los héroes, temática amorosa, de aventuras...

El romance está compuesto por versos octosílabos con rima asonante en los versos pares.

Nunca fuera caballero	8 –
de damas tan bien servido	8a
como fuera Lanzarote	8 –
cuando de Bretaña vino.	8a

Romancero general,
M. Rivadeneyra.

Actividades

10 Resume este fragmento del *Cantar de Mio Cid:*

En Valencia, con los suyos, el Cid permaneció,
estaban también sus yernos, los infantes de Carrión.
Un día, en un escaño, dormía el Campeador:
un mal accidente sabed que les ocurrió:
saliose de la jaula, y quedó libre un león.
A todos los presentes, les asaltó gran temor
se ponen el manto al brazo los del Campeador,
y rodean el escaño protegiendo a su señor.
Fernán Gonzálvez, infante de Carrión,
no halló dónde subirse, ni abierta alguna habitación;
se escondió bajo el escaño: tanto era su pavor.
Diego Gonzálvez por una puerta salió,
diciendo a grandes gritos: «¡Ya no veré más Carrión!». [...]
En esto, despertó el que en buena hora nació.
El escaño rodeado de sus guerreros vio.
—«¿Qué ocurre, caballeros, por qué esta alteración?».
—«Sucede, señor honrado, que un susto nos dio el león».
Hincó el codo Mio Cid, tranquilo se levantó;
el manto traía al cuello, y se dirigió al león;
apenas lo vio este, gran vergüenza sintió.
Ante Mio Cid, bajó la cabeza y el rostro hincó.
Mio Cid don Rodrigo del cuello lo tomó,
llevándolo de su mano, a la jaula lo volvió.

Cantar de Mio Cid, Anaya.

Escaño: banco con respaldo en el que podían sentarse tres o más personas. Campeador: se decía del guerrero que sobresalía en el campo con acciones señaladas.

TORNEO DE POESÍA

Escribir y recitar poesía no es anticuado ni aburrido. Es una manera muy personal y especial de expresarse con recursos casi ilimitados, a través de las palabras, sus significados, su ritmo, su musicalidad…

Primavera de POETAS

LEE

¡Activa tu mente! ¡Lee poesía!

1 Lee los siguientes poemas varias veces hasta comprenderlos bien y realiza las actividades.

1

Esto es solo para decir

que me comí
las ciruelas
que había en
la nevera
y que
probablemente
guardabas
para el desayuno.
Perdóname
estaban deliciosas
tan dulces
y tan frías.

William Carlos Williams, *Antología poética*, Alianza Editorial.

2

Gotas

¿Se hieren y se funden?
Acaban de dejar de ser la lluvia.
Traviesas en recreo,
gatitos de un reino transparente,
corren libres por vidrios y barandas,
umbrales de su limbo,
se siguen, se persiguen,
quizá van, de soledad a bodas,
a fundirse y amarse.
Trasueñan otra muerte.

Ida Vitale, *Reducción al infinito*, Tusquets.

3

Golondrina

[…] Ya viene viene la golondrina
Ya viene viene la golonfina
Ya viene la golontrina,
Ya viene la goloncima
Viene la golonchina
Viene la golonclima
Ya viene la golonrima
Ya viene la golonrisa
La golonniña
La golongira
La golonlira
La golonbrisa
La golonchilla
Ya viene la golondía
[…]

Vicente Huidobro, *Altazor*, Cátedra.

4

Campanas

Yo las amo, yo las oigo
cual oigo el rumor del viento,
el murmurar de la fuente
o el balido del cordero.

Como los pájaros, ellas,
tan pronto asoma en los cielos
el primer rayo del alba,
le saludan con sus ecos.

Y en sus notas, que van repitiéndose
por los llanos y los cerros,
hay algo de candoroso,
de apacible y de halagüeño.

Si por siempre enmudecieran,
¡qué tristeza en el aire y el cielo!,
¡qué silencio en las iglesias!,
¡qué extrañeza entre los muertos!

Rosalía de Castro, *En las orillas del Sar*, Cátedra.

5

Es hielo abrasador, es fuego helado,
es herida que duele y no se siente,
es un soñado bien, un mal presente,
es un breve descanso muy cansado;

es un descuido que nos da cuidado,
un cobarde con nombre de valiente,
un andar solitario entre la gente,
un amar solamente ser amado;

es una libertad encarcelada,
que dura hasta el postrero paroxismo;
enfermedad que crece si es curada.

Este es el niño Amor, este es su abismo.
¡Mirad cuál amistad tendrá con nada
el que en todo es contrario de sí mismo!

Francisco de Quevedo, *Poesía original completa*, Planeta.

a) Copia y completa la tabla con SÍ o con NO, según corresponda:

	Poema 1	Poema 2	Poema 3	Poema 4	Poema 5
Se ajusta a un esquema métrico fijo.	....	....	....	....	....
Es un poema de verso libre.	....	....	....	....	....
Tiene rima.	....	....	....	....	....
Se compone de varias estrofas.	....	....	....	....	....
Utiliza recursos literarios fónicos o semánticos.	....	....	....	....	....

b) ¿Cuál crees que es la intención de cada poema?

- Expresar los efectos del amor.
- Describir un elemento de la naturaleza.
- Pedir perdón por algo que se ha hecho.
- Jugar y crear palabras sorprendentes.
- Expresar los efectos de un sonido.

c) ¿Cuál sería tu respuesta si el poema de William Carlos Williams estuviera dirigido a ti? Escríbela brevemente en tu cuaderno. Luego, compartid las respuestas de toda la clase y organizad una votación para elegir la que más os convenza a la mayoría. Explicad por qué.

d) Observa los siguientes fragmentos de los poemas 4 y 5, e identifica en ellos una metáfora, una comparación y una personificación. Luego, invéntate tú una metáfora, una comparación y una personificación para cada uno de los elementos descritos.

A

Como los pájaros, ellas,
tan pronto asoma en los cielos
el primer rayo del alba,
le saludan con sus ecos.

B

Es hielo abrasador, es fuego helado,
es herida que duele y no se siente,
es un soñado bien, un mal presente,
es un breve descanso muy cansado;

Francisco de Quevedo.

e) Analizad el esquema métrico del poema de Francisco de Quevedo: medida silábica, rima y estrofas. Investigad para averiguar el nombre de la composición poética que ha utilizado su autor.

f) En el poema de Vicente Huidobro, el autor enumera una serie de palabras inventadas a partir del nombre de un pájaro, la golondrina. Elige el nombre de un animal que te guste a ti y escribe un poema siguiendo la idea y la estructura del de Huidobro.

PRIMAVERA DE POETAS

ESCRIBE

¡Escribir poesía es divertido!

2 A partir de las poesías que has leído, o de otro modelo que tú elijas, escribe tu propia poesía. Para ello, sigue estas recomendaciones:

- Elige el tema: puedes observar a tu alrededor y describir a una persona, un paisaje, un objeto…; o puedes dirigir tu mirada a tu mundo interior y describir un sentimiento, una emoción, una sensación…; incluso puedes hablar de temas tan importantes como la amistad o el amor. ¡Las posibilidades son infinitas!
- Elabora un mapa mental en el que representes visualmente las ideas o conceptos que te vienen a la mente cuando piensas en ese tema, así como las relaciones entre ellos.
- Elige la forma poética que vas a utilizar: ¿prefieres escribir un poema en verso libre o ajustarte a un esquema métrico fijo (pareado, terceto, copla, redondilla, cuarteta, romance, soneto…)?
- Elige el tono que quieres emplear: humorístico, serio, romántico, juguetón…
- Si en tu poema vas a hacer una descripción, guíate por lo que percibes a través de los cinco sentidos.
- Intenta utilizar alguno de los recursos fónicos que has aprendido en esta unidad: paronomasia, aliteración y onomatopeya.
- Intenta también utilizar alguno de los recursos semánticos que ya conoces, como la comparación, la metáfora o la personificación.
- Comienza a escribir tu poema con una primera imagen.
- A medida que escribas los versos, léelos en voz alta y comprueba su musicalidad y sus efectos rítmicos.

PRIMAVERA DE POETAS

ESCUCHA

Acércate al arte musical de la recitación poética.

3 Escucha estos dos poemas, uno de Juana de Ibarbourou y el otro de Antonio Machado, y realiza las actividades:

a) ¿De qué trata cada poema?

b) Invéntate un título para cada uno.

c) ¿Qué sensación te transmite cada uno de los poemas que has escuchado?

d) ¿Cuáles de estos recursos se han utilizado en la recitación de cada poema?

musicalidad · rima · ritmo · entonación · sonidos · expresividad · claridad · emoción · pausas · brío

e) ¿Qué tono se ha empleado en cada poema?

SERENO SOLEMNE RISUEÑO APASIONADO SIMPÁTICO
TIERNO humorístico NOSTÁLGICO GRANDILOCUENTE
TRISTE SENCILLO TRÁGICO ÍNTIMO ENTUSIASTA SERIO
JUGUETÓN FÚNEBRE MOLESTO HILARANTE ridículo
EMOCIONADO INFORMAL MELANCÓLICO DIVERTIDO

f) ¿Con qué expresiones, gestos o movimientos acompañarías tú la recitación de cada uno de los poemas que has escuchado?

Reflexiona sobre este ámbito profesional

Por parejas, reflexionad e informaos sobre el oficio de escritor o escritora. Luego, responded a estas preguntas:

- ¿En qué consiste este oficio?
- ¿Qué tipo de cualidades se necesitan para llegar a serlo?
- Para ser buen escritor, ¿hay que ser buen lector?
- ¿En qué medios puede trabajar un escritor?
- ¿Cuáles creéis que son los aspectos más apasionantes de este oficio? ¿Y los menos?
- ¿Qué debe hacer un escritor para conseguir que lo lea mucha gente?

PRIMAVERA DE POETAS

HABLA

Entrénate para recitar tu poema.

4 Con todo lo que ya sabes, practica la recitación de la poesía que has escrito tú en la actividad 2. Recuerda seguir estas pautas:

Antes de la recitación

- Estudia bien tu poema y anota en él los puntos donde has de marcar una pausa, las palabras que quieres enfatizar, dónde quieres cambiar el tono de la voz, etc.
- Léelo varias veces hasta aprendértelo bien.

Durante la recitación

- Utiliza la entonación, la expresividad y el ritmo acordes a tu mensaje.
- Pronuncia todas las palabras y hazlo a la velocidad correcta, marcando las pausas.
- Utiliza un volumen adecuado.
- Apóyate en gestos y en el lenguaje corporal, pero de manera controlada y sin exagerar.
- Respira hondo y concéntrate.
- Mantén el contacto visual y la conexión con tu público.

5 En gran grupo, escribid las normas de vuestro torneo poético Primavera de Poetas. Podéis inspiraros en las siguientes:

NORMAS DEL TORNEO DE POESÍA PRIMAVERA DE POETAS

- ✔ Cada participante recitará un único poema de creación propia.
- ✔ La temática de los poemas será libre.
- ✔ El orden de las intervenciones se establecerá mediante sorteo.
- ✔ No se permitirá el uso de música, efectos de sonido o visuales, vestuario ni ningún otro tipo de atrezo que no sean la propia voz y el propio cuerpo.
- ✔ Cada participante dispondrá de tres minutos para recitar su poema.
- ✔ El público actuará de jurado de la siguiente manera: al comienzo del torneo se dividirá el público en 5 grupos, cada grupo elegirá un portavoz y puntuará de 0 a 10 cada intervención en una tarjeta.
- ✔ La tres personas con mayor puntuación serán las ganadoras del torneo.

3 GRAMÁTICA

PALABRAS INVARIABLES

Recuerda

- El **adverbio** complementa a un verbo, a un adjetivo o a otro adverbio.
- El **determinante** delimita o concreta a un nombre.
- El **pronombre** sustituye a un nombre.

Locuciones adverbiales

Las **locuciones adverbiales** son un conjunto de palabras que funciona unitariamente como un adverbio: *de pronto, sin duda, de verdad, a oscuras...*

3.1 El adverbio

El **adverbio** es una clase de palabras invariables que expresan circunstancias de lugar, de tiempo, de modo, de cantidad, de afirmación, de negación y de duda.

El adverbio, al ser una palabra invariable, no admite morfemas de género y número: *Ella cantaba muy alto; Ellos cantaban muy alto.*

Sin embargo, en algunos casos puede admitir sufijos: cerqu *-ita*, poqu *-ito*, lej *-ísimos*.

Los adverbios complementan en la oración a un verbo, a un adjetivo o a otro adverbio.

Ella tocaba bien la guitarra. (tocaba: verbo ← bien: adverbio)

Luis parecía muy contento. (muy: adverbio → contento: adjetivo)

Aquella atleta saltó más lejos. (más: adverbio → lejos: adverbio)

Clases de adverbios	
De lugar	*Aquí, ahí, allí, cerca, lejos, arriba, abajo, encima, debajo, delante, detrás, adentro, afuera...*
De tiempo	*Antes, ahora, después, primero, entonces, hoy, ayer, mañana, siempre, nunca, jamás, temprano, pronto, enseguida, mientras, ya, todavía, aún...*
De modo	*Así, bien, mal, mejor, peor, tanto, tal, rápido, lento, alto, claro, apenas...*
De cantidad	*Más, menos, tanto, nada, algo, mucho (muy), poco, todo, apenas, casi, demasiado, exageradamente...*
De afirmación	*Sí, también, bueno, efectivamente...*
De negación	*No, tampoco, nunca, jamás...*
De duda	*Quizá(s), acaso, probablemente, posiblemente, seguramente...*

Actividades

Actividad resuelta

1 Subraya el adverbio en estas oraciones e indica a qué clase de palabra complementa:

- *Llegaron demasiado pronto.*
- *¿Nunca descansa?*
- *Este tema me resulta poco atractivo.*

Solución

- *Llegaron demasiado pronto:* complementa a otro adverbio *(pronto).*
- *¿Nunca descansa?:* a un verbo *(descansa).*
- *Este tema me resulta poco atractivo:* a un adjetivo *(atractivo).*

2 Indica a qué clase pertenecen estos adverbios:

mal	*antes*	*cerca*
detrás	*tampoco*	*acaso*
rápido	*enseguida*	*debajo*
así	*luego*	*quizá(s)*
afuera	*jamás*	*nunca*

3 Muchos adverbios de modo se construyen añadiendo a un adjetivo en femenino la terminación *-mente* (por ejemplo: *fácilmente, escasamente...*). Forma adverbios acabados en *-mente* a partir de los siguientes adjetivos:

lento	*repetido*	*alegre*
frío	*solemne*	*sereno*

La brújula del español. Accede a esta guía del uso del español correcto en el banco de recursos de anayaeducacion.es.

3.2 La preposición

La **preposición** es una palabra invariable que sirve para relacionar unas palabras con otras: *casa de madera, fresas con nata, luz sobre la mesa...*

Estas son todas las preposiciones del español:

a, ante, bajo, con, contra, de, desde, durante, en, entre, hacia, hasta, mediante, para, por, según, sin, sobre, tras.

Las preposiciones pueden aparecer solas o combinadas con otras palabras para formar **locuciones prepositivas:** *Ella vivía junto a la playa; Todos estaban de acuerdo con sus hermanos.*

Son locuciones prepositivas, por ejemplo:

a fin de	*junto a*	*gracias a*	*a costa de*
a causa de	*acerca de*	*respecto de*	*de acuerdo con*

Actividades

4 Lee el texto siguiente y realiza las actividades:

—Estoy triste porque cuando llegues a mi casa no la encontrarás como yo quería, pues tengo a mi mujer enferma.

—No te entristezca eso: busca médicos para ella y sanará.

—Dicen los médicos que la única medicina apropiada a su caso es el corazón de mono.

Al mono le pesó mucho oír aquello y pensó: «¿Cómo la pura gula me ha metido en esto, siendo ya tan viejo? ¡Qué cierto es aquello que se dice, de que el que se tiene por pagado con suficiencia con lo que posee vive seguro, y el codicioso siempre vive con pena, aflicción y pesadumbre! Pero ahora tengo que imaginar la manera de salir de esta trampa en la que me he metido».

Entonces el mono le dijo al galápago:

—Debes saber que el amigo leal no debe encubrir a su amigo ni las fortunas ni las desdichas, aunque estas lo disgusten. Si yo hubiera sabido esto, habría traído conmigo mi corazón y te lo daría para que medicinases a tu mujer, pero me lo he dejado allí.

—¿Que no lo traes contigo? ¿Y cómo te lo dejaste allí?

—Los monos tenemos por norma que, cuando alguno sale de su casa, deja allí su corazón.

Anónimo, *Calila e Dimna*, Páginas de Espuma.

a) Copia y completa con la preposición que falta:

- *Llegues .... mi casa.*
- *Apropiada .... su caso.*
- *Imaginar la manera .... salir de esta trampa.*
- *Vive con pena, aflicción y pesadumbre.*
- *Busca médicos .... ella.*
- *Corazón .... mono.*
- *Me ha metido .... esto.*
- *Tenemos .... norma.*
- *Tengo .... mi mujer enferma.*
- *La manera .... salir.*
- *Te lo daría .... que medicases a tu mujer.*

b) Copia en tu cuaderno las oraciones del texto donde aparece la contracción formada por la preposición *a* y el artículo *el.*

5 Sustituye en las siguientes oraciones las preposiciones por otras que tengan un significado opuesto:

- *Están aquí desde el lunes.*
- *Este delantero jugó con nuestro equipo.*
- *Asistió al acto sin la corbata.*
- *El libro está sobre la mesa.*

6 Sustituye las preposiciones que aparecen en las oraciones por la locución prepositiva que corresponda de la lista y que posea un significado semejante: *junto a, a causa de, gracias a, acerca de, a fin de.*

- *Está con mi padre.*
- *Hablará sobre la alimentación.*
- *Vendrán para solucionar el problema.*
- *Se salvó por un fuerte antibiótico.*
- *Discutieron por los resultados políticos.*

3.3 La conjunción

La **conjunción** es una palabra invariable que relaciona palabras (*blanco o negro, alta y rubia*) u oraciones (*No llegues tarde aunque te cueste madrugar; Ven a mi casa si te apetece*).

Don Quijote y Sancho Panza.

Clases de conjunciones	
Copulativas	Indican unión **(*y, e, ni*):** *perros y gatos; ni blanco, ni negro.* La conjunción ***e*** sustituye a la conjunción ***y*** cuando se escribe delante de una palabra que empieza por ***i/hi:*** *Guillermo e Ignacio.*
Disyuntivas	Indican la existencia de dos posibilidades para elegir **(*o, u*):** *carne o pescado.* La conjunción ***u*** sustituye a la conjunción ***o*** cuando se escribe delante de una palabra que empieza por ***o/ho:*** *plata u oro.*
Adversativas	Indican oposición **(*pero, sino*):** *Dijo que sería puntual, pero llegó tarde;*
Causales	Explican la causa **(*porque*):** *Se enfadó porque le pegaron un susto.*
Condicionales	Plantean una condición **(*si*):** *Te sentirás mal si comes muchos dulces.*
Concesivas	Indican que no se produce la consecuencia esperada **(*aunque*):** *Vino a clase aunque estaba enfermo.*
Consecutivas	Indican consecuencia **(*conque, luego*):** *Mañana es lunes, conque tendremos que madrugar.*

Las conjunciones pueden aparecer solas o combinadas con otras palabras para formar **locuciones conjuntivas:** *Ya que te gusta tanto esa actriz, no te pierdas su película; Llámame siempre que quieras…*

Son locuciones conjuntivas, por ejemplo: *así que, con tal que, ya que, siempre que, a menos que…*

Actividades

Actividad resuelta

7 Completa cada oración con una conjunción y una preposición:

- *No vino .... estaba .... su hijo.*
- *Corrió .... el autobús .... no llegó.*

Solución

- *No vino* porque *estaba* con *su hijo;*
- *Corrió* hacia *el autobús* pero *no llegó.*

8 Señala el tipo de conjunciones que aparecen en los siguientes ejemplos:

- *Estaban de acuerdo y así lo prometieron, pero no cumplieron su promesa.*
- *No fue un incendio fortuito, sino intencionado, porque encontraron pruebas.*
- *María e Inés deberán traer bocadillos o una tarta.*
- *Aunque sea tarde, aún podemos llegar a tiempo.*
- *La luz está encendida, luego han regresado.*
- *Si no estás conforme, puedes marcharte.*
- *Lo dijo y lo declaró así porque lo había visto.*
- *Ya es tarde, conque vete preparando porque nos vamos.*

9 ¿Qué sentido (causal, condicional, concesivo) tienen las locuciones subrayadas en los siguientes ejemplos?

- *Hace calor a pesar de que estamos en invierno.*
- *Te ayudaré en lo que pueda con tal de que apruebes.*
- *No saldré puesto que llueve.*

10 Relaciona las conjunciones de la izquierda con las locuciones conjuntivas de la derecha:

pero	por lo tanto
porque	siempre que
conque	sin embargo
si	dado que

3.4 La interjección

Las **interjecciones** son expresiones que se usan en enunciados exclamativos: *¡Huy!, ¡Caramba!...*

Hay interjecciones de varias clases. Por ejemplo:

- Transmiten sentimientos del hablante: *¡Ay!; ¡Oh!; ¡Bah!*
- Influyen en el oyente: *¡Hale!; ¡Venga!*
- Sirven para saludar o despedirse: *¡Buenas!; ¡Adiós!*
- Imitan sonidos: *¡Bumm!; ¡Zas!; ¡Ta-ta-ta-chán!*

Actividades

11 Observa la imagen y contesta a las preguntas:

a) ¿Qué es una interjección? ¿Para qué se utiliza?

b) En la imagen puedes observar algunos casos de interjecciones que se repiten. ¿Qué matiz aportan esas repeticiones?

c) ¿Qué casos encuentras de interjecciones compuestas por un nombre y un posesivo?

d) ¿Y por un nombre solo?

e) Localiza los casos de verbos usados como interjecciones.

f) La interjección de origen verbal *¡vaya!* puede tener complementos. Busca un caso en la imagen y cópialo en tu cuaderno.

g) En la imagen aparece un imperativo que se utiliza en este caso como interjección. Cópialo en tu cuaderno.

h) Indica qué sentimientos se manifiestan con las siguientes interjecciones: *¡Ay!; ¡Olé!; ¡Vete!; ¡Bravo!; ¡Madre mía!*

APLICA LO APRENDIDO

Reflexiona sobre la gramática

Solución paso a paso

1 Sigue los pasos para analizar las palabras subrayadas en este poema:

¡Oh, lino, madura, que quiero tejer
sábanas del lecho donde dormirá
mi amante, que pronto, pronto tornará!
(Con la primavera tiene que volver).

Juana de Ibarbourou,
Las lenguas del diamante, Cátedra.

Paso 1. ¿A qué clase de palabra complementa el adverbio subrayado?:

Adverbio *pronto:* complementa al verbo *tornará.*

Paso 2. Localiza las preposiciones.

Preposiciones *del* (contracción de la preposición *de* + el artículo *el*) y *con.*

Paso 3. Localiza la conjunción.

Conjunción causal *que.*

Paso 4. Localiza la interjección.

Interjección *¡Oh!*

2 Lee el texto y realiza las actividades:

—Beryl, ¿te gusta la casa ahora que estamos nosotras aquí?

—Oh, sí, la casa me encanta, y el jardín es precioso, aunque se me hace demasiado lejos de todo. No creo que nadie venga a vernos desde la ciudad en ese espantoso autobús que no para de dar tumbos, y seguro que aquí no hay nadie que venga a hacernos una visita. Claro que eso a ti no te importa porque…

—Pero está la calesa —dijo Linda—. Pat puede llevarte a la ciudad siempre que quieras.

Fue un consuelo ciertamente, pero algo se cocía en la mente de Beryl, algo que no se atrevía a nombrar ni para sus adentros.

—Bueno, bueno, seguro que no nos moriremos por eso—dijo secamente, dejando la taza vacía, levantándose y estirándose.

—Me voy a colgar cortinas —y salió rauda cantando.

Katherine Mansfield, *Relatos breves,* Cátedra.

a) ¿Cuántas preposiciones identificas en el texto? Escribe una oración con cada una.

b) ¿Cuántas conjunciones identificas en el texto? ¿Qué función tiene cada una?

c) Copia y completa esta tabla en tu cuaderno con las palabras subrayadas en el texto.

Adverbios	....
Preposiciones	....
Conjunciones	....
Interjecciones	....

e) Di qué clase de adverbios son los que has encontrado en la actividad anterior y la palabra a la que complementan.

3 Indica la categoría gramatical de cada una de las palabras que componen estas oraciones:

- *Eso es lo malo de Internet: las cosas van muy rápidas.*
- *Si se te ocurre algo, o conoces alguna inversión segura, me lo dices.*

4 Indica si el adverbio en los siguientes ejemplos modifica al verbo, al adjetivo o a otro adverbio:

gritó mucho	*muy elegante*	*muy tarde*
más sereno	*nada cerca*	*algo estrecho*
casi camina	*sal ya*	*nunca obedece*

5 Completa en tu cuaderno las siguientes oraciones con conjunciones:

- *.... te vas .... te quedas.*
- *Están bien de ánimo, ... tienen pocas posibilidades.*
- *No llamó tu padre, ... tu hermana.*
- *Descansa un momento .... prueba de nuevo.*

6 ¿A qué clase pertenece cada una de las conjunciones siguientes?: *e, si, aunque, sino, y, pero, porque, o, ni.*

7 Completa estas oraciones en tu cuaderno con la locución prepositiva que corresponda: *junto a, gracias a, encima de, de acuerdo con, a fin de, a costa de.*

- *Se puso el vestido .... la falda.*
- *.... mis amigas no lo pasé tan mal.*
- *El parque está .... nuestro instituto.*
- *Cerraron la puerta .... que no entrasen.*
- *Lo hará .... lo que sea.*
- *.... lo que me dijiste, eso no es verdad.*

Visualiza la gramática. Comprende los conceptos gramaticales mediante este vídeo disponible en anayaeducacion.es.

Repaso interactivo. Accede a este juego interactivo y repasa el contenido de la unidad en anayaeducacion.es.

Organiza tus ideas gramaticales

Copia y completa en tu cuaderno este mapa conceptual de araña:

Practica la ortografía

1 Lee el texto y realiza las actividades:

Cosas de la gramática...

...y los pastores, y los porqueros, y los apaleadores y los gañanes y los muleros, cuando les preguntaban, decían,

la B con la A hace BA, y la C con la A hace ZA,

y, entonces, los señoritos de la ciudad, el señorito Gabriel y el señorito Lucas, les corregían y les desvelaban las trampas, y les decían,

pues no, la C con la A, hace KA, y la C con la I hace CI y la C con la E hace CE y la C con la O hace KO,

y los porqueros y los pastores, y los muleros, y los gañanes y los guardas se decían entre sí desconcertados,

también te tienen unas cosas, parece como que a los señoritos les gustase embromarnos, pero no osaban levantar la voz, hasta que una noche, Paco, el Bajo, se tomó dos copas, se encaró con el señorito alto, el de las entradas, el de su grupo, y, ahuecando los orificios de su chata nariz (por donde, al decir del señorito Iván, los días que estaba de buen talante, se le veían los sesos), preguntó,

señorito Lucas, y ¿a cuento de qué esos caprichos?

y el señorito Lucas rompió a reír y a reír con unas carcajadas rojas, incontroladas, y, al fin, cuando se calmó un poco, se limpió los ojos con el pañuelo y dijo,

es la gramática, oye, el porqué pregúntaselo a los académicos, [...]

y Paco, el Bajo, se enojó, que eso ya era por demás, [...] que ellos eran ignorantes pero no tontos y a cuento de qué la E y la I habían de llevar siempre trato de favor y el señorito Lucas, venga de reír, que se desternillaba el hombre de la risa que le daba, una risa espasmódica y nerviosa, y; como de costumbre, que él era un don nadie y que esas eran reglas de la gramática y que él nada podía contra las reglas de la gramática, pero que, en última instancia, si se sentían defraudados, escribiesen a los académicos, puesto que él se limitaba a exponerles las cosas tal como eran, sin el menor espíritu analítico, pero a Paco, el Bajo, estos despropósitos le desazonaban...

Miguel Delibes, *Los santos inocentes,* Planeta.

a) Extrae del texto dos palabras que contengan: *ca, co, cu, qu, ce, ci.*

b) La palabra *nariz* termina en *z:*
- ¿Cómo se hace el plural?
- Busca otra palabra acabada en *z* en el texto.

c) El nombre *comienzo* procede del verbo *comenzar.* ¿Cómo se conjuga la primera persona del singular de su pretérito perfecto simple?

d) Recuerda otras reglas ortográficas y explica a cuál se atienen estas palabras del texto: *daba, escribiesen, ahuecando, habían, corregían, vivían.*

ORTOGRAFÍA CONSULTA EL ANEXO 9

8

EL PODER DE LA EDUCACIÓN

La educación es esencial para el desarrollo de cualquier ser humano y de la comunidad a la que pertenece. Constituye la base sobre la que la persona construye su proyecto de vida y sobre la que la sociedad asienta su futuro.

Sin embargo, la escolarización de todos los niños y de todas las niñas, sobre todo de estas últimas, sigue siendo una promesa remota e inalcanzable en amplias regiones del mundo. Hace tiempo que sabemos que la educación es una poderosa herramienta para vencer la pobreza y una de sus peores consecuencias, el hambre.

Plano abierto. Accede al vídeo de la unidad en el banco de recursos de **anayaeducacion.es**.

Intercambia opiniones

HERRAMIENTAS CONTRA LA POBREZA

- ¿Por qué es importante la educación en la lucha contra la pobreza y el hambre?
- ¿Cómo crees que afecta la pobreza al desarrollo del ser humano?
  - Infórmate y explícalo con tus palabras.
- ¿Crees que todos podemos actuar para combatir la pobreza?
  - ¿De qué manera podrías contribuir tú?

QUÉ VAS A ENCONTRAR EN ESTA UNIDAD

1 LECTURA ODS

La lectura de la unidad nos retrotrae a los años cuarenta del siglo pasado, una época que, en buena parte de España, estuvo marcada por la escasez, la enfermedad y la ignorancia. También el hambre. En aquellos tiempos difíciles, la labor de las maestras y los maestros contribuyó de manera esencial a acercar la educación y la cultura a la gente más humilde. Consulta los vídeos en el banco de recursos de **anayaeducación.es**, y reflexiona sobre la educación y el fin de la pobreza: metas ONU 1.3, 1.b, 2.1, 2.2, 4.2. 4.b. 4.5.

2 LITERATURA

Podemos decir que las narraciones comenzaron con la historia misma de la humanidad. Han estado presentes en todas las épocas y en todos los lugares del mundo. ¡Y es que no hay mayor diversión que una buena historia!

3 GRAMÁTICA

¿Qué relación existe entre enunciado, oración y frase? ¿Qué tiene la oración que no necesita una frase?

ORTOGRAFÍA Al final de este libro encontrarás un anexo con reglas ortográficas y actividades que te ayudarán a solucionar las propuestas a lo largo de esta unidad: **signos de puntuación.**

1 LECTURA

Comprensión oral

Escucha el texto locutado de la lectura y responde a las siguientes preguntas:

- ¿Qué personaje protagoniza la lectura?
- ¿Cuál era su profesión?
- ¿Qué consejo le dio a la madre? ¿Surtió efecto?
- ¿Qué comenzó a organizar la maestra con las mujeres del lugar?
- ¿A quién le pidió permiso para ponerlas en marcha?

La maestra

—Señora maestra, a ver si usted sabe qué le pasa a la niña, que cada vez la veo más ruin, que se me va a morir…

La mujer plañía y se llevaba a los ojos secos un pañuelo de yerbas. Parecía una anciana, arrugada y sin dientes, y, sin embargo, la criatura que sostenía entre los brazos era suya. Me estaba esperando a la salida de la escuela y, ante mi estupor, me hacía una consulta médica. No supe qué decir pero miré a la niña que venía arrebujada en un mantón de lana negra. Era menuda y pálida y por su tamaño parecía tener muy pocos meses. «… la tengo siempre así, como dormida…»

—Mejor el médico —murmuré.

Y la mujer se revolvió furiosa.

—El médico nos tiene abandonados. Siete pueblos a su cargo y al nuestro nunca le toca —dijo chillando.

—¿Qué tiempo tiene la niña? —me encontré preguntando, atrapada en la farsa de mi sabiduría.

—Seis meses —dijo la madre. Se había puesto seria y se concentraba para contestar con repentino interés.

—¿Qué come? —pregunté invocando datos rudimentarios de mi libro de puericultura.

—Pecho —me contestó señalando la planicie de su tronco escuálido.

—Tomaba pecho al principio, pero ahora ni eso. Ni fuerza para agarrarlo tiene…

—Hambre —dije—. Yo creo que puede tener hambre.

La palabra me pareció terrible. No era una acusación pero sonaba a tal y temí la reacción de la madre.

—Cinco he criado con la misma leche —dijo la mujer—. Y todos han medrado que hasta el año no les daba más…

Contestó en voz baja, pero no estaba ofendida. Se había apagado, desilusionada ante la escasez de mis conocimientos o decepcionada por la falta de ayuda.

—¿Por qué no prueba a darle leche de vaca hervida y aclarada con agua? Poco a poco, a ver si la va tomando…

Me volvió la espalda y se marchó con su niña sin contestarme. Le conté a María el encuentro y ella salió de su habitual silencio para decirme.

—Ha criado a cinco, es verdad, pero se le han muerto ya tres.

Hablaba con la misma indiferencia con que hablaría del ganado, con la misma frialdad.

—Vende la leche, la poca que ordeña de la vaca —me dijo Genaro, cuando traté de saber algo más de la mujer.

Y cuando llegué a don Wenceslao con mis preguntas, movió la cabeza con desaliento.

—Ignorancia —dijo— y el abandono en el que viven. Solo el veterinario viene de vez en cuando por la cuenta que le tiene. Cobra una iguala por los animales de cada vecino. Pero el médico no, el médico no cobra igualas y viene cuando puede. Se pasa la vida montado en el caballo, de pueblo en pueblo por esos riscos. ¿Qué quiere usted? De no ser algo muy grave…

Un niño iba a morir y eso no era muy grave. ¿Hasta el propio don Wenceslao opinaba eso? Me dejó consternada y se dio cuenta.

—No se desanime, mujer. La niña saldrá adelante. Ya lo verá…

Lo vi. A los diez o doce días allí estaba la madre esperándome otra vez. Un esbozo de sonrisa se dibujaba en la boca desdentada.

–Que sí, que sí, que la ha recetado muy bien. Que ya come y se revuelve…

Mi fama creció rápidamente y sin saber cómo, al mes de instalarme en la escuela, siempre había alguna mujer esperándome a la salida. Sus consultas eran variadas, no siempre de medicina. La mayor parte pude resolverlas con sentido común y buena voluntad. Se me ocurrió dar a la nueva situación una salida más eficaz. Fui a ver al Alcalde y le dije:

—Si no le parece mal pensaba organizar clases de adultos. Las mujeres vienen muchas veces a hacerme consultas y me parece mejor que cuenten con una hora fija. Les iré preparando charlas sobre lo que más les pueda interesar…

Su primitiva hostilidad no había desaparecido.

—Y qué tienen que aprender las mujeres —dijo—. Tarea les sobra con atender la casa y los animales.

No insistí. Estaba dispuesta a seguir adelante. Él esperaba tener que rebatir mis argumentos y al ver que estos no llegaban su reacción fue más suave.

—Haga lo que quiera. Siempre se tiene que salir con la suya…

Yo sabía que estaría informado de mi actuación y que si algo había en ella que no le gustara, me lo haría saber. De modo que un día a la semana, los jueves, reuní a las mujeres que quisieron venir. Empecé por la higiene doméstica. Al principio eran cuatro o cinco. Al cabo de un tiempo llegaron a diez.

Josefina R. Aldecoa, *Historia de una maestra,* Anagrama.

Vocabulario

Ruin: pequeño, raquítico.

Invocar: alegar, exponer.

Puericultura: crianza y cuidado del niño en los primeros años de vida.

Medrar: crecer.

Iguala: convenio entre profesional y cliente por el que aquel presta a este sus servicios mediante una cantidad fija anual.

Hipertexto. Conoce a la autora y contextualiza su obra en el banco de recursos de **anayaeducacion.es**.

Comprende el texto

Extrae información

1 Cita, por orden de aparición, los personajes mencionados en el fragmento que has leído.

2 ¿Por qué la madre no consultaba al médico el problema de su niña?

3 ¿Cuál era finalmente el problema real del bebé?

4 Describe brevemente cómo era la madre.

5 ¿Cuántos hijos había tenido? ¿Vivían todos?

6 Según don Wenceslao, ¿cuál era la causa de la situación de la madre y sus hijos?

7 ¿Cómo reaccionaron las personas a quienes la maestra confió su preocupación por la niña?

8 ¿Por qué creció la fama de la maestra?

9 ¿Qué herramientas fundamentales utilizaba la maestra para resolver las consultas de las mujeres?

10 ¿Con qué tipo de formación a las mujeres empezó la maestra?

11 Completa el esquema de la estructura del texto:

INTRODUCCIÓN → NUDO → DESENLACE

Reflexiona sobre la lengua

12 ¿Qué significa la expresión «salir adelante» empleada en el texto?

13 ¿Qué tipo de puntos aparecen en el texto? Busca un ejemplo de punto y seguido, otro de punto y aparte y otro de punto final.

14 Localiza en el texto un ejemplo de dos puntos: ¿con cuál de estos usos se corresponde?

- Antes de una conclusión.
- Antes de reproducir las palabras de una persona.
- Antes de una enumeración.
- Detrás del encabezamiento de una carta.

ORTOGRAFÍA CONSULTA EL ANEXO 10

15 En el texto hay secuencias narrativas, descriptivas y dialogadas. Copia en tu cuaderno un ejemplo de cada una.

16 Las palabras homónimas homógrafas se escriben igual pero tienen distinto origen y distinto significado. Las siguientes palabras del texto son homónimas homógrafas. Escribe una oración en tu cuaderno con dos significados de cada una.

pasa | ante | cobra | sobre

Interpreta y analiza

17 ¿En qué momento del relato se muestran los pensamientos internos de la protagonista? Copia en tu cuaderno las oraciones que los reflejan.

18 ¿Por qué le sorprende a la maestra que esa mujer sea la madre de la niña?

19 ¿Cómo teme la maestra que se sienta la madre ante la mención de la palabra «hambre»? Finalmente, ¿cuál es la reacción de la madre ante esa palabra?

20 ¿Qué problema detecta la maestra entre las mujeres del pueblo? ¿Qué decide hacer para contribuir a su solución?

Valora y relaciona con tu mundo

21 **1-2-4.** ¿Qué mentalidad reflejan las opiniones del alcalde respecto a la iniciativa de la maestra? Justifica tu respuesta.

22 **El espejo.** Si comparas tu mundo con el descrito en la lectura, ¿cómo crees que ha avanzado la sociedad hacia la educación en igualdad entre mujeres y hombres?

23 **Grupo nominal.** En grupos, investigad y responded a las siguientes preguntas: ¿creéis que se han reducido los índices de mortalidad infantil por desnutrición en España? ¿Por qué? ¿Y en el resto del mundo?

Pasión por leer. Disfruta con la lectura de otros textos literarios narrativos sobre la educación en anayaeducacion.es.

Amplía tu vocabulario

EL APRENDIZAJE

El trabajo de la maestra protagonista de la lectura es un ejemplo de la importancia de **aprender** para superar la **ignorancia** y **progresar.**

1 Completa estas oraciones con una palabra perteneciente a la misma familia léxica de:

enseñar | aprender

- *Ocupó el puesto de trabajo tras un periodo de .... .*
- *Después de licenciarse se dedicó a la .... de las Matemáticas.*
- *He .... mucho de mis lecturas.*
- *El sábado estuve .... a patinar a mi primo.*

2 ¿Cómo se llama a la persona que empieza a aprender algo?

3 Escribe una oración en la que utilices la palabra *ignorancia* y otra en la que utilices su antónimo.

4 Cuando la ignorancia se da en su máximo grado se le llama *ignorancia supina.* Piensa en dos temas en los que tu ignorancia sea supina y sobre los que te gustaría tener más conocimientos.

5 Explica la diferencia entre estas dos expresiones:

Saber algo | Tener nociones de algo

6 ¿Con cuál de las expresiones anteriores sustituirías las palabras destacadas en cada una de estas oraciones?:

Tengo rudimentos de francés. | **Me defiendo bien en** francés.

7 Relaciona la expresión «haber oído campanas pero no saber dónde» con su significado:

- *Escuchar sonidos extraños y sobrenaturales.*
- *Tener noticias de un asunto, pero inexactas.*
- *Estar desorientado en un lugar desconocido.*

8 **Interpretamos.** Infórmate sobre el significado de este principio utilizado en Derecho y piensa en un caso en el que podrías usarlo:

La ignorancia no exime del cumplimiento de la ley.

9 Copia y sustituye las palabras destacadas por el vocablo que corresponda en cada caso:

progreso | progresado | progresión

- La sociedad española ha **experimentado una evolución positiva.**
- El gobierno debe favorecer el **avance** de un país.
- El profesor les comunicó la **mejora de los resultados** del alumno.

2 LITERATURA

LAS NARRACIONES LITERARIAS

2.1 Los mitos

Los **mitos** son narraciones que intentan explicar la realidad a partir de fuerzas o seres sobrenaturales. Suelen estar protagonizados por divinidades y héroes.

Lee estos ejemplos de mitos sobre la creación del cosmos:

Mito egipcio

La vida surgió de Nun, el Caos o agua primitiva, concebido como una masa inmensa de aguas turbulentas rodeadas de oscuridad infinita. De Nun nació la vida, emergió primero la tierra y luego la creación completa.

Mito hindú

En el origen, Brahma era el universo. Con su poderosa mente, Brahma creó todas las divinidades, todos los mundos posibles, todos los seres humanos y todas las criaturas que existen.

2.2 Las leyendas

Las **leyendas** son relatos que cuentan hechos extraordinarios que la tradición popular ha inventado a partir de un suceso real o fabuloso.

Generalmente, las leyendas populares se transmiten de forma oral de generación en generación. Los hechos narrados por las leyendas tienen importancia social o cultural para un pueblo y explican, por ejemplo, la creación de una ciudad (como la de Roma, por Rómulo y Remo), el nombre de un lugar (como el de la Torre del Oro de Sevilla), la victoria ante un peligro (como la de san Jorge ante el dragón)...

Actividades

1 ¿Por qué este relato es un mito?

Los ríos y el mar

No había agua en la selva de los chocoes. Dios supo que la hormiga tenía, y se la pidió. Ella no quiso escucharlo. Dios le apretó la cintura, que quedó finita para siempre, y la hormiga echó el agua que guardaba en el buche.

—Ahora me dirás de dónde la sacaste.

La hormiga condujo a Dios hacia un árbol que no tenía nada de raro.

Cuatro días y cuatro noches estuvieron trabajando las ranas y los hombres, a golpes de hacha, pero el árbol no caía del todo. Una liana impedía que tocara la tierra.

Dios mandó al tucán:

—Córtala.

El tucán no pudo, y por eso fue condenado a comer los frutos enteros.

El guacamayo cortó la liana, con su pico duro y afilado.

Cuando el árbol del agua se desplomó, del tronco nació la mar y de las ramas, los ríos.

Toda el agua era dulce. Fue el Diablo quien anduvo echando puñados de sal.

Eduardo Galeano, *Mitos*, Anaya.

Chocoes: Pueblo amerindio de la costa del Pacífico entre Panamá, Colombia y Ecuador.

2 ¿Por qué este texto es una leyenda y no un mito?

La Atlántida

La Atlántida es una isla legendaria, tan grande como un continente, que desapareció en la Antigüedad bajo las aguas del océano Atlántico. [...] Pero en las costas gallegas aún sobrevive la memoria de la Atlántida. Los marineros de Malpica de Bergantiños, pueblo marinero de la Costa da Morte, cuentan que a unas diez millas hacia el oeste hay unos peñascos que sobresalen del mar, y que, cuando baja la marea, se pueden ver restos de muros y escaleras que corresponden a las edificaciones de alguna villa o ciudad de la desaparecida isla. [...]

Antonio Reigosa, *Cuentos y leyendas de Galicia*, Anaya.

2.3 La fábula

La **fábula** es una narración breve en prosa o en verso, protagonizada, generalmente, por animales, que transmite una enseñanza o un consejo.

- Los animales reproducen conversaciones y situaciones que reflejan el comportamiento humano. Cada uno de ellos simboliza un defecto o una virtud humana. Por ejemplo:

El león simboliza el poder. El buey simboliza la fuerza.

La cigarra simboliza la holgazanería. El burro simboliza la falta de inteligencia.

- La **moraleja** es la enseñanza que se desprende de la narración y aparece siempre al final del texto.

Actividades

3 Lee esta antigua fábula del escritor griego Esopo:

El asno, la zorra y el león

El asno y la zorra, que habían hecho una mutua alianza, salieron de caza juntos y, al poco, se encontraron con un león. La zorra, al ver el peligro inminente, salió al encuentro del león. Le ofreció entregarle al asno si le prometía dejarla a salvo, y el león aceptó. Entonces, la zorra llevó al asno a una trampa e hizo que cayera en ella, y el león, viendo que este ya no podía escapar, atrapó primero a la zorra y después se volvió a por el asno.

Así, los que conspiran contra sus compañeros, a menudo se descuidan y son ellos mismos los que se condenan.

Esopo, *Fábulas,* Anaya.

a) ¿Qué características del comportamiento humano simbolizan el asno, la zorra y el león?

b) ¿Qué error comete la zorra ante el león? ¿Y el asno ante la zorra?

c) Di si las siguientes afirmaciones son verdaderas o falsas y justifica tu respuesta:

- *La zorra subestima la inteligencia del león.*
- *El asno ha desconfiado de la zorra.*
- *El león se apiada del asno.*

d) Divide el texto en las tres partes propias de una narración: planteamiento, nudo y desenlace.

e) Piensa en una situación a la que podrías aplicar la misma moraleja de esta fábula.

f) Inventate y escribe en tu cuaderno una fábula que tenga como protagonista a alguno de los animales de la fábula que has leído. Luego, comparte tu texto con un compañero o una compañera para que la complete con una moraleja.

4 ¿Qué enseñanza o moraleja transmite esta otra fábula de Esopo?

La hormiga y la paloma

Una hormiga sedienta, que había bajado a beber a una fuente, estaba a punto de ahogarse arrastrada por la corriente. Una paloma, al verla, cogió una ramita de árbol y la echó en la fuente para que la hormiga se subiera y pudiera salvarse. En esto, un pajarero había colocado su trampa y se disponía a cazar a la paloma, pero la hormiga, que lo vio, le mordió un pie al pajarero, y este, a causa del dolor, acabó soltando la trampa y la paloma pudo huir en seguida.

Esopo, *Fábulas,* Anaya.

2.4 El cuento literario

El **cuento literario** es una narración sobre hechos imaginarios, de extensión breve, escrita por una autora o un autor conocidos.

El microrrelato

Es una narración de extensión muy breve; en general, no más de veinte líneas. A pesar de su brevedad, los microrrelatos cuentan toda una historia.

DIFERENCIAS ENTRE CUENTO TRADICIONAL Y LITERARIO

Cuento tradicional

- Autoría desconocida.
- Transmisión oral de generación en generación.
- El texto presenta distintas versiones.

Cuento literario

- Autoría conocida.
- Transmisión escrita.
- El texto está fijado por su autor o autora.

2.5 La novela

La **novela** es una narración literaria larga, sobre hechos imaginarios, escrita por una autora o un autor conocido.

DIFERENCIAS ENTRE LA NOVELA Y EL CUENTO LITERARIO

Novela

- Extensión larga.
- Muchos personajes.
- Desarrollo lento de la acción.

Cuento literario

- Extensión breve.
- Pocos personajes.
- Desarrollo rápido de la acción.

Actividades

5 Lee el texto y realiza las actividades:

Música

Las dos hijas del Gran Compositor —seis y siete años— estaban acostumbradas al silencio. En la casa no debía oírse ni un ruido, porque papá trabajaba. Andaban de puntillas, en zapatillas, y solo a ráfagas, el silencio se rompía con las notas del piano de papá.

Y otra vez silencio.

Un día, la puerta del estudio quedó mal cerrada, y la más pequeña de las niñas se acercó sigilosamente a la rendija; pudo ver cómo papá, a ratos, se inclinaba sobre un papel, y anotaba algo.

La niña más pequeña corrió entonces en busca de su hermana mayor. Y gritó, gritó por primera vez en tanto silencio:

—¡La música de papá, no te la creas…! ¡Se la inventa!

Ana María Matute, *www.ciudadseva.com*.

a) ¿Por qué la niña más pequeña le dice a su hermana que no se crea la música de su padre?

b) Señala qué partes del texto constituyen el planteamiento, el nudo y el desenlace.

c) ¿Qué es esta narración: un cuento tradicional, un cuento literario, una novela o un microrrelato? ¿Por qué?

Ana María Matute.

2.6 Las memorias

Las **memorias** son narraciones literarias que recogen los principales hechos de la vida de una persona.

Las memorias suelen estar escritas por el propio protagonista, que, normalmente, ha tenido cierta importancia en el mundo de la política, de la cultura o en cualquier otro ámbito de la vida de un país.

Las memorias se escriben cuando el autor o la autora es ya una persona mayor y en ellas se recogen los momentos más importantes de su vida o más valorados por ella.

2.7 El diario

El **diario** es un texto narrativo en el que el escritor recoge los hechos y las experiencias más significativas que le ocurren cada día. Suele tener un carácter privado e intimista.

En los diarios:

- se anota la fecha en la que se escribe;
- se narra en primera persona;
- se describen las vivencias, experiencias, sentimientos y pensamientos personales cuando, por su importancia, la persona decide llevarlos al escrito.

Eduardo Mendoza.

Actividades

6 Lee este texto y realiza las actividades:

Los primeros veranos de mi infancia los pasé en el Sardinero, cerca de Santander. Aquellos paseos en familia despertaban el deseo de los viajes transatlánticos. Todo empezó cuando miraba los barcos; me encantaba ver su recorrido llegando a puerto; desde los cinco o seis años ya decía que en uno de esos navíos me iría a América. Recuerdo la visita de un amigo de mis padres. Al presentarnos al señor, este preguntó a mis hermanos: «Pequeños, ¿qué queréis ser de mayores?». No recuerdo lo que contestarían, pero viendo que a mí no me preguntaban nada, teniendo toda la cabeza llena de sueños, me le acerqué y le dije: «yo voy a ser capitán de barco». «Las niñas no son nada», me contestó mirándome. Por estas palabras le tomé un odio terrible a este señor. ¿Qué es eso de que las niñas no son nada? Empecé a pensar. Yo era una niña que estaba inconforme con mi medio ambiente: pero para contrarrestar los efectos de aquel estado amargo, me bastaba acostarme tranquila o intranquilamente y sumergirme en el sueño [...]. Y en mi auténtica verdad yo era, una noche, capitán de barco y, otra noche, piloto aviador. [...] Todos estos sueños, y otros, los vi nacer en mis poemas. Mis atracciones de infancia no me han abandonado nunca.

Concha Méndez, *Memorias habladas, memorias armadas,* en *La mujer en los textos literarios,* Akal.

a) ¿Por qué la niña toma «un odio terrible» a aquel hombre amigo de sus padres?

b) ¿Por qué este fragmento pertenece a unas memorias?

7 Lee el siguiente texto y explica qué características tiene para ser un diario personal:

Dos alienígenas llegan a la Tierra. Uno de ellos, Gurb, sale a explorar el lugar, mientras su compañero se queda en la nave. Este, tras varios días sin noticias de Gurb, decide salir en su busca.

DÍA 10

07.00 Decido salir en busca de Gurb. Antes de salir, oculto la nave para evitar reconocimiento e inspección de la misma por parte de la fauna autóctona. [...]

08.00 Me naturalizo en lugar denominado Diagonal - Paseo de Gracia. Soy arrollado por autobús número 17 Barceloneta-Vall d'Hebrón. Debo recuperar la cabeza, que ha salido rodando de resultas de la colisión. [...]

11.00 Llevo casi tres horas esperando ver pasar a Gurb. Espera inútil.

Eduardo Mendoza, *Sin noticias de Gurb,* Seix Barral.

Webquest. Accede a esta actividad en el banco de recursos de anayaeducacion.es e investiga sobre las memorias.

EL ARTE DE CONTAR HISTORIAS

Un buen cuentacuentos sabe cómo utilizar la palabra y las capacidades expresivas de su cuerpo para despertar la imaginación del público y revelarle una buena historia. ¿Te animas a intentarlo?

CONTAR HISTORIAS

ESCUCHA

Familiarízate con los recursos que utilizan los cuentacuentos.

1 Escucha esta narración y responde a las preguntas:

- Una novela
- Un diario
- Un cuento
- Una leyenda
- Un mito
- Una fábula

a) ¿Qué tipo de narración es la que has escuchado? ¿Por qué?

b) ¿Qué título le pondrías?

c) Encuentra en la nube de palabras las que mejor describen a cada uno de los dos personajes de la historia:

vanidosa	humilde	mañosa	discreta
poderosa	orgullosa	irascible	pacífica
vengativa	comprensiva	competitiva	ingeniosa
prudente	sensata	osada	soberbia

d) Justifica tus elecciones en la actividad anterior. Para ello, ten en cuenta estos aspectos del personaje:

Su palabras. | Su comportamiento. | Su tono de voz.

ESTRUCTURA

- Planteamiento ---> ....
- Nudo ---> ....
- Desenlace ---> ....

e) Completa en tu cuaderno la estructura de la historia que has escuchado.

f) ¿Cómo introducirías tú esta historia ante la audiencia?: una fórmula tradicional *(Érase una vez…)*, una pregunta para interpelar al público *(¿Conocéis…?, ¿Habéis oído hablar de…?)*…

g) Indica qué recursos utiliza la cuentacuentos para transmitir que:

- Aracne es altanera.
- Atenea se hace pasar por una anciana.
- Atenea está furiosa.
- Aracne es convertida en una araña.

CONTAR **HISTORIAS**

LEE

Analiza el texto de un cuento.

2 En grupos, leed este cuento y realizad las actividades:

EL POSADERO DESHONESTO

Érase una vez un muchacho que le pidió dinero a su padre para irse de viaje. El padre calculó la cantidad que su hijo necesitaría, consintió y le dio doscientas monedas para gastos. Y allá que se fue el hijo.

El chico paró en una posada para pasar la noche y se dio cuenta de que había unos hombres muy mal encarados que también se hospedaban allí. Por miedo a que le robasen, le pidió al posadero que le guardase el dinero que llevaba, diciéndole que a la mañana siguiente se lo pediría.

El posadero aceptó, pero a la mañana siguiente le contestó que no sabía nada de ningún dinero, pues nada le había entregado. Con mucho disgusto y sintiéndose engañado, el chico volvió a casa y le contó al padre lo que le había ocurrido.

—No te preocupes. Yo voy a hospedarme allí, tú entras y haces como que no me conoces. A una señal mía, le pides al posadero otra vez las doscientas monedas.

Y el padre llegó a la posada, se hospedó y, mientras cenaba, llamó al posadero.

—Mire, amigo, me quedo aquí esta noche, pero me gustaría que me guardase en su cofre unas seiscientas monedas de oro que llevo para comprar un palacio en la capital.

—¡Claro que se las guardo, con mucho gusto! No va a encontrar a nadie en quien poder confiar más.

A una señal del padre, el chico se acercó y le dijo al posadero:

—¡He vuelto para pedirle las doscientas monedas que hizo el favor de guardarme!

—¡Ay, joven, qué cabeza la mía! —dijo el posadero, y se fue a buscar la bolsa con el dinero que el chico le había dado y se la devolvió delante de su padre.

El chico salió y el padre pagó la comida, y se disponía también a salir cuando el posadero, codicioso, le preguntó:

—Entonces, ¿no quiere que le guarde sus monedas de oro?

—Ah, ¿piensa que no sé qué clase de hombre es usted? —le contestó el otro—. ¡Si no fuese por esta engañifa, mi hijo se habría quedado sin el dinero que tenía para el viaje! ¡Que usted lo pase bien!

Y salió por la puerta.

José Viale Moutinho, *Cuentos tradicionales portugueses,* Siruela.

TALLER DE LITERATURA

a) ¿Cómo empieza el cuento? ¿Qué otras fórmulas de inicio conoces? ¿Y de cierre? Escríbelas en el cuaderno.

b) Copia y completa esta tabla con información sobre los principales personajes del cuento:

	Personaje 1	Personaje 2	Personaje 3
¿Quién es?	....	....	....
¿Es personaje principal o secundario?	....	....	....
¿Qué quiere hacer?	....	....	....
¿Cuál es su principal rasgo moral?	....	....	....

c) ¿Dónde ocurren los sucesos más importantes de la historia? ¿Qué otro lugar se menciona?

d) Extrae una enseñanza del cuento que has leído y escríbela brevemente en el cuaderno. Luego, organizad una votación en clase para elegir la moraleja que más ha gustado a la mayoría.

e) Para reproducir las palabras de los personajes se han utilizado el estilo directo y el estilo indirecto. Localiza en el texto un ejemplo de cada uno de ellos.

f) Transforma este fragmento del diálogo del cuento al estilo indirecto:

> —Mire, amigo, me quedo aquí esta noche, pero me gustaría que me guardase en su cofre unas seiscientas monedas de oro que llevo para comprar un palacio en la capital.
> —¡Claro que se las guardo, con mucho gusto! No va a encontrar a nadie en quien poder confiar más.
> A una señal del padre, el chico se acercó y le dijo al posadero:
> —¡He vuelto para pedirle las doscientas monedas que hizo el favor de guardarme!
> —¡Ay, joven, qué cabeza la mía! —dijo el posadero, y se fue a buscar la bolsa con el dinero que el chico le había dado y se la devolvió delante de su padre.

g) Dibuja y completa en tu cuaderno esta línea del tiempo sobre la historia que has leído:

- Un muchacho pidió dinero a su padre ....
- El chico paró en una posada ....
- A la mañana siguiente ....
- El muchacho volvió a su casa y ....
- El padre llegó a la posada ....
- Y salió por la puerta.

CONTAR HISTORIAS
ESCRIBE

Selecciona tu cuento, estúdialo y escribe un guion.

3 Selecciona el cuento que vas a contar. Sigue estos pasos:

INFÓRMATE
Visita la biblioteca o consulta en Internet.

VALORA
Realiza una primera selección de cuentos: ¿cuáles te han parecido más interesantes?, ¿cuáles más divertidos?

ELIGE
Selecciona el cuento que más te ha gustado. ¿Por qué lo has elegido?

4 Analiza el cuento que has seleccionado:

- Léelo varias veces hasta comprenderlo bien.
- Define el contexto de la historia, es decir, dónde y cuándo sucede.
- Analiza su estructura (planteamiento, nudo y desenlace).
- Estudia a los personajes: su nombre, su físico, su carácter... Decide las voces que les vas a asignar.

5 Escribe el guion de tu cuento:

A ESCRIBE...
- un buen inicio de tu cuento;
- el texto del narrador o de la narradora;
- el texto de los diálogos de los personajes, para diferenciarlos;
- un buen final (una fórmula, una conclusión o, incluso, una interpelación al público).

B MARCA...
- los lugares en los que quieres hacer una pausa o aplicar algún recurso del tipo que sea;
- las palabras que quieres enfatizar;
- los detalles relativos a los gestos, movimientos y acciones.

C PREPARA...
- los elementos de atrezo, decorado, música, etc., en los que hayas decidido apoyarte para contar tu historia.

Reflexiona sobre este ámbito profesional

¿Sabías que hay muchas personas, amantes de la cultura, que se dedican profesionalmente a la gestión cultural?

El ámbito profesional de la gestión cultural es muy amplio y diverso: desde la creación y promoción de proyectos culturales para el turismo, museos, patrimonio, etc., hasta la animación sociocultural en proyectos sociales que faciliten el encuentro entre personas.

Los profesionales que se dedican a la gestión cultural comparten ciertas características, como el interés por la cultura, la creatividad, el gusto por aprender y por trabajar en equipo, etc.

En parejas, diseñad una actividad de animación sociocultural para uno de estos grupos de personas que elijáis:

- Los ancianos y las ancianas de un pequeño pueblo.
- Un grupo de diez bebés en una guardería.
- Un grupo de estudiantes en una visita a un museo.

CONTAR HISTORIAS
HABLA

Conecta con tu público... ¡Cuéntales un cuento!

6 Prepárate para contar tu cuento:

- Apréndete bien tu historia, pero no es necesario que la memorices: lo importante es narrarla con fluidez y emoción.
- Ensaya varias veces: ve despacio, articula correctamente tus palabras y recréate en los detalles.
- Cambia el tono o el volumen de tu voz y utiliza la entonación y los gestos para transmitir emociones como miedo, alegría, asombro, sorpresa, alivio, etc.
- Dirígete a la audiencia de vez en cuando para mantener su atención: *¿Y sabéis lo que ocurrió?, ¡Jamás adivinaréis cuál fue su respuesta!...*

Y recuerda: ¡lo importante es divertirse!

3 GRAMÁTICA

EL ENUNCIADO Y LA ORACIÓN

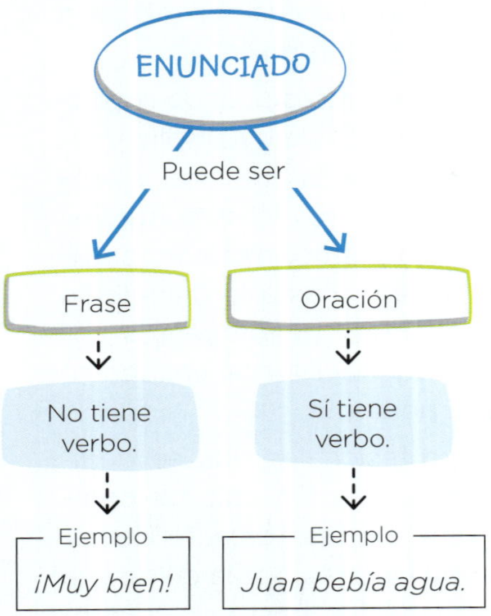

3.1 El enunciado

El **enunciado** es una palabra o un conjunto de palabras que expresan un mensaje completo: *Hoy he estudiado mucho; ¡Hasta pronto!; ¿Quieres más leche?*

Características de los enunciados

- Poseen una entonación propia que permite distinguir unos enunciados de otros; por ejemplo, una afirmación *(Ha llegado María)*, de una interrogación *(¿Ha llegado María?)* o una exclamación *(¡Ha llegado María!)*.
- Acaban en una pausa larga que, en la escritura, se representa con un punto o un signo de cierre de exclamación o interrogación.

Clases de enunciados según la actitud del hablante		
Enunciativos	Se usan para dar información. Pueden ser afirmativos o negativos.	*Ya he comprado el billete.* *No viene tu padre.*
Interrogativos	Se utilizan, normalmente, para hacer preguntas. En la escritura se colocan entre los signos de interrogación (¿...?).	*¿Qué hora es?* *¿Cuántos hermanos tienes?*
Exclamativos	Se usan para expresar sorpresa, miedo, alegría... En la escritura se colocan entre los signos de exclamación (¡...!).	*¡Vaya!* *¡Qué miedo!*
Desiderativos	Con ellos se expresa un deseo.	*Ojalá lleguen pronto.*
Imperativos	Se usan para dar órdenes o consejos.	*Vete ya.* *Coge ese autobús a las siete.*
Dubitativos	Se utilizan para expresar duda o indecisión.	*Quizás no fuera ella.*

Actividades

1 Lee el siguiente texto:

ZAPATERO.—¡Niña, qué primor! ¡Le quiere usted tanto como yo a mi mujer!

ZAPATERA.—¡Muchísimo más! […]

ZAPATERO.—Entonces, ¿lo recibiría usted bien?

ZAPATERA.—Como si fuera el rey y la reina juntos.

ZAPATERO.—*(Temblando)* ¿Y si por casualidad llegara ahora mismo?

ZAPATERA.—¡Me volvería loca de alegría!

ZAPATERO.—¿Le perdonaría su locura?

ZAPATERA.—¡Cuánto tiempo hace que ya se la perdoné!

ZAPATERO.—¿Quiere usted que llegue ahora mismo?

ZAPATERA.—¡Ay, si viniera!

ZAPATERO.—*(Gritando)* ¡Pues aquí está!

ZAPATERA.—¿Qué está usted diciendo?

ZAPATERO.—*(Quitándose las gafas y el disfraz)*. ¡Que ya no puedo más! ¡Zapatera de mi corazón!

F. García Lorca, *Obras completas, II, Teatro,* Galaxia Gutenberg.

a) ¿Cuántos enunciados hay en la primera intervención teatral? ¿Cómo está separado uno del otro? ¿Son oraciones o frases?

b) Localiza en este texto un enunciado de cada uno de estos tipos: afirmativo, negativo, interrogativo y exclamativo.

Federico García Lorca.

3.2 La oración

La **oración** es un tipo de enunciado formado, normalmente, por un sujeto y un predicado.

El parque de mi barrio (Sujeto) *se inundó.* (Predicado)

Todos mis primos (Sujeto) *vendrán a mi fiesta de cumpleaños.* (Predicado)

- La **función de predicado** la desempeña un **sintagma verbal,** cuyo núcleo es un verbo.
- La **función de sujeto** la desempeña un **sintagma nominal,** cuyo núcleo es un nombre o un pronombre que concuerda con el verbo del predicado.

Pedro	*retiró*	*rápidamente*	*el vehículo.*
Nombre	Verbo	Complementos	
Sujeto	Predicado		

Actividades

Actividad resuelta

2 Lee este texto: ¿por qué es un enunciado?, ¿cuál es su sujeto y cuál es su predicado?

La plaza estaba abarrotada.

Solución

- Es un enunciado porque expresa un mensaje completo, posee entonación propia y está ubicado entre dos pausas.
- *La plaza* (Sujeto) *estaba abarrotada;* (Predicado)

  El verbo *estaba* concuerda en número y persona con el nombre *plaza:* 3.ª persona del singular.

3 Lee el texto siguiente y realiza las actividades:

> La calzada ha quedado concluida; es ancha, blanca, sólida, magnífica. El grupo de obreros y constructores ha dado los últimos toques al gran camino; ha contemplado, satisfecho, la bella calzada y se ha alejado —hacia otro trozo— con las herramientas al hombro. La calzada, blanca, relumbrante, se ve venir de lejos por la campiña verde, ladea los altos cerros, lame las suaves laderas y se mete por los barrancos y los hocinos y desemboca, triunfadora, en la ancha llanura. La verdura de los prados hace resaltar más su blancura. Su centro está ligeramente abombado.
>
> Azorín, *Andando y pensando (notas de un transeúnte),* Espasa-Calpe.

a) Separa el sujeto del predicado en las siguientes oraciones:
   - *La calzada se mete por los barrancos.*
   - *Su centro está ligeramente abombado.*

b) Observa las oraciones subrayadas en el texto y contesta: ¿cuál es el sustantivo que concuerda con el verbo en forma personal del predicado?; ¿cuál es el sujeto?; ¿cuántas palabras forman el sujeto?

El sintagma

El **sintagma** está formado por una o varias palabras que contraen una función en la oración.

- El **sintagma simple** consta de una sola palabra: *Compró golosinas.*
- El **sintagma complejo** está formado por un **núcleo** acompañado de otras palabras que lo determinan **(determinantes:** *Estos monopatines*) o lo complementan **(complementos:** *Días de vacaciones*).

Los sintagmas pueden ser de diferentes tipos:

- **Sintagma nominal,** cuyo núcleo es un nombre o un pronombre *(La puerta de mi casa).*
- **Sintagma adjetival,** cuyo núcleo es un adjetivo *(lleno de orgullo).*
- **Sintagma verbal,** cuyo núcleo es un verbo *(Teníamos cuatro bolsas).*
- **Sintagma adverbial,** cuyo núcleo es un adverbio *(antes del partido).*
- **Sintagma preposicional,** que está formado por una preposición y su término:

  de (Prep.) *mi casa.* (Término)

La brújula del español. Accede a esta guía del uso del español correcto en el banco de recursos de **anayaeducacion.es**.

Cómo localizar el sujeto de la oración

Para saber si una palabra o un grupo de palabras realiza la función de sujeto en una oración, tienes que recordar lo siguiente:

- El **núcleo del sujeto concuerda con el verbo en número y persona.** Por tanto, si cambias el número del verbo, automáticamente cambiará el número del nombre o del pronombre que funciona como sujeto:

  El barco (singular) *ha llegado* (singular) *ya.* *Los barcos* (plural) *han llegado* (plural) *ya.*

  Y si cambias la persona del verbo, también cambiará la persona del sujeto:

  Ella (3.ª p.) *estaba* (3.ª p.) en la playa. *Tú* (2.ª p.) *estabas* (2.ª p.) en la playa.

- **El sujeto no lleva delante una preposición.** En la oración *A mi amigo le gustan los helados,* el sujeto es *los helados,* no *A mi amigo.*

El núcleo del sujeto

Cuando el sujeto está formado por un sintagma nominal, la palabra que concuerda con el verbo es su **núcleo.**

El sujeto elíptico

El **sujeto elíptico** u **omitido** es el que no aparece en la oración, pero se conoce o se sobrentiende.

Por ejemplo, en la oración *No teníamos hambre,* el sujeto no aparece. Esto no quiere decir que no lo tenga. Debes fijarte en las desinencias verbales:

Teníamos: → verbo en primera persona del plural.

Por tanto, el sujeto de la oración es *nosotros* o *nosotras (Nosotras no teníamos hambre).*

Actividades

4 Localiza el sujeto de estas oraciones y cópialas en tu cuaderno cambiando el número y la persona del verbo, como en el ejemplo:

- *El obrero ha dado los últimos toques.*
- *Los obreros han dado los últimos toques.*

- *El teléfono sonó a medianoche.*
- *La botella estaba llena de agua.*
- *Los trabajadores subían del comedor.*
- *Ella quería las fotografías del viaje.*
- *Sus padres le compraron un buen ordenador.*

5 ¿Cómo se llama la clase de sujeto que tienen estas oraciones tomadas del texto de la actividad 3, en la página anterior?

- *Es ancha, blanca, sólida y magnífica.*
- *Ha contemplado, satisfecho, la bella calzada.*

6 Explica por qué las palabras subrayadas no son el sujeto de estas oraciones:

- Comimos en un restaurante.
- Saltaban sobre la cama.
- Al público le gustó la obra.
- Las bailaoras actuaron ante el público.

3.3 El predicado

La función de **predicado** la desempeña un verbo, que es el núcleo, y las palabras o grupos de palabras que lo complementan.

El alumnado *resolvió* *muy bien* *el problema.*

Sujeto: *El alumnado* — Predicado: *resolvió* (Núcleo) *muy bien el problema* (Complementos)

El **núcleo** puede ser:

- Un **verbo pleno o predicativo,** que suele venir modificado por funciones como el complemento directo, complemento indirecto, complementos circunstanciales...: *Llevaba la comida* (CD) *a su hermano* (CI) *a mediodía* (CC Tiempo).
- Un **verbo copulativo** *(ser, estar, parecer)* que se combina con un atributo. El verbo copulativo lleva las marcas verbales (persona, tiempo, modo...) y el atributo aporta el contenido que se predica del sujeto: *El vaso estaba vacío; Ese perro parece muy nervioso.*

  Cuando el atributo presenta variación de género y número, concuerda con el sujeto: *Juana es la presidenta; Marcos está contento; Ellas son felices.*

  Funcionan como atributo: un nombre *(Él es abogado)*, un adjetivo *(La clase está limpia)*, un pronombre *(La profesora es ella)* y un nombre precedido de una preposición *(Mi padre era de Sevilla)* y un adverbio de modo *(Estaba bien)*.

El predicado nominal

Tradicionalmente se denominaba predicado nominal al atributo (también al conjunto verbo copulativo + atributo) porque aportaba la mayor parte del significado que se aplica al sujeto.

Actividades

7 Lee este texto y realiza las actividades:

> La mañana está limpia, el aire es transparente y el coche del viajero, que ahora avanza hacia el norte en dirección a las montañas que ya cortan a lo lejos el perfil del horizonte, atraviesa un paisaje sensual y melancólico, una tierra veteada de choperas, praderías, cultivos de forraje y plantaciones de lúpulo y de menta en los que se afanan los campesinos de los pueblos ribereños. Hatos de vacas contemplan impasibles en los prados el paso del viajero. Carros cansinos se cruzan con su coche por la carretera. Y, a lo lejos, siempre a su derecha, nubes de humo marcan en la distancia la presencia invisible de unos pueblos que el viajero solo puede adivinar en unos letreros que le van saliendo al paso a medida que avanza por la carretera [...].
>
> Al final, casi veinte kilómetros al norte, la carretera traza su primera curva de importancia, se pierde brevemente entre los chopos y descubre, al ganar otra vez el horizonte, que la melancolía vegetal de la ribera se ha quebrado de repente. El espigón de un monte ha aparecido justo al frente, como si de la proa de un barco se tratase [...].
>
> Julio Llamazares, *El río del olvido,* Seix Barral.

a) Identifica el sujeto y el predicado en la siguiente oración del texto:

Atraviesa un paisaje sensual y melancólico.

b) Muestra en esa misma oración el núcleo del predicado y su complemento.

c) ¿Qué tipo de verbo es su núcleo?

d) Señala qué tipo de verbo es el núcleo de los predicados de estas oraciones:

- *La mañana está limpia.*
- *El aire es transparente.*

e) Localiza el atributo en esas mismas oraciones: ¿a qué clase de palabra pertenece?, ¿con qué parte de la oración concuerda en género y número?

f) Señala el predicado en estas oraciones, indica cuál es su núcleo e identifica el complemento directo:

- *La carretera traza su primera curva de importancia.*
- *La carretera traza su primera curva.*

3.4 Los complementos del verbo

En este curso estudiaremos los siguientes complementos del verbo: el **complemento directo,** el **complemento indirecto** y los **complementos circunstanciales.**

Complemento directo → El **complemento directo (CD)** está relacionado directamente con la acción del verbo. Funcionan como complemento directo un nombre, un pronombre o un sintagma nominal.

Ejemplos: *Pepa* (Sujeto) *regó* (Núcleo) *las flores.* (CD (sintag. nominal)) — Predicado

- **¿Cómo identificar el complemento directo?**

  Un sintagma (es decir, una palabra o un grupo de palabras) funciona como complemento directo del verbo si podemos sustituirlo por los pronombres *lo, la, los, las.*

  Miro el paisaje. → *Lo miro.* *Quiere unas flores.* → *Las quiere.*

Complemento indirecto → El **complemento indirecto (CI)** es un sintagma preposicional que suele expresar el destinatario del significado del verbo. Funciona como complemento indirecto un sintagma nominal (pronombre o nombre con sus posibles complementos). Si el nombre es animado, lleva la preposición *a.*

Ejemplos: *Pepa* (Sujeto) *leyó* (Núcleo) *la nota* (CD) *a su hija.* (CI (sintag. prep.)) — Predicado

- **¿Cómo identificar el complemento indirecto?**

  Un sintagma nominal precedido por la preposición *a* funciona como complemento indirecto si podemos sustituirlo por los pronombres *le, les.*

  Envió un regalo a su nieto. → *Le envió un regalo.*

Complemento circunstancial → Los **complementos circunstanciales (CC)** expresan circunstancias de lugar, tiempo, modo, cantidad, compañía, causa, fin..., que sitúan o afectan a la acción expresada por el verbo. Funcionan como complementos circunstanciales los sintagmas adverbiales, nominales y preposicionales.

Ejemplos: *Manuel* (Sujeto) *vendrá* (Núcleo) *mañana.* (CC (adverbio)) — Predicado

CLASES DE COMPLEMENTOS CIRCUNSTANCIALES	
LUGAR	*Sus primas estudian Relaciones Internacionales en Granada.*
TIEMPO	*Tú y tu familia lo sabéis desde el lunes.*
COMPAÑÍA	*Como hoy no tiene clase, sale con los amigos.*
MODO	*De sobra sabéis todos que Rita conduce con prudencia.*
MATERIA	*Para protegerlas de la humedad, cubrió las puertas de barniz.*
CAUSA	*Trabajaban por necesidad.*
FINALIDAD	*Ahorro todo lo que puedo para viajar.*
CANTIDAD	*El alumnado de esta clase estudia mucho.*

Actividades

Actividad resuelta

8 Analiza los complementos subrayados en estas oraciones:

- *Ya ha recogido las granadas.*
- *Hemos caminado mucho.*
- *Laura suele comer despacio.*
- *Nos esperan en su casa.*
- *Lina prestó un vestido a su amiga.*

Solución

- *Ya ha recogido las granadas:* complemento directo.
- *Hemos caminado mucho:* complemento circunstancial de cantidad.
- *Laura suele comer despacio:* complemento circunstancial de modo.
- *Nos esperan en su casa:* complemento circunstancial de lugar.
- *Lina prestó un vestido a su amiga:* complemento indirecto.

9 Observa los sustantivos que van después del verbo en estas oraciones y determina si son sujetos o complementos directos:

> Recuerda: los sujetos concuerdan con el verbo, mientras que los complementos directos permiten su sustitución por los pronombres personales *lo* (o *le*, cuando se refiere a una persona en masculino singular), *la*, *los*, *las*.

- *Por la ventana entraba el frío.*
- *Le compró un coche.*
- *Lleva pantalones vaqueros.*
- *Durante la travesía existiría un gran peligro.*
- *Sonaba la canción muy fuerte.*
- *Llenó la botella de agua.*

10 Sustituye el complemento directo en estas oraciones por el pronombre *lo* (o *le*), *la*, *los* o *las* que corresponda, como en el ejemplo:

Mi primo compró *el disco* el lunes.

Mi primo *lo* compró el lunes.

- *La profesora premió al alumno.*
- *La lluvia destrozó la cosecha.*
- *Las prisas producen graves errores.*
- *La directora envió una notificación.*
- *Lleva manchados los zapatos.*
- *Encontró a sus amigas muy cansadas.*
- *Se cepilló el pelo despacio.*

11 Identifica el complemento indirecto en las siguientes oraciones:

- *El sol provocó quemaduras a los turistas.*
- *Reservé tres asientos a los niños.*
- *El gato escondió la zapatilla a su dueña.*
- *María envió un libro a su hermana.*
- *Todos escribimos una dedicatoria a Luis.*
- *El cantante dedicó su nueva canción a los organizadores.*
- *El profesor habló de los descubrimientos a los asistentes.*

12 Sigue el modelo y añade en tu cuaderno a todos los ejemplos anteriores el pronombre *le* o su plural *les,* y subraya los dos:

El sol provocó quemaduras a los turistas.

El sol les provocó quemaduras a los turistas.

13 Escribe en tu cuaderno cuatro oraciones que tengan complemento directo y complemento indirecto con los verbos: *regalar, traer, quitar, devolver.*

14 ¿A qué clase pertenecen los complementos circunstanciales de estas oraciones?

- *El eclipse tendrá lugar el lunes por la tarde.*
- *Juan celebró el cumpleaños con sus amigos en nuestra casa.*
- *Ayer no vino a clase por una gripe.*
- *Ahorraron mucho para su jubilación.*
- *Pasaron la tarde tranquilamente en su casa.*
- *Me encuentro con tu hermana con frecuencia.*
- *Dibujó el paisaje con un lápiz.*
- *Trabajo cerca de tu casa.*

APLICA LO APENDIDO

Reflexiona sobre la gramática

Solución paso a paso

1 Sigue los pasos para analizar un enunciado:

¿Ellos prepararon una tarta el día de su cumpleaños?

Paso 1. Identifica si este enunciado es una frase o una oración.

Es una oración, puesto que tiene verbo: *prepararon.*

Paso 2. Señala a qué tipo de enunciado pertenece según la actitud del hablante:

Es un enunciado interrogativo puesto que expresa una pregunta entre signos de interrogación.

Paso 3. Localiza el sujeto y el predicado.

El sujeto es *Ellos* porque al sustituir *prepararon por preparasteis,* por ejemplo, estamos obligados a sustituir también *Ellos* por otra palabra: *¿Preparasteis vosotros una tarta el día de su cumpleaños?*

Paso 4. Identifica el complemento directo.

El complemento directo es *una tarta* porque se puede sustituir por el pronombre *la: ¿Ellos la prepararon el día de su cumpleaños?*

Paso 5. Indica si la oración contiene algún complemento circunstancial y a qué clase pertenece.

La oración contiene un complemento circunstancial de tiempo: *el día de su cumpleaños.*

2 Lee el microrretrato y realiza las actividades:

Hortensia Salazar recogió de la tintorería el abrigo rojo que días atrás había dejado para limpiar. El abrigo traía en su bolsillo izquierdo una pequeña carta dirigida a ella. Se la invitaba a acudir a una misteriosa cita en la playa, el martes doce, a las tres de la tarde.

La dama, picada por la curiosidad, acudió a la cita y esperó por espacio de tres largas horas. Cuando cansada e indignada se disponía a marcharse, un niño le entregó otra carta de color verde. En ella, el misterioso personaje, que firmaba con las iniciales A. Z., se excusaba por no haberse presentado y la volvía a convocar para dentro de siete días en los jardines de la catedral.

Hortensia Salazar guardó fidelidad ininterrumpida durante más de veinte años a los sucesivos requerimientos, a pesar de que a ellos jamás acudió nadie.

Gracias a la diversidad geográfica de las citas, la paciente dama llegó a conocer perfectamente todos los rincones de su ciudad. Y cuando murió ya centenaria, lo hizo quedando profundamente agradecida a aquel desconocido, que durante tantos años había llenado su existencia, manteniendo viva en ella la llama de la pasión por lo ignoto e inasequible.

Julia Otxoa, en *Antología del microrrelato español (1906-2011),* Cátedra.

a) Convierte el enunciado *Hortensia Salazar recogió de la tintorería el abrigo rojo* en un enunciado exclamativo, un enunciado desiderativo y un enunciado dubitativo.

b) Señala el sujeto y el predicado de estas oraciones:

- *El abrigo traía en su bolsillo izquierdo una pequeña carta dirigida a ella.*
- *La dama acudió a la cita.*
- *Un niño le entregó otra carta de color verde.*
- *El misterioso personaje la volvía a convocar.*
- *Hortensia guardó fidelidad ininterrumpida.*

c) Indica qué tipo de complementos son los fragmentos subrayados en el texto.

d) ¿Cuáles de los complementos circunstanciales son adverbios?

e) Sustituye las palabras subrayadas por un pronombre e indica si se trata de un complemento directo o de un complemento indirecto.

- *Un desconocido escribió a Hortensia.*
- *El bolsillo traía una pequeña carta.*
- *La paciente dama conoció todos los rincones de su ciudad.*
- *El niño entregó la carta a la dama.*
- *Hortensia estaba agradecida al desconocido.*

3 Escribe una oración con cada una de estas estructuras:

- Sujeto + núcleo del predicado + complemento circunstancial de modo.
- Complemento indirecto + núcleo del predicado + complemento directo.
- Sujeto + núcleo del predicado + complemento directo + complemento indirecto.

4 ¿A qué clase, según la actitud del hablante, corresponden las oraciones que has escrito en la actividad anterior?

Visualiza la gramática. Comprende los conceptos gramaticales mediante este vídeo disponible en anayaeducacion.es.

Repaso interactivo. Accede a este juego interactivo y repasa el contenido de la unidad en anayaeducacion.es.

Recuerda seleccionar el material de trabajo de esta unidad para tu **portfolio.**

Organiza tus ideas gramaticales

Copia y completa en tu cuaderno este esquema:

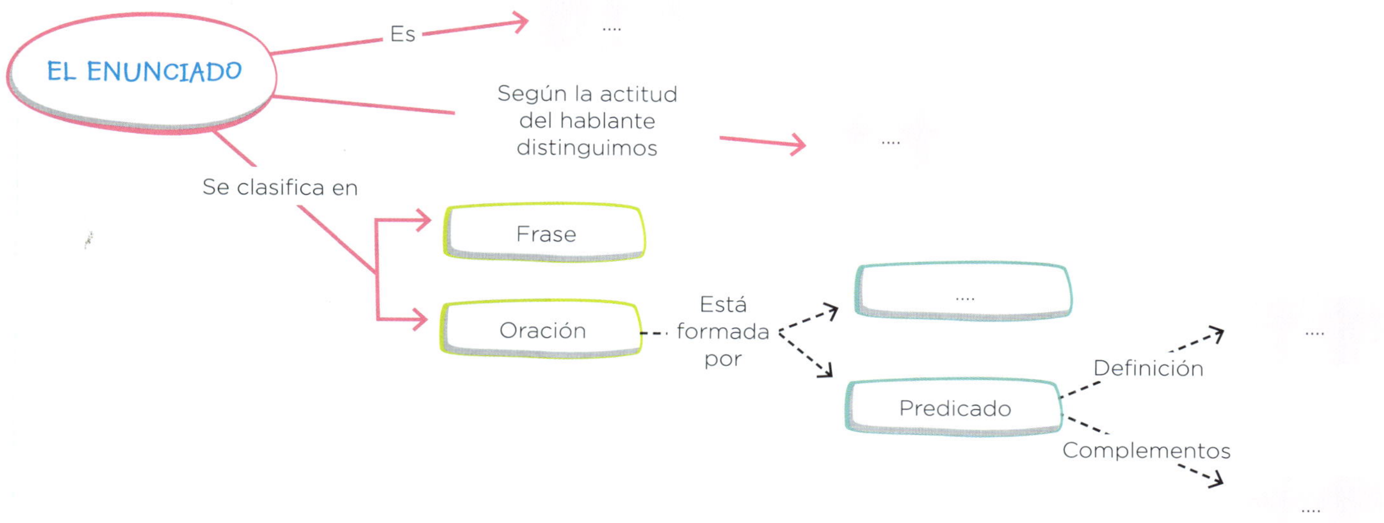

Practica la ortografía

1 Lee el texto y realiza las actividades:

Todo ha salido mal. Como siempre.

Pensé que esta vez podría hacerlo, que en esto no tenía por qué quedarme atrás. Solo era una exposición oral en clase de Lengua con apoyo audiovisual: un cuarto de hora hablando sobre el tema que eligiésemos. Incluso me hacía ilusión. Desde que Susana, la profesora, nos dijo que empezásemos a prepararlo tuve claro qué tema escogería: el Antiguo Egipto. ¿Por qué no? He leído mucho sobre sus dioses y sus faraones, sobre su escritura, el arte y la vida cotidiana a orillas del Nilo. Si no fuera por mi enfermedad, me gustaría convertirme en egiptóloga algún día.

Si no fuera...

A veces creo que tendría que haberle dejado a mi padre enviar aquel justificante que preparó una vez, cuando estaba empezando primero de la ESO. Aquel que decía: «Mi hija Ana padece Trastorno Obsesivo Compulsivo, por lo que necesita repetir algunos comportamientos para evitar una crisis de ansiedad. También tiene que subrayar ciertas palabras cuando las ve escritas o pedir que se las repitan si alguien las pronuncia. Cuando se pone nerviosa evita el contacto ocular con otras personas, y en algunos casos tendrán que darle permiso para salir a lavarse varias veces seguidas. Podemos adjuntar informe médico».

Ana Alonso y Javier Pelegrín, *El sueño de Berlín,* Anaya.

a) Copia del texto en tu cuaderno un ejemplo de punto y seguido, otro de punto y aparte y otro de punto final. Justifica su uso.

b) Explica el uso de los dos puntos en los siguientes enunciados:

- *Solo era una exposición oral en clase de Lengua con apoyo audiovisual: un cuarto de hora hablando sobre el tema que eligiésemos.*
- *Desde que Susana, la profesora, nos dijo que empezásemos a prepararlo tuve claro qué tema escogería: el Antiguo Egipto.*
- *Aquel que decía: «Mi hija Ana padece Trastorno Obsesivo Compulsivo».*

c) Escribe dos ejemplos más de cada uno de esos casos de uso de dos puntos.

d) ¿Qué otros usos de los dos puntos conoces? Escribe una oración con cada uno de ellos.

e) Escribe una breve carta a Ana, la protagonista del texto anterior.

f) Haz un listado de los signos de puntuación que aparecen en el texto y escribe en tu cuaderno una oración en la que uses cada uno de esos signos.

ORTOGRAFÍA CONSULTA EL ANEXO 10

9

UN GRAN LEGADO

Las expresiones culturales y las tradiciones que nos han legado nuestros mayores son un patrimonio inmenso y muy valioso que debemos preservar para las generaciones futuras. Danzas, canciones, narraciones, gastronomía, fiestas... Cualquiera que sea la forma que adopten, sirven para transmitir conocimiento y sabiduría, a la vez que permiten mantener vivos los vínculos entre el pasado, el presente y el futuro.

Plano abierto. Accede al vídeo de la unidad en el banco de recursos de **anayaeducacion.es**.

Intercambia opiniones

FIESTAS Y TRADICIONES

- Piensa en alguna fiesta tradicional que se celebre en tu localidad.
  - ¿En qué consiste?
    - ¿Te gusta participar en ella?
  - ¿Se celebra ahora igual que se celebraba antaño?
    - ¿En qué ha cambiado?
- ¿Conoces alguna fiesta tradicional de otro lugar del mundo?
  - ¿Cómo se llama?
  - ¿Qué se celebra en ella?
  - ¿Te gusta?
- ¿Qué otras tradiciones son importantes en tu vida?
  - ¿Quién te las ha transmitido?

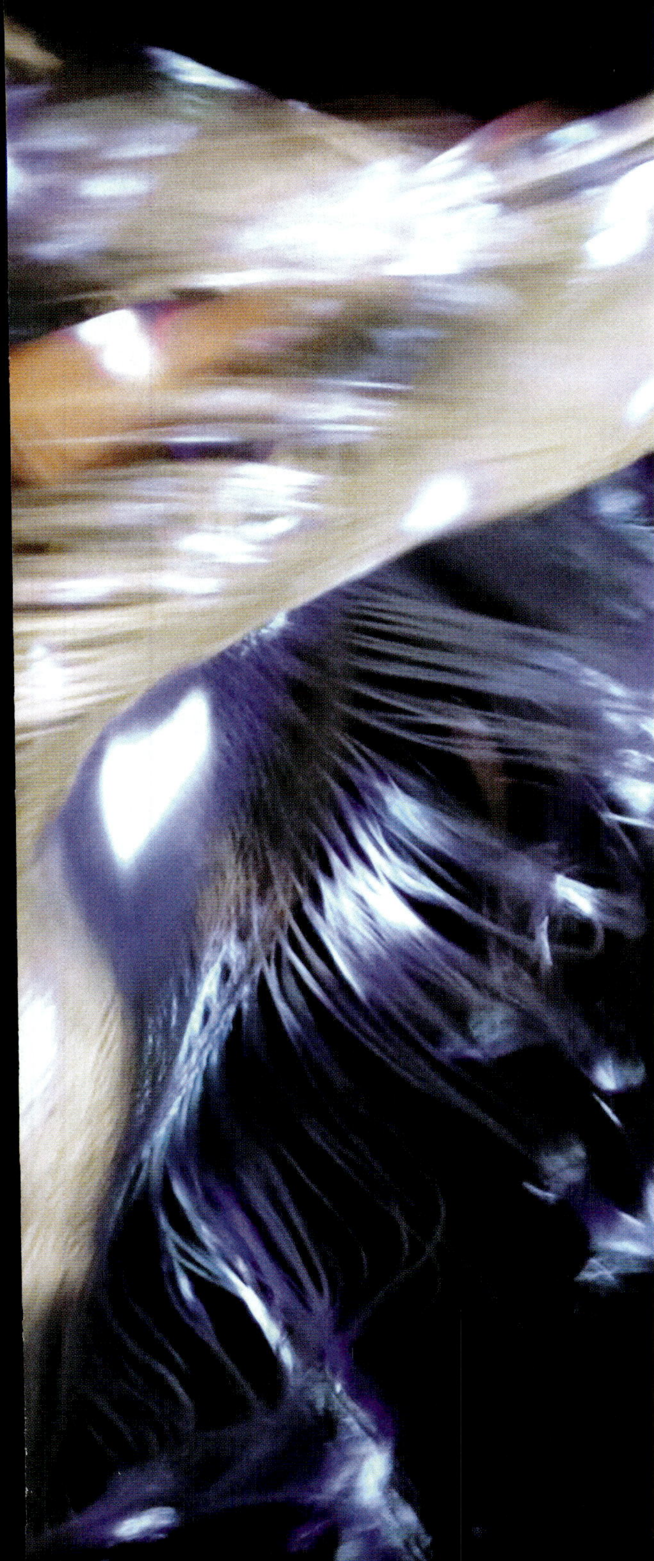

QUÉ VAS A ENCONTRAR EN ESTA UNIDAD

1 LECTURA ODS

La noche de San Juan, que coincide con el solsticio de verano y se celebra en muchos lugares, es una fiesta tradicional muy antigua y llena de magia. Ese es el marco temporal de la lectura teatral de la unidad, un fragmento de *La dama del alba,* de Alejandro Casona. Reflexiona sobre la necesidad de proteger el patrimonio cultural: meta ONU 11.4.

2 LITERATURA

En una representación teatral cada elemento es importante. Actores y actrices, vestuario, decorados, iluminación..., todo contribuye a lograr que el público comparta la situación representada en el escenario. Pero todo esto no serviría de nada sin la existencia previa de un texto teatral.

3 GRAMÁTICA

La diversidad de lenguas en el mundo y, más concretamente, en nuestro país, supone una gran riqueza cultural que merece especial respeto y protección por parte de todos.

ORTOGRAFÍA Al final de este libro encontrarás un anexo con reglas ortográficas y actividades que te ayudarán a solucionar las propuestas a lo largo de esta unidad: **signos de puntuación.**

1 LECTURA

Comprensión oral

Escucha el texto locutado de la lectura y responde a las preguntas:

- ¿Sobre qué temas hablan los personajes que intervienen en esta escena teatral?
- ¿Qué recita y canta uno de los personajes?
- ¿Qué otro personaje se incorpora a la escena?
- ¿Quién da a todos los niños permiso para ir a la fiesta?

Fiesta de San Juan

(Falín vuelca con estruendo una caja de lata llena de botones).

Adela.—¿Qué haces tú ahí, barrabás?

Falín.—Estoy ayudando.

Adela.—Ya veo, ya. Recógelos uno por uno, y de paso, a ver si aprendes a contarlos. *(Se sienta a trabajar en el bastidor).*

Dorina.—Cuando bordas, ¿puedes hablar y pensar en otra cosa?

Adela.—Claro que sí. ¿Por qué?

Dorina.—Angélica lo hacía también. Y cuando llegaba a la fiesta de hoy nos contaba esas historias de encantos que siempre ocurren la mañana de San Juan.

Andrés.—¿Sabes alguna?

Adela.—Muchas. Son romances viejos que se aprenden de niña y no se olvidan nunca. ¿Cuál queréis?

Dorina.—Hay uno precioso de un conde que llevaba su caballo a beber al mar.

(Adela suspende un momento su labor, levanta la cabeza y recita con los ojos lejanos).

Adela.—*Madrugaba el conde Olinos*
mañanita de San Juan
a dar agua a su caballo
a las orillas del mar.
Mientras el caballo bebe
él canta un dulce cantar;
todas las aves del cielo
se paraban a escuchar;
caminante que camina
olvida su caminar;
navegante que navega
la nave vuelve hacia allá…

Andrés.—¿Por qué se paraban los caminantes y los pájaros?

Adela.—Porque era una canción encantada, como las de las sirenas.

Andrés.—¿Y para quién cantaba?

Adela.—Para Alba-Niña, la hija de la reina.

Falín.—¿Se casaron?

Adela.—No. La reina, llena de celos, los mandó matar a los dos. Pero de ella nació un rosal blanco; de él, un espino albar. Y las ramas fueron creciendo hasta juntarse…

Dorina.—Entonces la reina mandó cortar también las dos ramas. ¿No es así?

Adela.—Así fue. Pero tampoco consiguió separarlos:

De ella naciera una garza,
de él un fuerte gavilán.
Juntos vuelan por el cielo.
¡Juntos vuelan, par a par!

ANDRÉS.—Esas cosas solo pasaban antes. Ahora ya no hay milagros.

ADELA.—Este, sí. Es el único que se repite siempre. Porque cuando un amor es verdadero, ni la misma muerte puede nada contra él.

DORINA.—Angélica sabía esos versos; pero los decía cantando. ¿Sabes la música?

ADELA.—También. *(Canta)*. [...]

ADELA.—*(Viendo al ABUELO, que bajaba por la escalera y se ha detenido a escuchar)*. ¿Quiere algo abuelo?

ABUELO.—Nada. Te miraba entre los niños, cantando esas cosas antiguas, y me parecía estar soñando. *(Llega junto a ella y la contempla)*. ¿Qué vestido es ese?

ADELA.—Madre quiso que me lo pusiera para la fiesta de esta noche. ¿No lo recuerda?

ABUELO.—¡Cómo había de olvidarlo! Angélica misma lo tejió y bordó el aljófar sobre el terciopelo. Lo estrenó una noche de San Juan, como hoy. *(Mira lo que está haciendo)*. ¿Y esa labor?

ADELA.—La encontré empezada, en el fondo del arca.

ABUELO.—¿Sabe la Madre que la estás haciendo?

ADELA.—Ella misma me encargó terminarla. ¿Le gusta? Después de cuatro años, los hilos están un poco más pálidos. *(Levanta los ojos)*. ¿Por qué me mira así?

ABUELO.—Te encuentro cada día más cambiada..., más parecida a Angélica.

ADELA.—Será el peinado. A Madre le gusta así.

ABUELO.—Yo, en cambio, preferiría que fueras tú misma en todo; sin tratar de parecerte a nadie.

ADELA.—Ojalá fuera como la que empezó este bordado.

ABUELO.—Eres como eres, y así está bien. [...]

(Sale por la puerta del fondo, abierta de par en par, explorando el camino).

ADELA.—¿Qué le pasa hoy al abuelo?

DORINA.—Toda la tarde está vigilando los caminos.

ANDRÉS.—Si espera al gaitero, todavía es temprano. La fiesta no empieza hasta la noche.

DORINA.—¿Iremos a las hogueras?

ADELA.—¡Y a bailar y saltar encima de la llama!

ANDRÉS.—¿De verdad? Antes nunca nos dejaban ir. ¡Y daba una rabia oír la fiesta desde aquí con las ventanas cerradas!

ADELA.—Eso ya pasó. Esta noche iremos todos juntos.

FALÍN—¿Yo también?

ADELA.—*(Levantándolo en brazos)*. ¡Tú el primero, como un hombrecito! *(Lo besa sonoramente. Después lo deja nuevamente en el suelo dándole una palmada)*. ¡Hala! A buscar leña para la hoguera grande. ¿Qué hacéis ahí encerrados? El campo se ha hecho para correr.

NIÑOS.—¡A correr! ¡A correr!

Alejandro Casona, *La dama del alba,* Cátedra.

Vocabulario

Encanto: magia, hechizo.

Albar: de color blanco.

Aljófar: perla de forma irregular y pequeña.

Hipertexto. Conoce al autor y contextualiza su obra en el banco de recursos de **anayaeducacion.es**.

Comprende el texto

Pasión por leer. Disfruta de otros textos teatrales en el banco de recursos de **anayaeducacion.es**.

Extrae información

1 Observa el fragmento de la lectura: ¿qué características formales indican que estamos ante un texto teatral? Enuméralas en tu cuaderno.

2 ¿Cuántos personajes participan en la escena? Clasifícalos en tu cuaderno.

Adultos	Niños
....	....

3 ¿Con qué travesura de Falín da comienzo la escena teatral?

4 ¿Qué hace Adela mientras charla y recita?

5 ¿De qué trata el romance del conde Olinos que recita Adela? ¿Quiénes son sus protagonistas?

6 ¿Qué actividades propias de la fiesta de San Juan se mencionan?

7 Completa la estructura del texto en tu cuaderno:

Parte	Fragmento	Sucesos
1.ª parte	Desde ... hasta ...	Adela borda y ... charla con los niños.
....	....	....
....	....	....

Reflexiona sobre la lengua

8 Localiza en el texto un ejemplo de punto y coma. ¿Con cuál de estos usos se corresponde?

- Para separar oraciones cuyos significados tienen relación.
- Para separar los elementos de una enumeración que ya contiene comas.

9 Busca en el texto un ejemplo de cada una de estas reglas de uso de la coma:

- Para nombrar a alguien.
- Para introducir una aclaración.
- Cuando falta un verbo.

10 ¿Con cuál de las reglas de uso de la coma se corresponden estos ejemplos tomados del texto?

– *La encontré empezada, en el fondo del arca.*

– *Adela suspende un momento su labor, levanta la cabeza y recita con los ojos lejanos.*

ORTOGRAFÍA CONSULTA EL ANEXO 10

11 En el fragmento y en el título del libro al que pertenece se utilizan las palabras *Alba, albar* y *alba.* ¿Qué significado tiene cada una de ellas?

12 Observa la forma del romance que aparece en la lectura y completa en tu cuaderno:

– *Está compuesto por versos .... .*

– *Su rima es .... en los versos pares.*

Interpreta y analiza

13 ¿Te parece que está justificado el título del fragmento que has leído? ¿Por qué? Invéntate otro título.

14 ¿Qué crees que piensa Adela sobre el amor?

15 ¿Habían podido ir los niños en otras ocasiones a la fiesta? ¿Cómo se habían sentido entonces? ¿Cómo crees que se sienten ahora?

16 **Interpretamos.** En el texto se alude en varias ocasiones al personaje de Angélica, sin estar ella presente. ¿Por qué creéis que se la menciona? En grupo, pensad en tres posibles explicaciones.

17 ¿Te parece que hay misterio en las palabras del abuelo? Justifica tu respuesta.

Valora y relaciona con tu mundo

18 **Piensa y comparte en pareja.** Por parejas, buscad información sobre el argumento de *La dama del alba:*

a) ¿Por qué el autor hace coincidir la acción teatral con el romance del conde Olinos y con la noche de San Juan?

b) ¿Quién es «la dama del alba»?

19 ¿Cuál de estos es el tono general del fragmento teatral que has leído?

poético | humorístico | científico

20 **Preparar la tarea.** En grupos, investigad sobre los romances viejos (su origen, su forma, sus temas...) y redactad un breve texto sobre el tema de entre diez o quince líneas.

21 ¿Conoces la fiesta de San Juan? ¿Sueles celebrarla? En caso afirmativo, ¿cómo?

22 **Folio giratorio.** ¿Qué otras fiestas o tradiciones celebráis en vuestra localidad? ¿En qué consisten?

Amplía tu vocabulario

LA ALEGRÍA

En la escena teatral que has leído la acción se sitúa en la noche de San Juan, la más corta y **mágica** del año, que en muchos lugares se celebra con una **fiesta** llena de **alegría** y **tradiciones.**

1 Alejandro Casona logró transmitir en su obra *La dama del alba* una atmósfera «mágica». ¿Cuál de estas palabras es su antónimo?

posible | increíble | realista | misteriosa

2 Busca el verbo, el adjetivo y el sustantivo correspondientes a estas definiciones, y escribe una oración con cada uno de ellos. Atención: ¡todos pertenecen a la misma familia léxica!

- Celebrar algo con una fiesta.
- Alegre, divertido y gozoso.
- Acto, especialmente musical, organizado para la diversión o disfrute de una colectividad.

3 Completa estas oraciones con la expresión que corresponda:

tengamos la fiesta en paz | no estoy para fiestas | no me amargues la fiesta

- *...., que estoy muy contenta.*
- *Dejemos de discutir y .... .*
- *Me acaban de dar una mala noticia y .... .*

4 Sentimos alegría cuando se produce un suceso que nos es favorable o cuando obtenemos algo que deseamos. Pero la palabra *alegría* puede también significar 'irresponsabilidad' o 'ligereza'. Construye dos oraciones en las que utilices la palabra *alegría* con cada significado.

5 Busca los sinónimos de *alegría* entre estas palabras:

aflicción | capricho | animación | diversión | alborozo | gozo | entusiasmo | júbilo | regocijo | risa | gusto | congoja

6 ¿Es lo mismo *alborozo* que *alboroto*? Explica la diferencia.

7 Imagina una situación en la que podrías utilizar la expresión «dar un alegrón» y compártela con tus compañeros y compañeras.

8 Ordena las letras y escribe en tu cuaderno dos sinónimos de la palabra *tradición.*

C	T	O	M	R	U	B	S	E

F	L	O	R	C	E	O	L

Pista
La primera letra de cada término es correcta.

2 LITERATURA

EL TEATRO

2.1 El género teatral

El **género teatral** agrupa las obras, en verso o en prosa, que están escritas para ser representadas en un escenario por actores y actrices.

Entre las obras dramáticas distinguimos: la tragedia, el drama y la comedia (dentro de esta última veremos el entremés y el sainete).

El autor de un texto teatral recibe el nombre de **dramaturgo.**

El **texto teatral** consta de los siguientes elementos:

- La **acción** se desarrolla mediante el **diálogo** entre varios **personajes,** sin necesidad de un narrador que cuente lo que está sucediendo; o mediante un **monólogo,** cuando hay un solo personaje hablando en el escenario. El **aparte** se produce cuando un personaje se dirige al público como si el resto no le oyera.
- Su estructura se compone, normalmente, de **actos** y estos se dividen en **escenas.**
  - El **acto** es la parte de la obra de teatro que, generalmente, comienza y termina con una subida y una bajada de telón.
  - La **escena** es la parte de un acto en la que intervienen los mismos personajes y sucede en el mismo lugar.
- Las **acotaciones** son las indicaciones que el autor o la autora escribe para facilitar la representación del texto. Informan sobre cualquier aspecto de la puesta en escena: entrada y salida de los personajes, sus movimientos, el decorado, la iluminación... Suelen ir en cursiva o entre paréntesis.

En un jardín del palacio del rey Micomicón. Jardín con rosas y escalinatas de mármol, donde abren su cola los pavos reales. Un lago y dos cisnes. [...] Está llorando la hija del rey. De pronto se aparece a sus ojos, disfrazado de bufón, El Príncipe Verdemar. — Acotación

El Príncipe Verdemar.—¡Señora Infantina!

La Infantina.—¿Quién eres?

El Príncipe Verdemar.—¿Por qué me preguntas quién soy cuando mi sayo a voces lo está diciendo? Soy un bufón. — Diálogo

Ramón M.ª del Valle-Inclán, *Tablado de marionetas,* Círculo de Lectores.

Actividades

1 Lee el siguiente texto y realiza las actividades:

Adrienne.—No lo entiendo.

Aura.—El qué.

Adrienne.—¿Por qué quieres cuentos con ogros?

Aura se encoge de hombros.

Adrienne.—Muy bien. Hoy...

Aura.—Quiero que me cuentes un cuento de guerra. *(Adrienne se dispone a marcharse).* Tú estuviste en la guerra. *(Adrienne se para. Guarda silencio).* Por eso quiero que me la expliques.

Adrienne.—Lo que vi fue triste.

Aura.—[...] ¿Había niños? *(Adrienne asiente).* ¿Y madres? *(Silencio).* ¿Y qué más?

Adrienne.—Aura...

Aura.—Si no sabemos las cosas, ¿qué vamos a hacer con ellas?

Adrienne.—Eres muy pequeña para saber.

Aura.—¡No! Soy pequeña para no saber. *(Pausa).*

Itziar Pascual, *La vida de los salmones,* Anaya.

a) ¿Por qué este texto pertenece al género teatral?

b) ¿Qué personajes aparecen en escena?

c) Señala algún otro elemento propio del texto teatral. ¿Qué información aporta?

d) ¿Quién es la dramaturga de esta obra?

2.2 La representación teatral

La **representación teatral** es el espectáculo en el que actores y actrices, asumiendo el papel de los personajes, ponen en escena ante el público un texto teatral.

En la representación teatral tienen importancia:

- Los **actores** y las **actrices,** que dan vida a los personajes mediante su **interpretación teatral.** Utilizan la **entonación** y la **buena pronunciación** del texto, así como los **gestos** y los **movimientos** que realizan en el escenario para representar su papel.
- La **escenografía,** que reproduce en el escenario el espacio donde ocurren los hechos, mediante la iluminación, el sonido, el decorado (el mobiliario, los objetos que usan los actores...), el vestuario y el maquillaje de los personajes.
- El **director** o la **directora,** que es responsable de la puesta en escena. Su trabajo consiste en dirigir a actores y actores, organizar los ensayos, supervisar la escenografía...

Actividades

2 Lee el siguiente texto teatral y realiza las actividades:

DIRECTOR.—*(Furioso).* ¡Estoy ensayando! ¡Y usted sabe perfectamente que durante el ensayo no tiene que entrar nadie! *(Dirigiéndose hacia el patio el butacas).* ¿Quiénes son ustedes? ¿Qué quieren?

PADRE.—*(Adelantándose, seguido por los demás, hasta una de las escalerillas).* Hemos venido en busca de un autor.

DIRECTOR.—*(Entre estupefacto e irritado).* ¿De un autor? ¿De qué autor?

PADRE.—De uno cualquiera, señor.

DIRECTOR.—Pues por aquí no hay ningún autor; no estamos ensayando una nueva comedia.

HIJASTRA.—*(Con alegre vivacidad, subiendo deprisa la escalerilla).* ¡Mejor que mejor, entonces! Podríamos ser nosotros su nueva comedia.

UN ACTOR.—*(Entre comentarios y risas con los demás).* ¿Habéis oído?

PADRE.—*(Subiendo también al escenario).* Pero si no hay un autor... *(Al* DIRECTOR*).* A no ser que usted quiera serlo. [...]

DIRECTOR.—¿Bromean ustedes?

PADRE.—¡En absoluto, señor, todo lo contrario! Somos portadores de un drama muy doloroso.

DIRECTOR.—¡Váyanse ya, por favor! Tenemos poco tiempo como para perderlo con locos. [...]

PADRE.—Permítame hacerle notar que la locura es, en todo caso, la única razón de una profesión como la suya. *(Los actores se vuelven irritados).*

DIRECTOR.—*(Levantándose y mirándolo fijamente).* ¿Así que la nuestra le parece una profesión propia de locos?

PADRE.—¡Dígame usted! ¡Hacer que parezca verdad lo que no lo es! Y además sin ninguna necesidad, por puro juego. ¿No consiste su trabajo en dar vida sobre un escenario a personajes fingidos?

DIRECTOR.—*(Inmediatamente, haciéndose eco de la creciente irritación de sus actores).* Debe saber que el oficio de cómico, señor mío, es un oficio muy noble. [...]

(Los ACTORES, satisfechos, aplaudirán en señal de aprobación las palabras del DIRECTOR).

Luigi Pirandello, *Seis personajes en busca de autor,* Cátedra.

a) Señala los elementos del texto teatral que aparecen en este fragmento del dramaturgo Luigi Pirandello.

b) ¿La acción se desarrolla mediante un diálogo o mediante un monólogo? Explica cuál es la diferencia.

c) Indica dos gestos que debe realizar el actor que interprete al director y otros dos que debe realizar el que interprete al padre.

d) ¿Mediante qué signos ortográficos se señalan las intervenciones de los personajes?

e) Teniendo en cuenta las acotaciones del fragmento, ¿qué escenografía diseñarías para esta escena?

2.3 La tragedia

La **tragedia** es un tipo de obra literaria que pertenece al género teatral, en la que los personajes luchan contra un destino adverso.

Características de la tragedia

- Los **protagonistas** de las tragedias fueron, en un principio, dioses o personajes de elevada condición social, como reyes o nobles, que encarnaban pasiones como la ambición, el amor, la lealtad, el odio, la venganza... Más tarde, protagonizaron estas obras personajes del pueblo.
- Los protagonistas luchan contra un **destino adverso,** representado por fuerzas sobrehumanas, grandes catástrofes, desgracias, pasiones..., que les sobrevienen de manera inesperada y de las que no pueden escapar.
- El **final** es **trágico.** El protagonista termina derrotado. En ocasiones, también quienes le rodean corren la misma suerte.

Actividades

3 En grupos, investigad en qué lugar del mundo tuvo su origen la tragedia y quiénes fueron sus autores más famosos en aquel momento.

4 Lee el siguiente texto y realiza las actividades:

Muerte del rey Lear

Tras la trágica muerte de las dos hijas mayores del rey Lear, Goneril y Regan, aparece ahorcada Cordelia, su hija más querida. El anciano monarca, ciego y enfermo, muere de dolor en medio de su trágico lamento.

Entran LEAR *llevando a* CORDELIA *en brazos y el* CABALLERO.

LEAR.—[...] Y mi pobrecilla, ahorcada. ¿[...] no tiene vida? ¿Por qué ha de vivir un perro, un caballo, una rata y en ti no hay aliento? —Tú ya no volverás; nunca, nunca, nunca, nunca, nunca. Desabrochad este botón. Gracias. ¿Veis esto? ¡Miradla! ¡Mirad, los labios! ¡Mirad, mirad!

Muere.

EDGAR.—Se ha desmayado. ¡Señor, señor!

KENT.—Estalla, corazón, estalla.

EDGAR.—Animaos, señor.

KENT.—No le turbéis el alma. Dejad que se vaya. No perdonará al que siga estirándole en el tormento de un mundo tan cruel.

EDGAR.—Ha muerto, sí.

William Shakespeare, *El rey Lear,* en *Tragedias,* Espasa-Calpe.

Escena de *El rey Lear,* obra de William Shakespeare.

a) ¿Qué características propias de los personajes de una tragedia tiene el del rey Lear?

b) Recoge alguna frase del rey Lear en la que se transmita un sentimiento de dolor.

c) Consulta en Internet el argumento de *El rey Lear* y haz un resumen de la obra en diez o doce líneas.

Webquest. Accede a esta actividad en el banco de recursos de **anayaeducacion.es** e investiga sobre el teatro clásico griego.

2.4 El drama

El **drama** es un tipo de obra literaria que pertenece al genero teatral en el que se presentan problemas graves, como en la tragedia, pero con algunos elementos cómicos que despiertan la risa del espectador.

Características del drama

- A diferencia de la tragedia, los personajes del drama pertenecen al **pueblo llano** (soldados, alcaldes, caballeros, labradores...).
- Los **conflictos** planteados son lo suficientemente **serios** como para conmover al espectador, pero aparecen fundidos con **elementos cómicos.**
- La **acción** no está guiada por el destino.
- El **final** de los dramas **no es siempre trágico.**

Actividades

5 Lee este fragmento de *La vida es sueño:*

Rosaura, disfrazada de hombre, junto a su criado Clarín, entran en la torre donde está prisionero Segismundo, hijo del rey de Polonia. En este lugar prohibido los sorprende Clotaldo, ayo de Segismundo.

CLOTALDO.—A los dos
quitad las armas, y atadles
los ojos, porque no vean
cómo ni de dónde salen.

ROSAURA. —Mi espada es esta, que a ti
solamente ha de entregarse,
porque, al fin, de todos eres
el principal, y no sabe
rendirse a menos valor.

CLARÍN —La mía es tal, que puede darse
al más ruin. Tomadla vos. [...]

CLOTALDO.—¿De qué
infieres agora, o sabes,
que hay secreto en esta espada?

ROSAURA. —Quien me la dio, dijo: «Parte
a Polonia, y solicita
con ingenio, estudio o arte,
que te vean esa espada
los nobles y principales;
que yo sé que alguno de ellos
te favorezca y ampare»;
que, por si acaso era muerto,
no quiso entonces nombrarle.

CLOTALDO.—*[Aparte]* (¡Válgame el cielo! ¿Qué
escucho?

Aún no sé determinarme
si tales sucesos son
ilusiones o verdades.
Esta espada es la que yo
dejé a la hermosa Violante,
por señas que el que ceñida
la trujera había de hallarme
amoroso como hijo
y piadoso como padre.

P. Calderón de la Barca, *La vida es sueño,* en *Obras completas. Dramas,* Aguilar.

Agora: Ahora. Trujera: Trajera.

a) ¿Cuáles son los personajes que intervienen en este fragmento?

b) ¿Qué descubre Clotaldo al identificar la espada que le entrega Rosaura?

c) ¿Cuál es el personaje cómico de esta obra? ¿Por qué es cómica su intervención?

d) En las obras de teatro del siglo XVII español se emplean numerosos apartes. Localiza el que hay en este fragmento del texto.

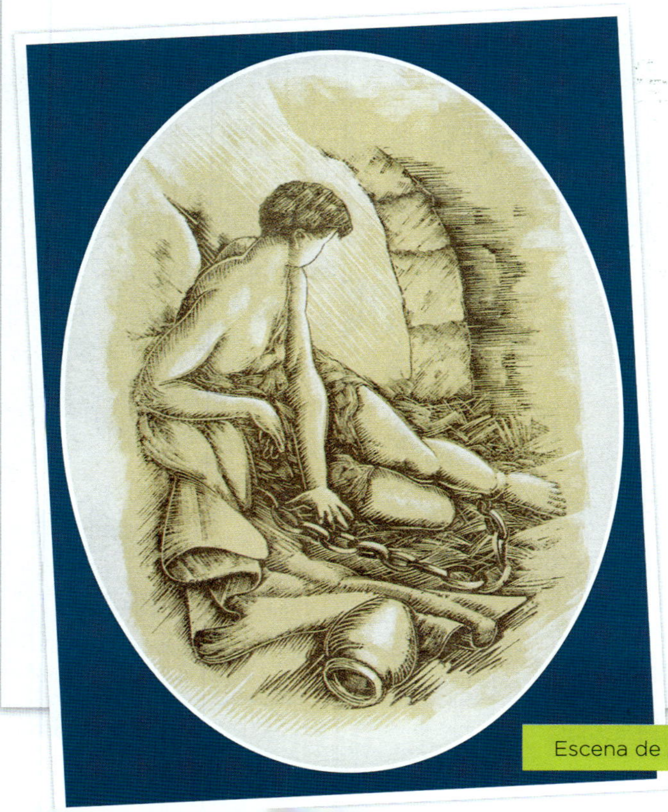

Escena de *La vida es sueño,* obra de Pedro Calderón de la Barca.

2.5 La comedia

La **comedia** es un subgénero teatral de carácter alegre y humorístico en el que la historia que se representa pretende provocar la risa del público.

Características de la comedia

- Los **personajes** no son héroes, ni pertenecen a la nobleza, como en la tragedia. Son personas que se enamoran, pícaros, criados y criadas, señoras y señores... que destacan por un defecto, una manía o un vicio.
- El **conflicto** deriva de las obsesiones o defectos del protagonista (cobardía, avaricia, glotonería...) que, llevados al límite, dan lugar a una serie de escenas y situaciones disparatadas.
- El **desenlace** es siempre feliz para todos, menos para aquel cuyo defecto ha causado el conflicto, a quien se le suele castigar con el ridículo.

Actividades

6 Explica por qué es cómico este fragmento de la comedia *Eloísa está debajo de un almendro,* de Jardiel Poncela:

CLOTILDE.—[…] si procedieras sensatamente no serías de la familia… Tu abuela, que en gloria esté, les hacía vestiditos y sombreritos a todas las cerillas que caían en sus manos; y tu pobre abuelo se pasó los últimos diez años de su vida pelando guisantes. Si es el tío Cecilio, aquel ingresó muy joven en un manicomio y, cuando ya estaba curado, no quiso abandonar el manicomio […]. De tu padre y de tu tía Micaela más vale que no hablemos, porque bastante nos hacen hablar ellos en casa. Por lo que afecta a tu hermana, corramos un velo, y con respecto a mí, bajemos un telón metálico. Pero, en fin; tú, dejando aparte que de niña te comías las flores, y quitando aquella temporada que te dio por andar hacia atrás, en cuanto te pegaste en la nuca con el árbol anduviste para adelante y todo hacía pensar que ibas a ser la mosca blanca de la familia. Pero, hijita, ha aparecido Fernando Ojeda en el horizonte y desde entonces… no sé pero no me extraña nada que te decidieses tú también por lo de los guisantes […].

MARIANA.—*(Con ansia).* ¿Te parecen gente rara los Ojeda?

CLOTILDE.—Rara, rara… A mí ya es muy difícil que nadie me parezca raro, hija mía, acostumbrada como estoy a los de casa.

MARIANA.—*(Impaciente).* Bueno; pero imagínate que todos los de nuestra familia fuesen normales…

CLOTILDE.—No tengo imaginación para tanto, Mariana.

MARIANA.—Haz un esfuerzo en favor mío, te lo suplico… Comparados con personas corrientes, ¿qué te parecen los Ojeda?

CLOTILDE.—Dos locos de atar, tío y sobrino […].

MARIANA.—*(Con más ansia aún).* ¿Admites, entonces, que Fernando pueda ser un hombre muy distinto de los demás? […] ¿Quizá misterioso?

CLOTILDE.—De él lo admito todo. Y de su tío Ezequiel no digamos, porque basta verle la barba y el sombrero hongo, que no se sabe cuál de los dos lo estrenó primero, […]. Me es odioso. […]

MARIANA.—*(Estallando en un suspiro de alegría, de descanso, de profundo alivio).* ¡Ay! ¡Dios te lo pague, tía Clotilde! ¡Cuánto bien me haces!... *(Deja caer hacia atrás la cabeza, respirando abiertamente).*

E. Jardiel Poncela, *Eloísa está debajo de un almendro,* Vicens Vives.

La mosca blanca: la excepción, la única normal.

Escena de la obra *Eloísa está debajo de un almendro,* de E. Jardiel Poncela.

2.6 El entremés y el sainete

También de carácter cómico y humorístico, como la comedia, existen dos piezas teatrales que se caracterizan porque su texto es más breve. Son el **entremés** y el **sainete.**

El entremés

El **entremés** es una pieza teatral breve y cómica que suele referirse a un asunto de carácter popular y que originariamente se representaba en los entreactos de las obras principales.

Características del entremés

- Los **protagonistas** suelen ser soldados, pobres, alcaldes, taberneros, estudiantes, ladrones...
- Su **comicidad** se basa en el lenguaje de insultos, frases hechas y burlas, así como en las persecuciones, las caídas, las peleas...
- La obra se **estructura** en un solo acto.
- Su **origen** se remonta a los siglos XVI y XVII.

El sainete

El **sainete** es una pieza teatral breve, burlesca, escrita en prosa o en verso, y que refleja las costumbres y el lenguaje populares.

Características del sainete

- Recoge los aspectos más cotidianos y cómicos de la forma de vida popular.
- Su objetivo es divertir al público mediante la caricatura y los diálogos vivos e ingeniosos.
- El iniciador del sainete fue Ramón de la Cruz en el siglo XVIII.

Actividades

7 Lee el siguiente texto y realiza las actividades:

> SEGUNDA.—*(Al aparecer)* ¡Aay, Isidoro!... [...]
>
> ISIDORO.—*(Cayéndole la escoba de espanto)* ¿Pero, qué te pasa, Segunda?
>
> SEGUNDA.—¡Ay, la niña!... ¡Ay, que he perdido la niña!
>
> ISIDORO.—*(En el paroxismo del terror)*. ¿Pero la niña de quién?
>
> SEGUNDA.—¡La del ojo izquierdo!
>
> ISIDORO.—*(Con las manos en el corazón.)* ¡Ay, Segunda, si no llegamos a ser un matrimonio sin hijos, me matas del susto!
>
> SEGUNDA.—¡Ay, que me han *dejao* tuerta!
>
> ISIDORO.—*(Suplicante)*. ¿Pero, por Dios, Segunda, y usted, señor Nicanor, y *usté, señá* Brígida, quieren decirme, por *tóos* los santos del cielo, lo que ha sucedido?

Carlos Arniches, *Del Madrid castizo. Sainetes,* Cátedra.

a) ¿Sobre qué discuten Ceferino y Segunda?

b) ¿Qué características del sainete reconoces en este fragmento? Justifícalo con ejemplos.

c) En el diálogo, en la situación, en el lenguaje...: ¿en qué se basa la comicidad del texto?

FUNCIÓN DE FIN DE CURSO

Se apagan las luces de la sala, se hace el silencio, se abre el telón... ¡la función va a comenzar!

¡TODO EL MUNDO A ESCENA!

LEE

Familiarízate con los textos teatrales.

1 Lee este fragmento teatral y realiza las actividades:

(Peter Pan entra volando en la habitación. Por toda ropa lleva hojas otoñales y telarañas).

PETER.—*(Susurrando).* Campanilla, Campanilla, ¿estás ahí? *(Un jarrón se ilumina).* Anda, sal de ese jarrón. *(Campanilla revolotea de un lado a otro).* ¿Sabes dónde la han puesto? *(La respuesta llega como un tintineo de campanas; es el lenguaje de las hadas. Peter lo sabe hablar, pero le aburre).* ¿En qué cómoda? ¿En esta? Pero ¿en cuál de los cajones?

(Campanilla se desliza en el cajón donde está la sombra, pero, antes de que Peter la pueda alcanzar, Wendy se mueve en el sueño. Peter va a ocultarse rápidamente en la repisa de la chimenea. Luego, como Wendy no se ha despertado, revolotea por encima de las camas para observar a sus anchas a los ocupantes, cierra la ventana despacio, se desliza hasta el cajón y desparrama su contenido en el suelo [...] La alegría de encontrar su sombra le hace olvidar que ha encerrado a Campanilla en el cajón. Se sienta en el suelo con la sombra, confiando en que él y ella se unirán como gotas de agua. Luego trata de pegársela con una pastilla de jabón del baño, pero, fracasando de nuevo en su intento, se deja caer abatido en el suelo. Entonces Wendy se despierta, se sienta, y se muestra agradablemente interesada al ver a un extraño).

WENDY.—*(Cortésmente).* Chico, ¿por qué estás llorando? [...]

PETER.—¿Cómo te llamas?

WENDY.—(Muy satisfecha) Wendy Moira Angela Darling. ¿Y tú?

PETER.—*(Pareciéndole que su nombre es lamentablemente breve)* Peter Pan.

WENDY.—¿Eso es todo?

PETER.—*(Mordisqueándose un labio).* Sí.

WENDY.—*(Educadamente).* Lo siento mucho.

PETER.—No tiene importancia.

WENDY.—¿Dónde vives?

PETER.—Por la segunda a la derecha y luego sin parar hasta la mañana.

WENDY.—¡Qué dirección tan chistosa!

PETER.—No, no lo es.

WENDY.—O sea ¿que eso es lo que ponen en las cartas?

PETER.—No recibo cartas.

WENDY.—¿Pero y tu madre?

PETER.—No tengo madre.

WENDY.—¡Peter!

(Se levanta de la cama para ir a abrazarlo, pero él retrocede; ignora por qué, pero sabe que tiene que retroceder).

PETER.—No debes tocarme.

WENDY.—¿Por qué?

PETER.—Nadie debe tocarme jamás.

WENDY.—¿Por qué?

PETER.—No lo sé.

(En la obra nadie lo toca en ningún momento).

WENDY.—No es extraño que estuvieses llorando.

PETER.—No estaba llorando. Pero no consigo pegarme mi sombra.

WENDY.—¡Se te ha soltado! ¡Qué horror! *(Mirando la mancha donde Peter estaba sentado).* ¡Peter, has estado intentando pegarla con jabón! [...] Hay que coserla.

PETER.—¿Qué es «coserla»?

WENDY.—Eres espantosamente ignorante.

PETER.—No, no lo soy.

WENDY.—Te la voy a coser, pequeñín. Pero necesitamos más luz.

(Wendy toca algo y, para asombro de Peter, la habitación se ilumina).

James L. Barrie, *Peter Pan o el niño que no quería crecer,* Siruela.

a) En grupos de tres, repartíos los papeles de Peter Pan, Wendy y la persona que leerá las acotaciones. Luego, organizad una lectura dramatizada del texto que tenga en cuenta estos aspectos:

articulación · vocalización · velocidad · expresividad · entonación · pausas · volumen · emoción · gestos

b) En las acotaciones, en los diálogos o en ambos, ¿dónde se obtiene la siguiente información?

- Peter Pan intenta no despertar a Wendy.
- Campanilla es un hada.
- Peter Pan y Campanilla pueden volar.
- Peter Pan no tiene madre.
- Al comienzo, Wendy está dormida.
- Peter Pan no sabe qué es coser.
- La presencia de un extraño despierta el interés de Wendy.
- Peter Pan intenta pegar su sombra con jabón.
- Parece que Peter Pan está llorando.
- Peter Pan puede comunicarse con Campanilla con el lenguaje de los humanos y con el de las hadas.

c) ¿Qué elementos maravillosos observas en el texto?

d) ¿Qué hace Wendy que le parece maravilloso a Peter Pan?

e) El personaje de Campanilla presenta algunos desafíos para su interpretación. Organizad una lluvia de ideas con propuestas para resolver los siguientes aspectos del personaje:

Su apariencia física · Su lenguaje · Su revoloteo · Su magia · Sus movimientos

- Votad para elegir las mejores propuestas teniendo en cuenta estos criterios:
  - ¿Es fácil de realizar? ¿Por qué?
  - ¿Qué recursos se necesitan? ¿Son fáciles de conseguir?
  - ¿Esa solución ayuda a que el público comprenda al personaje?

¡Todo el mundo a ESCENA!

ESCUCHA

Descubre las voces del teatro.

2 Escucha este fragmento teatral y realiza las actividades:

a) ¿Qué afirmación resume mejor la escena que has escuchado?

- Wendy le ha cosido a Peter Pan su sombra y este se ha puesto muy contento.
- Wendy no le ha cosido bien la sombra a Peter Pan y este la critica por ello.
- Wendy ha fingido coserle la sombra a Peter Pan y este se ha puesto muy contento.

b) Indica cuáles de estos objetos deberías incluir en el atrezo para la representación de esta escena teatral. Justifica tu respuesta.

c) De acuerdo con lo que has escuchado, clasifica estos adjetivos según sirvan para describir la actitud del personaje de Peter Pan o la de Wendy:

arrogante · enojada · bondadosa · contenta · perfeccionista · ofendida

¡Todo el mundo a ESCENA!

ESCRIBE

Utiliza tu imaginación y creatividad, y escribe una escena teatral.

3 En grupos, escribid una escena teatral para continuar los fragmentos que habéis leído y escuchado en las actividades 1 y 2. Para ello, seguid estos pasos:

1 Pensad en lo que va a suceder en la escena. Podéis inspiraros en estas ideas:
- Los hermanos de Wendy se despiertan.
- Peter Pan y Wendy salen volando.
- Campanilla comete una travesura.

2 Pensad en la estructura de la escena:
- Planteamiento
- Nudo
- Desenlace

3 Escribid los diálogos:
- Anotad el nombre del personaje delante de cada una de sus intervenciones.
- Después del nombre del personaje, escribid un punto y una raya de diálogo (.—).

4 Escribid, entre paréntesis, las acotaciones, es decir, las indicaciones escénicas sobre:
- El escenario: localización, vestuario, decorado, atrezo...
- Los actores: intención, actitud, gestos o desplazamientos de los personajes...

¡TODO EL MUNDO A ESCENA!

HABLA

¡Acción! Llevad el texto teatral al escenario.

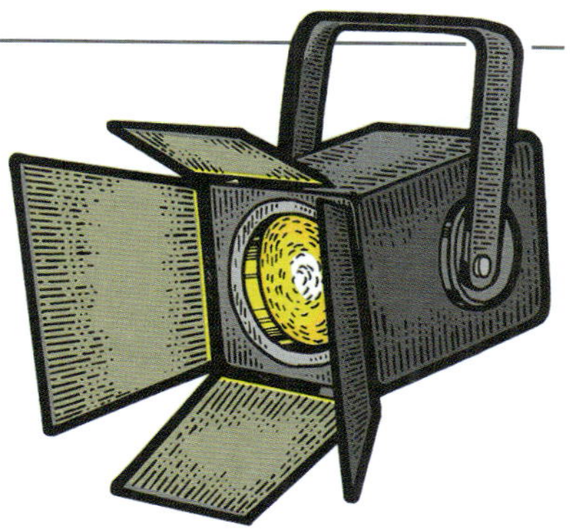

4 En gran grupo, escenificad el texto teatral que habéis escrito. Para ello, seguid estos pasos:

a) Repartid las distintas funciones. Podéis inspiraros en estas:

DIRECCIÓN

La directora o el director es máximo responsable de la puesta en escena de una obra de teatro. Coordina el resto de tareas de interpretación, decorado, vestuario, sonido, iluminación, etc., y asegura la coherencia artística del espectáculo en su conjunto.

INTERPRETACIÓN

El actor o la actriz interpreta a su personaje sobre el escenario siguiendo las indicaciones del director. Para ello, participa en lecturas de la obra junto al resto de actores y actrices. Además, estudia bien su papel: el físico, el carácter y la manera de expresarse de su personaje, así como sus motivaciones y su relación con el resto de personajes de la obra. Ha de memorizar el texto y el orden de sus intervenciones, dándoles la entonación, el ritmo, la intención y la actitud que corresponda.

VESTUARIO

La persona encargada del vestuario de una pieza teatral se documenta sobre la época y el lugar en el que está ambientada la obra. Trabaja también en estrecha colaboración con el actor o la actriz en la construcción del personaje.

DECORADO

La persona que se ocupa de crear los decorados estudia el texto teatral, se documenta también sobre la época y el lugar en el que se desarrolla la acción, y elige los elementos y materiales necesarios para recrear un determinado ambiente.

SONIDO

El técnico de sonido es responsable de crear el universo sonoro de la obra. Utiliza ruidos, música, voces grabadas y efectos sonoros para crear la atmósfera en la que se apoya la acción teatral. También se asegura de que se oiga bien todo lo que ocurre o se dice sobre el escenario.

ILUMINACIÓN

La persona encargada de la iluminación utiliza la luz y también la oscuridad para crear un ambiente determinado, de manera que el público entienda el momento del día y el lugar donde se desarrolla la acción o la emoción presente en el espacio escénico.

b) Ensayad varias veces la obra hasta que todo salga bien.

c) Decidid el lugar y el día de la representación.

d) Elaborad un cartel para publicitar vuestra función teatral.

e) Invitad a vuestros familiares y amistades, así como al resto de la comunidad escolar.

Reflexiona sobre este ámbito profesional

Por parejas, reflexionad e informaos sobre todos los oficios relacionados con el teatro. Luego, responded en vuestro cuaderno a estas preguntas:

- ¿Qué formación se necesita para ejercerlos?
- ¿En qué creéis que se diferencian estos oficios según se trate de teatro o cine?
- ¿Qué cualidades creéis que son más importantes para ejercer la profesión de actor o actriz? ¿Y para el resto de los oficios del teatro?
- ¿Con cuál de las profesiones te identificas más?
- ¿Cómo te sentirías trabajando en un teatro?

3 GRAMÁTICA

LA DIVERSIDAD LINGÜÍSTICA

Lengua y norma

La lengua estándar sirve de modelo para todos los hablantes de una lengua. A partir de ella se fija la **norma.** La **Real Academia Española** es la institución oficial que establece la norma del uso correcto del español.

3.1 La variedad lingüística

Dentro de una misma lengua, no siempre nos expresamos de igual manera. Esas diferencias en el uso de una lengua dependen de muchos factores: la procedencia geográfica, el origen rural o urbano, la edad, el origen social, el nivel cultural, la profesión e incluso el sexo de quien habla. Según el factor que predomine en su empleo, las variedades de la lengua son:

- **Variedades geográficas.** Dependen de la región o zona donde viven los hablantes. Estas modalidades lingüísticas reciben el nombre de **dialectos.**
- **Variedades culturales.** Según el nivel social y cultural al que pertenecen los usuarios de la lengua existen distintos **niveles de lengua:**

Lengua culta

Es una variedad elevada de la lengua que se utiliza en la ciencia, el derecho, la literatura y otras manifestaciones de la cultura. Posee un léxico amplio, una sintaxis fluida y se expresa con pronunciación y escritura correctas.

Lengua vulgar

Es una variedad propia de las personas con escasa formación. Posee un léxico limitado y muy popular. Carece de términos para comprender textos cultos. Su sintaxis es pobre. Son frecuentes los errores fónicos (**cocreta, *arradio*), gramaticales (**vinistes,* laísmos) y sintácticos (**Me se cayó*).

Lengua estándar o común

Es un modelo intermedio, que neutraliza las diferencias y permite que se entiendan hablantes de distintas variedades culturales. Es la lengua habitual en la educación y en los medios de comunicación. Sus características principales son la corrección lingüística y la sencillez expresiva.

- **Variedades de uso.** Según las circunstancias en las que se hable se producen diferentes estilos y registros:

Registro informal o coloquial

Lo utilizamos con familiares o amistades.

Características: naturalidad e improvisación; vocabulario sencillo y limitado; uso de palabras comodín (*cosa, pues, eso...*); enunciados cortos y poco complicados.

Registro formal

Lo utilizamos con personas con las que no tenemos una relación personal o de confianza.

Características: más planificado y preparado; vocabulario más variado y culto; enunciados más largos y relacionados entre sí; uso de recursos lingüísticos que dan elegancia y expresividad a la lengua (sinónimos, conjunciones, adjetivos...).

Actividades

1 Lee con atención el siguiente texto:

—Desde que era pequeña, mi mamita me decía que vigilara mi lengua, pero nunca le hice caso. Tengo fama de respondona en *toa* la *ciudá*, y me imaginaba que esa sería la razón por la que nadie quería contratarme. Cuando solo me quedaban dos días de trabajo en casa de Miss Walter, todavía no había *encontrao* otro empleo y empecé a asustarme de *verdá*. [...] Ya las estábamos pasando canutas, y encima yo me iba a *quedá* sin trabajo. Entonces fue cuando Miss Hilly se pasó por casa de su madre *pa hablá* conmigo. Me dijo: «Ven a trabajar a mi casa, Minny. Te pagaré veinticinco centavos más que mi madre al día». Me estaba tentando con una zanahoria, como si yo fuera un caballo percherón. —Se me cierran los puños de la rabia al recordarlo—.

Kathryn Stockett, *Criadas y señoras,* Embolsillo.

a) ¿La narradora utiliza la lengua con corrección? ¿Qué factores habrán influido en ello?

b) Identifica en el texto cinco vulgarismos.

c) ¿Qué registro utiliza Miss Hilly?

3.2 Las lenguas de España

La Constitución de 1978 es el documento legal más importante del Estado español. En su artículo 3 se dice:

1. El castellano es la lengua española oficial del Estado. Todos los españoles tienen el deber de conocerla y el derecho a usarla.
2. Las demás lenguas españolas serán también oficiales en las respectivas comunidades autónomas de acuerdo con sus Estatutos.
3. La riqueza de las distintas modalidades lingüísticas de España es un patrimonio cultural que será objeto de especial respeto y protección.

Las **comunidades autónomas bilingües** son Islas Baleares, Cataluña, Galicia, País Vasco, parte de la Comunidad Foral de Navarra y la Comunidad Valenciana.

Recuerda

Las comunidades autónomas bilingües son aquellas en las que se hablan dos lenguas oficiales.

El español

Entre las lenguas más habladas en el mundo están el inglés, el chino y el español.

3.3 El castellano o español

El **castellano** o **español** es una lengua romance porque procede del latín, lengua que hablaban los romanos cuando se establecieron en España.

El español nació en una zona que comprende parte de las comunidades de Cantabria, de La Rioja y de la provincia de Burgos. Con la evolución de la historia, el castellano se convirtió en lengua oficial del Estado español. Además, se extendió a una gran parte del territorio latinoamericano, donde se sigue manteniendo como lengua oficial en los distintos países.

En el castellano podemos distinguir dos variedades geográficas: el castellano que se habla en el norte de España y el castellano originario del sur, que se extiende por Andalucía, Extremadura, parte de La Mancha, Murcia, Ceuta, Melilla, Canarias y América.

Edificio de la Real Academia Española, en Madrid.

Actividades

2 Lee este texto y realiza las actividades:

> Así pues, puede afirmarse que el cuerpo legislativo formado por la Constitución de 1978 y los Estatutos de Autonomía […] tiene un destacado carácter innovador, mucho más que la legislación en esta misma materia de Alemania, Francia o Italia, […] ya que, […] concede un amplio espacio a la diversidad lingüística.
>
> No puede olvidarse que esta legislación afecta singularmente a la situación lingüística, no solo de Galicia, el País Vasco, Cataluña, la Comunidad Valenciana o Baleares, sino también a la de Navarra, a la de Aragón (por su propia historia lingüística y por su frontera con el catalán) y a la de Asturias (por su propia historia lingüística y por su frontera con el gallego).
>
> Entre 1979 y 1982 quedaron aprobados los Estatutos autonómicos en los que se acepta la enseñanza de las dos lenguas oficiales, en los territorios en que existen, así como su uso en los dominios públicos. Inmediatamente después, se elaboraron las llamadas leyes de «Normalización lingüística» […]: la «Ley de normalización del euskera» de 1982; de 1983 son la «Ley de normalización lingüística en Cataluña», la «Ley de normalización lingüística de Galicia» y la «Ley sobre uso y enseñanza del valenciano»; la «Ley de normalización lingüística de las Islas Baleares» es de 1986.

F. Moreno, *Historia social de las lenguas de España,* Ariel.

a) ¿En qué materia tienen la Constitución y los estatutos de autonomía un carácter innovador?

b) ¿Con qué países compara el autor la situación española?

c) ¿A qué autonomías afectan las disposiciones lingüísticas de estas leyes?

d) Según el texto, ¿qué comunidades autónomas han publicado unas leyes de normalización lingüística?

Una variedad de español meridional: el andaluz

El **andaluz** está formado por el conjunto de variedades del español meridional que se habla en Andalucía.

Las variedades más importantes son:

- El **andaluz oriental,** que se habla en Almería, Granada, Jaén, Córdoba y parte de Málaga.
- El **andaluz occidental,** que se habla en Huelva, Cádiz, Sevilla y parte de Málaga.

Algunas características generales del andaluz

- Conviven dos fenómenos distintos: el **seseo** (pronunciación de *«tisa»* en lugar de *tiza*), y el **ceceo** (pronunciación de *«coza»* en lugar de *cosa*).
- La ***l*** y la ***r*** **al final de sílaba** se alternan en su uso: *«curpa»* por *culpa.*
- El **yeísmo** está muy extendido. Consiste en pronunciar *«yave»* en lugar de *llave.*
- La ***s*** **al final de sílaba** se pronuncia como si fuera una *j:* por eso se pronuncia *«pejca»* en lugar de *pesca.*
- Algunas **consonantes finales** se pierden: *«ciudá», «papé».*
- La ***d*** se pierde en la **terminación de los participios:** *«querío», «pintao».*
- Presencia de un **vocabulario** propio de la comunidad andaluza: *palillos* (castañuelas), *repeluco* (escalofrío)...

Actividades

3 Con la llegada de los musulmanes a la Península (711), muchos cristianos se refugiaron en el norte, donde fundaron pequeños reinos. Poco a poco, estos reinos iniciaron la conquista del territorio musulmán, que concluyó en 1492, con la toma de Granada.

Lee el siguiente texto y realiza las actividades:

> **Los orígenes del español en Andalucía**
>
> A primera vista, determinar cuándo comenzó su andadura histórica la lengua española en Andalucía no parece tarea demasiado difícil. La imagen más extendida, con la que vienen a coincidir los análisis de los historiadores, sitúa dicho momento en la reconquista del reino de Castilla y León de los territorios ocupados por los musulmanes en el sur de la península ibérica. La lengua de los reconquistadores, llamada aún solo castellano, vino a sustituir al árabe de los moros andalusíes, el cual, tras diversos avatares, acabó desapareciendo por completo del territorio. Se trata, pues, del traslado de una lengua, desde su lugar de origen a otro nuevo, como parte de un proceso de conquista militar y de la colonización posterior. Nada diferente, por tanto, del modo en que se difundieron las otras lenguas romances por el sur peninsular (así fue cómo el portugués llegó hasta el Algarve o el catalán hasta Alicante). Tampoco difiere sustancialmente la llegada del castellano a Andalucía del modo en que arribó el latín a la península ibérica, o el español a las tierras del Nuevo Mundo.

A. Narbona, R. Cano, R. Morillo,
El español hablado en Andalucía, Ariel.

a) ¿Cuándo se implantó el español en Andalucía?

b) ¿A qué lengua sustituyó?

c) ¿Existen en la historia otros casos de conquista y traslado de una lengua de su lugar de origen a un nuevo territorio? Señala tres ejemplos.

4 Escribe tres características generales de la modalidad andaluza del castellano.

5 Dibuja un mapa de Andalucía e indica con distinto color dónde se hablan las dos variedades del andaluz.

6 Busca estos andalucismos en el diccionario y encuentra la palabra correspondiente en castellano: *cachucho, aguaviva, malaje, pipo, pipirrana, revoleo, toñina.*

La brújula del español. Accede a esta guía del uso del español correcto en el banco de recursos de **anayaeducacion.es**.

3.4 El catalán y el valenciano

Cataluña, Baleares y la Comunidad Valenciana comparten el mismo sistema lingüístico. La lengua romance propia se denomina **catalán** en Cataluña y en Baleares, mientras que en la Comunidad Valenciana se la conoce como **valenciano.**

Esta lengua se habla también en Andorra, en el sur de Francia, en la zona oriental de Aragón, en algunas localidades de Murcia y en la ciudad de l'Alguer, en la isla de Cerdeña.

3.5 El gallego

El **gallego** es la lengua romance que, en la actualidad, es oficial en la Comunidad Autónoma de Galicia, junto con el castellano.

La separación política y administrativa de Portugal dio origen a la diferencia entre el gallego y el portugués, que durante siglos habían sido la misma lengua.

Se habla en las cuatro provincias gallegas y en algunas zonas de Asturias, León y Zamora.

3.6 El euskara o vasco

El **euskara** o **vasco** es una **lengua prerromana;** es decir, existía ya antes de que llegaran los romanos a la Península, con su lengua, el latín.

Su origen es muy antiguo y sigue siendo desconocido. En la actualidad, es lengua oficial del País Vasco y parte de Navarra, junto con el castellano.

3.7 Otras variedades romances peninsulares

El **asturleonés** y el **aragonés** proceden también del latín, pero su importancia fue disminuyendo a medida que fue extendiéndose el castellano.

- El **asturleonés** o **bable** se conservó en los valles asturianos y en la montaña leonesa, sobre todo en la vida familiar y rural.
- El **aragonés** se mantuvo en el norte de la Comunidad de Aragón, en valles del Pirineo de Huesca.

Actividades

7 ¿Qué lengua o lenguas oficiales se hablan en: Cataluña, Madrid, Galicia, Comunidad Valenciana y Canarias?

8 ¿Qué es una lengua prerromana?

9 ¿Dónde se habla euskara, además de en el País Vasco?

10 ¿Qué sabes del asturleonés y del aragonés?

11 Observa el mapa y describe la situación lingüística de la Península a principios del siglo XI.

LA PENÍNSULA IBÉRICA A PRINCIPIOS DEL SIGLO XI

Límite entre los territorios cristianos y musulmanes

APLICA LO APRENDIDO

Reflexiona sobre la gramática

1 Lee este texto y realiza las actividades:

> La zona del mueble-bar está de bote en bote los fines de semana a la hora del aperitivo. Superambientazo. El Imbécil se pone con su ordenador detrás de la barra a actualizar el twitter de mi abuelo, que ya tiene ciento dos seguidores. Va como un tiro. Se pone ahí porque es justo en ese rincón donde pilla el wifi de un vecino y dice mi madre que para qué queremos más. Yo me pongo de barman y mi padre en la bici estática, y él en plan bastante estático también, la verdad. Y entonces se viene Chirli con una de sus Barbies, que ya no tienen profesiones tipo dentista o enfermera, como antes, porque el Orejones las ha convertido a todas en divas, y mi padre la sube al manillar, de paquete, [...], entonces llega mi madre hecha una «hiedra» a decir que esa no es manera de concentrarse en el ejercicio y entonces hace intentos de bajar a Chirli de la bici pero Chirli la muerde. Ya te dije que las dos están enamoradas del mismo hombre. Y mi madre, por hacer que los análisis de mi padre mejoren, se va bebiendo su cerveza y queda allí, de vigilante de la barra. Así que, cuando mi abuelo llega del Tropezón, nos encuentra a todos apiñados en una esquina del salón.
>
> Elvira Lindo, *Mejor Manolo,* Seix Barral.

a) Las palabras subrayadas de este texto son un indicativo del nivel de lengua que utiliza el narrador. ¿Cuál es este nivel? ¿Por qué?

b) El narrador está contando lo que ocurre en su casa los fines de semana a la hora del aperitivo, es decir, una escena familiar y distendida. En esa circunstancia, ¿qué registro se suele usar, uno más formal, o uno más informal? ¿En qué se nota ese registro? Cita varias palabras y expresiones que ejemplifiquen tu respuesta.

c) Señala varias expresiones o palabras donde se refleje el humor con el que está elaborado este texto de Elvira Lindo.

d) Redacta un texto de unas diez líneas en el que describas en tono informal una escena familiar que te resulte divertida.

2 ¿Qué significa que una lengua es «lengua oficial del Estado»?

3 Indica en tu cuaderno si son verdaderas o falsas las siguientes afirmaciones:

- Andalucía es una comunidad autónoma bilingüe.
- El asturleonés y el aragonés no proceden del latín.
- La Constitución protege y respeta las modalidades lingüísticas de España.
- Los orígenes del vasco aún son desconocidos.
- El gallego y el portugués siempre fueron lenguas distintas.

4 Indica cuáles de las siguientes comunidades autónomas son bilingües:

Comunidad de Madrid · Navarra · Cantabria · Cataluña · Comunidad Valenciana · Baleares · Castilla-La Mancha · Galicia · País Vasco

5 Indica qué rasgo del andaluz aparece en la pronunciación de estas palabras:

- *«sepiyo» (cepillo)*
- *«ajco» (asco)*
- *«cansao» (cansado)*
- *«zopa» (sopa)*
- *«Madrí» (Madrid)*
- *«arto» (alto)*

6 ¿Qué rasgos del andaluz identificas en este fragmento de *Platero y yo* del poeta onubense Juan Ramón Jiménez?

> **La tísica**
>
> Estaba derecha en una triste silla, blanca la cara y mate, cual un nardo ajado, en medio de la encalada y fría alcoba. Le había mandado el médico salir al campo, a que le diera el sol de aquel mayo helado; pero la pobre no podía.
>
> —Cuando yego ar puente —me dijo—, ¡ya v'usté, zeñorito, ahí ar lado que ejtá, m'ahogo...
>
> Juan Ramón Jiménez, *Platero y yo,* Anaya.

7 Dibuja un mapa de España en tu cuaderno y coloca en él, con distintos colores, las comunidades autónomas bilingües y las lenguas que se hablan en cada una de ellas.

8 Busca en Internet y escribe cómo se dicen estas expresiones en catalán, en gallego y en euskara.

¡Buenos días! · ¡Hola! · ¡Perdón! · ¡Buenas noches!

Visualiza la gramática. Comprende los conceptos gramaticales mediante este vídeo disponible en anayaeducacion.es.

Repaso interactivo. Accede a este juego interactivo y repasa el contenido de la unidad en anayaeducacion.es.

Recuerda seleccionar el material de trabajo de esta unidad para tu **portfolio.**

Recuerda que en tu banco de recursos dispones de:

- diversos talleres para gestionar tus emociones y de una diana para evaluarlas.
- fichas para mejorar tu ciudadanía digital.

Organiza tus ideas gramaticales

Copia y completa en tu cuaderno este diagrama jerárquico:

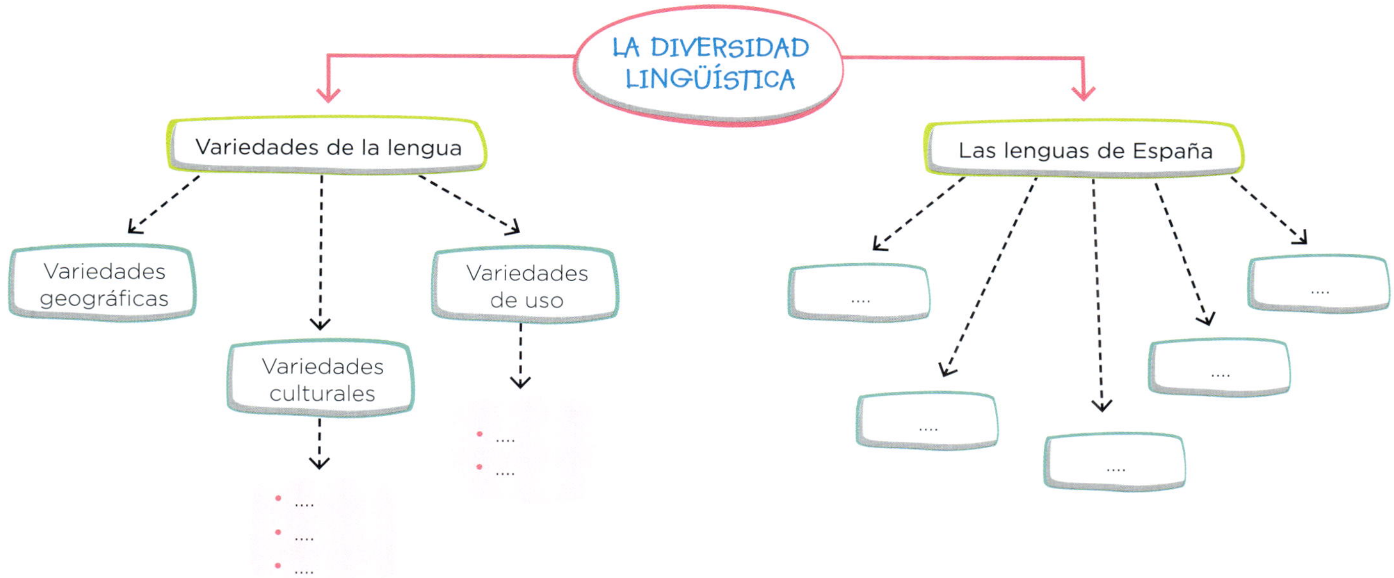

Practica la ortografía

1 Lee este poema y realiza las actividades:

Parábolas

Era un niño que soñaba
un caballo de cartón.
Abrió los ojos el niño
y el caballito no vio.
Con un caballito blanco
el niño volvió a soñar;
y por la crin lo cogía…
¡Ahora no te escaparás!
Apenas lo hubo cogido,
el niño se despertó.
Tenía el puño cerrado.
¡El caballito voló!
Quedose el niño muy serio
pensando que no es verdad
un caballito soñado.
Y ya no volvió a soñar.
Pero el niño se hizo mozo
y el mozo tuvo un amor,
y a su amada le decía:
¿Tú eres de verdad o no?
Cuando el mozo se hizo viejo
pensaba: Todo es soñar,
el caballito soñado
y el caballo de verdad.
Y cuando vino la muerte,
el viejo a su corazón
preguntaba: ¿Tú eres un sueño?
¡Quién sabe si despertó!

Antonio Machado, *Campos de Castilla,* Espasa-Calpe.

a) Haz un listado de los signos de puntuación que aparecen en el poema y escribe al lado un ejemplo del texto y otro que tú inventes.

b) Justifica los usos del punto en el poema. ¿Qué separan?

c) ¿Qué finalidad tiene el punto y coma que aparece en este fragmento?

Con un caballito blanco
el niño volvió a soñar;
y por la crin lo cogía…
¡Ahora no te escaparás!

d) ¿Qué separan las comas que aparecen en el poema?

e) Explica el uso de los dos puntos en las tres ocasiones en que aparece en el texto:

- y a su amada le decía:
  ¿Tú eres de verdad o no?
- pensaba: Todo es soñar,
- preguntaba: ¿Tú eres un sueño?

ORTOGRAFÍA CONSULTA EL ANEXO 10

ANEXOS

ORTOGRAFÍA

1. La división en sílabas
2. Las reglas de acentuación
3. La acentuación en hiatos y diptongos
4. La tilde diacrítica
5. El uso de mayúsculas y minúsculas
6. Las letras *g* y *j*
7. Las letras *b* y *v*
8. La letra *h*
9. Las letras *c*, *z*, *qu*, *k*
10. Los signos de puntuación

CONJUGACIÓN VERBAL

- Modelo de la 1.ª conjugación: *hablar*
- Modelo de la 2.ª conjugación: *beber*
- Modelo de la 3.ª conjugación: *vivir*
- El verbo *ser*
- El verbo *estar*
- El verbo auxiliar *haber*

Accede a más actividades para practicar con la ortografía en anayaeducacion.es.

1 LA DIVISIÓN EN SÍLABAS

¿CÓMO SEPARAR LAS CONSONANTES?

- Las letras **gu, qu, ch, ll** y **rr** no se separan: *gui-san-te, que-sería, co-checito, ca-lle, ca-rro.*
- Las letras **cc** se tienen que separar: *ac-ci-den-te, ac-ción.*
- En los grupos de **tres consonantes:**
  - las dos últimas pertenecen a una misma sílaba cuando la tercera es *l* o *r* *(com-prar, tem-blar);*
  - las dos primeras pertenecen a una misma sílaba en los demás casos *(cons-ti-pa-do, trans-for-mar).*
  - En los grupos de **cuatro consonantes,** se separan dos y dos *(cons-truir).*

¿CÓMO SEPARAR LAS VOCALES?

- Dos vocales abiertas *(a, e, o)* pertenecen a sílabas diferentes y constituyen un **hiato:** *ma-re-o, hé-ro-e.*
- Una vocal abierta átona *(a, e, o)* y una vocal cerrada que lleva tilde *(í, ú),* y viceversa, se pronuncian en sílabas diferentes: *ra-íz, pú-a.* Es otro tipo de **hiato.**
- Dos vocales cerradas *(i, u)* se pronuncian en la misma sílaba y constituyen un **diptongo:** *Luis, rui-do.*
- Una vocal abierta *(a, e, o)* y una cerrada sin acentuar *(i, u),* y viceversa, también forman una sola sílaba y constituyen un **diptongo:** *pie, hue-so.*
- Una vocal abierta *(a, e, o)* entre dos cerradas sin acentuar *(i, u)* forman una misma sílaba y constituyen un **triptongo:** *con-ti-nuéis, lim-piáis.*

Consejos prácticos

Cuando hay que **dividir una palabra al final de un renglón,** se utiliza un guion. Para hacerlo correctamente debes tener en cuenta estas reglas:

- Nunca se separan dos vocales que van juntas, ya formen diptongo o hiato: *rea-li-dad, cuen-to.*
- No se debe dejar una letra sola ni al principio ni al final del renglón:

**a-mis-tad, *colore-a.*

Actividades

1 Copia en tu cuaderno, separando en sílabas, las palabras siguientes:

ruido	*alguien*	*templado*
buque	*obstruir*	*lluvia*
transporte	*impresión*	*jesuita*

2 A partir de los verbos siguientes puedes construir una palabra derivada que contenga el grupo consonántico *-cc.* Escríbela y sepárala en sílabas: *traducir, conducir, construir, extraer, introducir, destruir.*

Ejemplo: *instruir > ins-truc-ción*

3 Busca en Internet palabras que contengan *-nstr-* y copia tres en tu cuaderno.

Ejemplo: *construir*

4 Separa en sílabas estas palabras y clasifícalas según contengan diptongo, triptongo o hiato:

cuidado	*pensión*	*canoa*
peor	*hierro*	*cambiáis*
puerta	*limpiéis*	*recaer*

5 Corrige los casos en que se ha realizado de manera incorrecta la división en sílabas:

aco-ger	*ins-pect- or*	*hi-e-lo*
mons-truo	*caó-ti-co*	*in-mó-vil*

6 Observa el ejemplo y escribe todas las posibilidades de separación al final de renglón de las siguientes palabras: *impidió, leonés, hueso, pediréis, inútil, elegancia.*

Ejemplo: *co- lección, colec- ción*

2 LAS REGLAS DE ACENTUACIÓN

CLASES DE PALABRAS

Según el lugar que ocupa la sílaba tónica, las palabras se clasifican en:

→ **Agudas:** Palabras cuya sílaba tónica es la última sílaba *(ratón, clavel).*

→ **Llanas:** Palabras cuya sílaba tónica es la penúltima sílaba *(láser, botella).*

→ **Esdrújulas:** Palabras cuya sílaba tónica es la antepenúltima sílaba *(teléfono, lámpara).*

→ **Sobresdrújulas:** Palabras cuya sílaba tónica es la anterior a la antepenúltima *(coméntaselo).*

Recuerda

La sílaba en la que recae el acento se llama **sílaba tónica** y las demás, **sílabas átonas.**

LAS REGLAS DE ACENTUACIÓN

La **tilde** es un signo gráfico (una rayita) que se escribe sobre la vocal de la sílaba tónica según las reglas de acentuación.

→ Las **palabras agudas** llevan tilde cuando terminan en vocal, en *n* o en *s.*

→ Las **palabras llanas** llevan tilde cuando no terminan ni en vocal, ni en *n* ni en *s.*

→ Las **palabras esdrújulas** y **sobresdrújulas** llevan tilde siempre.

Actividades

1 Señala la sílaba tónica de cada una de estas palabras y clasifícalas en agudas, llanas o esdrújulas:

amor	*reloj*	*merienda*
teléfono	*sofá*	*mármol*
lápiz	*cómico*	*corazón*

2 Escribe en tu cuaderno dos ejemplos de cada uno de estos tipos de palabras:

- Agudas acabadas en vocal.
- Agudas acabadas en *n* o en *s.*
- Llanas acabadas en vocal.
- Llanas acabadas en consonante distinta de *n* o de *s.*
- Llanas acabadas en *n* o *s.*
- Esdrújulas.

3 Copia y completa estas oraciones con las palabras adecuadas:

- *La palabra compás es aguda porque su sílaba tónica es la .... y lleva tilde porque ....*
- *La palabra árbol es .... porque su sílaba tónica es la .... y lleva tilde porque ....*
- *La palabra clásico es .... porque su sílaba .... es la .... y lleva tilde porque ...*

4 Copia los siguientes enunciados en tu cuaderno y coloca las tildes necesarias:

- *Jugabamos al parchis y escuchabamos musica en el autobus.*
- *Angel no recogio el boligrafo que cayo junto al arbol del parque.*
- *Compratelo si crees que te vendra bien para tu debil estado.*
- *Los vehiculos automaticos circularan rapidos por Paris.*

5 Explica por qué llevan tilde o no las palabras que figuran a continuación: *cárcel, sillón, áspero, salir, recomiéndamelo, cuaderno.*

6 Explica el significado de cada uno de los términos de estas parejas y escribe una oración con cada uno en la que se aprecie bien la diferencia de significado:

sabana	*sábana*
opera	*ópera*
bebe	*bebé*
clave	*clavé*

7 Algunas palabras sufren cambios ortográficos al pasar del singular al plural. ¿Qué les ocurre a los términos *joven, examen* o *imagen?*

3 LA ACENTUACIÓN DE HIATOS Y DIPTONGOS

ACENTUACIÓN DE HIATOS

- Si el hiato está formado por una vocal abierta y una cerrada tónica (o viceversa), la cerrada llevará tilde siempre, con independencia de las reglas generales de acentuación: *Ra-úl, Ma-rí-a*...
- Si las dos vocales son abiertas, la colocación de la tilde sigue las reglas generales de acentuación: *ma-re-o, cré-a-me*...

ACENTUACIÓN DE DIPTONGOS

- Los **diptongos** se acentúan siguiendo las **reglas generales de acentuación.**
- La tilde tiene que ir sobre la vocal tónica, que es:
  - la vocal abierta, si el diptongo está formado por una vocal abierta y otra cerrada: *te-néis, ca-mión*...
  - la última vocal, si las dos vocales son cerradas: *des-truí, lingüístico, cuídate*...

Actividades

1 Separa en sílabas las siguientes palabras e indica si contienen un diptongo o un hiato:

peonza	*cuento*	*nieto*	*púa*
peine	*tía*	*lealtad*	*cuidar*

2 Escribe dos ejemplos de palabras con diptongo que contengan los siguientes grupos de vocales:

ua *au* *ei* *ie* *ai* *ia*

3 Explica por qué llevan tilde o no estas palabras con diptongo:

ración	*destruir*	*miércoles*
puente	*prisión*	*murciélago*

4 Escribe cinco palabras que contengan un hiato del tipo:

vocal cerrada tónica + vocal abierta

- Después, escribe una oración con cada una de ellas.

5 Pon la tilde necesaria en estas palabras:

buho	*aereo*	*nautico*
teneis	*via*	*ahinco*
admiracion	*atribui*	*acentua*
decia	*coagulo*	*video*

6 Une una sílaba de cada recuadro para formar palabras acentuadas con diptongo:

can-	*-vión*
pen-	*-dián*
ca-	*-ción*
guar-	*-sión*
a-	*-tión*
ges-	*-mión*

- ¿Qué tienen en común todas ellas?

7 Escribe en tu cuaderno las palabras definidas. Te damos una pista: todas llevan hiato.

- Sentido corporal que permite percibir los sonidos.
- Conjunto de tres elementos.
- Mueble parecido al arca que sirve, generalmente, para guardar ropa.
- Líquido corrosivo y transparente de olor muy fuerte.
- Pronunciar las palabras marcando mucho las sílabas.

4 LA TILDE DIACRÍTICA

QUÉ ES LA TILDE DIACRÍTICA

→ La **tilde diacrítica** se utiliza para diferenciar en la escritura ciertas palabras monosílabas tónicas de otras átonas con las que coinciden en la forma pero que tienen distinta categoría gramatical y valor.

En el siguiente cuadro aparecen reflejados los casos más usuales:

MONOSÍLABOS CON TILDE DIACRÍTICA		MONOSÍLABOS SIN TILDE DIACRÍTICA	
Él (pronombre personal)	*Él es médico.*	**El** (artículo)	*El niño se fue.*
Tú (pronombre personal)	*Tú tienes los ojos azules.*	**Tu** (determinante posesivo)	*Tu perro ladraba.*
Mí (pronombre personal)	*Esto es para mí.*	**Mi** (determinante posesivo)	*Mi madre es bióloga.*
Sí (pronombre personal o adverbio de afirmación)	*Lo desea todo para sí.* *Sí, lo haré.*	**Si** (conjunción)	*Si llueve, no vayas.*
Sé (verbo *saber* o verbo *ser*)	*Yo sé la respuesta.* *Sé más agradable, Pedro.*	**Se** (pronombre personal)	*Se preocupó por todo.*
Dé (verbo *dar*)	*Dé usted la noticia.*	**De** (preposición)	*La casa de Juan es vieja.*
Té (sustantivo)	*Tomaré té con limón.*	**Te** (pronombre personal)	*Te dije la verdad.*

Actividades

1 Copia estas oraciones en tu cuaderno con el monosílabo correcto que aparece entre paréntesis:

- .... (Tú/Tu) *amigo llegó anoche con* .... (tú/tu) *coche.*
- *Cogió* .... (él/el) *libro y lo atrajo para* .... (sí/si).
- .... (Mí/Mi) *madre lo compró para* .... (mí/mi).
- .... (Dé/De) *ayuda a los necesitados* .... (dé/de) *la zona afectada por la inundación.*
- .... (Sé/Se) *lo dije para que* .... (tú/tu) *no* .... (té/te) *preocuparas.*
- .... (Sí/Si) *no quieres, no le digas que* .... (sí/si).

2 Escribe una oración con cada uno de los monosílabos que aparecen en el cuadro anterior.

3 Indica la categoría gramatical del monosílabo subrayado:

- *Mi tía se tomó ayer un té inglés.*
- *Sé la respuesta de ese acertijo pero no te la diré.*
- *A él le gusta el circo; a mí, el cine.*
- *Llámame si tienes que decir sí.*

4 Copia y coloca la tilde diacrítica en los monosílabos cuando corresponda:

- *Tu y tu primo llegasteis y se lo dijisteis a el.*
- *Mi primo te llamó a ti por si podías acompañarlo.*
- *Compré te y te invité a una taza.*
- *El se fue con el amigo de Juan.*
- *Se comprensivo con los demás.*
- *Se que tu prefieres el te al café.*
- *Si, lo haré si tu me lo pides.*
- *De una vuelta a la llave.*

5 Relaciona las columnas en tu cuaderno:

sé	nombre común
te	forma del verbo *saber*
se	pronombre personal
té	pronombre personal

5 EL USO DE MAYÚSCULAS Y MINÚSCULAS

SE ESCRIBE CON LETRA INICIAL MAYÚSCULA

- La primera palabra de un escrito.
- La primera palabra que se escribe después de punto, del símbolo de interrogación o exclamación y de los dos puntos que aparecen en el encabezamiento de las cartas.
- Los nombres de:
  - personas: *Juan Torres; María, la Divina;*
  - animales: *Rocinante;*
  - los nombres de calles, ciudades, pueblos y los accidentes geográficos: *la Gran Vía, París, los Andes, el río Ebro;*
  - las instituciones y organismos: *Real Academia Española, el Parlamento;*
  - épocas y sucesos históricos: *Primera Guerra Mundial, Edad Media.*
- La primera palabra de los nombres de los libros y todas las palabras que forman parte del nombre de una revista, un periódico y obras de arte: *El libro de la selva, Las Meninas, El Mundo.*
- Los números romanos y las siglas: *XVI, RAE.*

La acentuación

Las letras mayúsculas deben llevar tilde siempre, si así lo indican las reglas generales de acentuación: *CÁDIZ, JARDÍN.*

SE ESCRIBEN CON LETRA INICIAL MINÚSCULA

- Los nombres de los días de la semana, los meses y las estaciones del año: *lunes, marzo, primavera.*
- Los gentilicios: *cordobés, madrileño.*
- Los tratamientos no abreviados: *señor, don, santa.*
- Los títulos, cargos y tratamientos oficiales tomados tanto en su valor genérico *(El rey medieval gobernaba)* como cuando se refiere a personas concretas *(El rey de España llegó ayer).*

Actividades

1 Completa en tu cuaderno los espacios en blanco usando mayúsculas o minúsculas:

- *....arta tiene un gato que se llama ....olitas.*
- *¿....as visto la película «....repúsculo»?*
- *Mañana es ....unes y tengo que ir a la ....venida de la ....onstitución.*
- *La ....eina visitará la ....xposición de ....rte el próximo ....toño.*
- *Este ....erano leí «....l señor de los ....nillos».*
- *....edro es de ....ádiz, es decir, es ....aditano.*

2 Escribe los gentilicios masculinos y femeninos de *Almería, Valladolid, Cáceres, Toledo, Alicante, Ibiza.*

3 Escribe:

- Cinco nombres propios de personas, animales o cosas.
- Cinco nombres de instituciones.
- Cinco títulos de libros, películas o periódicos.
- Cinco momentos o sucesos históricos.

4 Copia el siguiente texto informativo en tu cuaderno y escribe la mayúscula cuando corresponda:

el ayuntamiento de málaga anunciará mañana viernes, 23 de mayo, la celebración en el auditorio municipal del recital anual de cante flamenco cuyas entradas se podrán adquirir en la calle juan ramón jiménez, sede del instituto de la juventud.

6 LA LETRA *G* Y LA LETRA *J*

LOS SONIDOS DE LA *G* Y DE LA *J*

→ La letra *j* se puede escribir delante de las vocales **a, e, i, o, u** y suena siempre igual: *jamón, jefe, jirafa, jota, juguete*.

→ Sin embargo, la letra *g* puede sonar distinta dependiendo de la vocal que aparezca detrás:

- Ante **e, i** suena como en *general* y *gitano*.
- Ante **a, o, u** suena como en *gato, goma* y *gusano*.
- También puede sonar así ante **e, i;** pero entonces necesita de la **u** *(guerrero, guisante)*.

Ahora que ya sabes cuándo se pronuncian de una manera o de otra la letra *g* y la letra *j*, puedes estudiar algunas reglas sobre su uso.

SE ESCRIBEN CON *G*

→ Todos los verbos terminados en **-ger** *(recoger)*, **-gir** *(dirigir)* e **-igerar** *(aligerar)*, excepto *tejer* y *crujir*.

→ Las palabras que empiezan por **geo-** *(geografía)* y **gest-** *(gesto)*.

→ Las palabras que terminan en **-logía** *(psicología)*.

→ Las palabras que contienen el grupo **gen** *(margen)*; excepto *jengibre*. También son excepción las formas verbales de los verbos terminados en *-jar, -jer, -jir (bajen, dejen, crujen)*.

→ Las palabras acabadas en **-gio** *(regio)*, **-gión** *(legión)*, **-gional** *(regional)*.

La diéresis

Cuando necesitamos pronunciar la *u* que se escribe en *gue* o *gui*, utilizamos la diéresis: dos puntos sobre la *u*, como en *cigüeña* o *pingüino*.

SE ESCRIBEN CON *J*

→ Las palabras que terminan en **-aje** *(equipaje)* y en **-jería** *(relojería)*.

→ Las formas verbales cuyo infinitivo termina en **-jear** *(canjear)*.

→ Las formas de los verbos cuyo infinitivo no tiene ni **g** ni **j** *(traer: traje, trajimos...)*.

→ Las palabras derivadas de voces que tienen **j** ante **a, o, u:** *cajero, rojizo...*

Actividades

1 Copia y escribe *j, g, gu* cuando corresponda:

....alope	*....amón*	*....oven*
....ente	*....aula*	*....orro*
....erra	*....ubilarse*	*....igante*
....irnalda	*....itarra*	*....usano*

2 Escribe seis verbos acabados en *-ger* o en *-gir*.

3 Escribe dos derivados de cada uno de estos verbos: *dirigir, recoger*.

4 Escribe dos palabras que lleven diéresis.

5 Escribe el presente de indicativo del verbo *coger* y el pretérito perfecto simple de *traer*.

6 Escribe derivados en *-aje* de los siguientes verbos: *aterrizar, equipar, pasar, embalar, abordar, equipar*.

7 Copia y completa con *g* o *j* y explica la regla ortográfica que has aplicado en cada caso:

relo....ería	*....eometría*	*re....ión*
....esticular	*biolo....ía*	*a....ente*
condu....e	*te....ido*	*exi....ir*

7 LAS LETRAS B Y V

SE ESCRIBEN CON *B*

- Los grupos de consonantes **mb, bl** y **br:** *cambiar, blusa, brazo.*
- Todas las formas verbales de **beber, caber, deber, haber** y **saber.**
- Palabras que empiezan por **bu-, bus-, bur-:** *bueno, buscar, burlar;* excepto *vudú.*
- Los verbos cuyo infinitivo termina en **-bir** o en **-buir,** excepto *hervir, servir* y *vivir: escribir, prohibir, recibir; contribuir, distribuir.*
- Las terminaciones **-aba, -abas, -ábamos, -abais, -aban** de los verbos de la primera conjugación: *dibujaba, patinabas, soplábamos, sentabais, limpiaban.*
- Las formas verbales **iba, ibas, iba, íbamos, ibais, iban** del verbo *ir.*
- Las palabras terminadas en **-bilidad, -bundo** y **-bunda,** excepto *movilidad: amabilidad, vagabundo, tremebunda.*

SE ESCRIBEN CON *V*

- Las palabras que contienen el grupo **nv** *(enviar, convertir).*
- Todos los adjetivos terminados en **-ava** *(eslava)*, **-avo** *(octavo)*, **-iva** *(agresiva)*, **-ivo** *(nativo)*, **-eva** *(nueva)*, **-evo** *(nuevo).*
- Todas las palabras terminadas en **-ívoro, -ívora** *(carnívoro),* excepto *víbora.*
- Todos los verbos acabados en **-olver** *(volver, revolver).*
- Todas las formas verbales del **verbo *ir*** *(voy, vayamos, van),* excepto el pretérito imperfecto *(iba, ibas...).*
- El pretérito perfecto simple de indicativo de los verbos ***andar, tener*** y ***estar*** *(anduve, tuvimos, estuvieron).*
- Todas las formas verbales de los verbos ***vivir, hervir*** y ***servir.***

Actividades

1 Justifica por qué se escriben con *b* estas palabras: *posibilidad, iban, cantabas, escribir, sabías, búsqueda, beberemos, describir, burla, blusa, cambio, bravura.*

2 Escribe siete verbos acabados en *-bir.*

3 Escribe las palabras con *b* que corresponden a las siguientes definiciones: nadar con el cuerpo sumergido; definir algo explicando su composición; prenda de lana para abrigar el cuello; persona que anda de un lugar a otro.

4 Muchos adjetivos acabados en *-ible, -able* tienen, en su familia léxica, un derivado acabado en *-bilidad:* por ejemplo, *posible* → *posibilidad.* Escribe el sustantivo correspondiente a *potable, amable, sensible, visible, flexible, contable, variable, probable, improbable.*

5 Escribe un derivado de *hervir*, de *servir* y de *vivir.*

6 Indica qué regla ortográfica se observa en las siguientes palabras: *inventar, estuve, digestivo, van, disolvemos, viviréis, octava, hierve* y *tuve.*

7 Escribe siete adjetivos acabados en *-ivo, -iva.*

8 El sufijo -voro significa 'que come'. Explica el significado de estas palabras y construye una oración con cada una de ellas: *herbívoro, carnívoro, granívoro, omnívoro, insectívoro* y *frugívoro.*

9 Escribe el pretérito perfecto simple de los verbos *andar* y *estar.*

10 Copia y completa con *b* o con *v.* Justifica tu respuesta: *reci....ido, canta....a, cauti....o, en....ío, nue....a, hir....iendo, andu....e, flexi....ilidad, i....a.*

11 Escribe una oración con cada una de estas palabras: *baca, vaca; bello, vello; tubo, tuvo hierba, hierva.*

8 LA LETRA *H*

SE ESCRIBEN CON *H*

→ Todas las formas de los verbos que en su infinitivo llevan *h: haber, hacer, hablar, habitar, hallar...;* y las palabras que forman parte de su familia léxica: *deshacer, deshabitar, rehacer...*

→ Las palabras que comienzan por **hia-** *(hiato),* **hie-** *(hielo),* **hue-** *(hueso),* **hui-** *(huidizo).*

→ Las palabras que empiezan por la secuencia **hum-** seguida de vocal *(humano).*

→ Las palabras que empiezan por **hecto-** 'cien' *(hectómetro),* **hemi-** 'medio, mitad' *(hemiciclo),* **hepta-** 'siete' *(heptasílabo),* **hetero-** 'distinto' *(heterogéneo),* **hidro-** 'agua' *(hidromasaje),* **hiper-** 'aumento, exceso' *(hiperespacio),* **hipo-** 'descenso, escasez' *(hipotermia),* **homo-** 'igual' *(homogéneo).*

→ Las interjecciones *¡bah!, ¡eh!, ¡ah!, ¡oh!, ¡hala!...*

Recuerda

Las **palabras homófonas** son las que se escriben de forma distinta pero se pronuncian igual.

Actividades

1 Completa con la forma adecuada de los verbos que aparecen entre paréntesis:

- *María y Pablo ....* (hablar) *ayer sobre el viaje.*
- *Tu tía dice que tú ....* (hacer) *mañana lo más conveniente.*
- *No ....* (hallar) *en este momento la solución al problema.*

2 Escribe en tu cuaderno cinco palabras que comiencen por *hie-* y otras cinco que lo hagan por *hue-*.

3 Explica qué regla siguen estas palabras:

- *habría*
- *huida*
- *hidroterapia*
- *humedad*
- *hipérbole*

4 Descubre a qué palabra corresponde cada una de estas definiciones y cópialas en tu cuaderno:

- Tensión arterial elevada:

  H_ _ _ _ T_ _ _ _ _ _ N

- Descenso de la temperatura corporal:

  H_ _ _ T_ _ _ _ A

- Miedo o aversión al agua:

  H_ _ _ _ F_ _ _ _

- Palabras que suenan igual:

  H_ _ _F_ _ _ S

5 Busca en el diccionario el significado de estas parejas de palabras homófonas y escribe una oración con cada una de ellas:

habría y *abría* | *hasta* y *asta*

hola y *ola* | *honda* y *onda*

9 LAS LETRAS C, Z, QU, K

LAS LETRAS C, QU, K

Observa que las letras *c*, *qu* y *k* tienen la misma pronunciación en los siguientes casos:

➔ **c + a, o, u:** *casa, colegio, cuerpo.*

➔ **qu + e, i:** *queso, quince.*

➔ **k + a, e, i, o, u:** *kárate, kebab, kilómetro, koala, kuwaití.*

LAS LETRAS C, Z

Fíjate en que también tienen la misma pronunciación las letras *c* y *z* en los siguientes casos:

➔ **c + e, i:** *ceniza, cielo.*

➔ **z + a, o, u:** *zapato, zorro, zurrón.*

Actividades

1 Completa en tu cuaderno con *c* o *qu*, según convenga:

....ometa	*re....esón*	*....uento*
....imono	*....eso*	*....ímica*
al....ilar	*en....uesta*	*se....edad*
in....ilino	*es....ote*	*esta....a*

2 Completa en tu cuaderno con *z* o *c*:

abra....ar	*en....ima (de)*	*a....eite*
a....u....ena	*....ere....a*	*bron....e*
co....inar	*a....ulejo*	*....esta*
....erve....a	*ven....er*	*an....iano*

3 Conjuga los verbos para completar las oraciones:

- *Ayer yo ....* (comenzar) *las clases de baile.*
- *Cuando él ....* (lanzar) *la pelota, tú la recogerás.*
- *Quiero que tú ....* (analizar) *el problema.*
- *Es necesario que Juan y tú ....* (profundizar) *en ese tema.*

4 Escribe en tu cuaderno el presente de indicativo del verbo *conducir*.

5 Muchas palabras que llevan *k* en español son préstamos de otras lenguas. Busca de dónde proceden: *koala, kebab, karaoke* y *kiwi*.

6 Completa en tu cuaderno con *c, z, s* las palabras siguientes y relaciónalas con la definición que corresponda:

....iervo	*....iervo*	*ma....a*	*ma....a*
....errar	*....errar*	*po....o*	*po....o*

Definiciones

- Mezcla espesa y blanda.
- Animal.
- Encajar una puerta en su marco.
- Cortar con una sierra.
- Herramienta.
- Resto del café en una taza.
- Hombre que sirve a una persona.
- Hoyo en la tierra para sacar agua.

10 LOS SIGNOS DE PUNTUACIÓN

EL PUNTO

El **punto** (.) es un signo de puntuación que indica una pausa larga.

→ El **punto y seguido** separa enunciados dentro de un párrafo.

→ El **punto y aparte** se utiliza para separar los párrafos de un texto.

→ El **punto final** indica que el texto se ha terminado.

LOS DOS PUNTOS

Los **dos puntos** (:) se utilizan:

→ Antes de una enumeración: *Quiero: una bici, un ordenador y unas zapatillas.*

→ Cuando se escriben las palabras que pronuncia otra persona: *El sospechoso dijo: «Soy culpable».*

→ Para explicar o resumir una conclusión de lo que se ha dicho antes: *No tengo coche: voy andando a todos los lugares.*

→ Trás el encabezamiento de una carta: *Querido Alfredo: Te escribo para....*

LA COMA

→ La **coma** (,) indica la existencia de una pausa breve. Se utiliza coma:

- Para separar los términos de las enumeraciones: *En el circo había payasos, elefantes, leones, domadores y malabaristas.*
- Para nombrar a alguien: *Creo, Pepe, que tengo buenas noticias.*
- Para introducir aclaraciones: *Usa ese libro, que es el mío, cuando va a clase.*
- Después de expresiones como: *es decir, o sea...:*
- Cuando falta el verbo: *Yo vivo en Jaén y tú, en Toledo.*

Recuerda

La coma no debe nunca aparecer entre el sujeto y el predicado, ni entre el verbo y el complemento directo, excepto si es para introducir una aclaración: *Manolo, su abogado, le defendió en el juicio; Ella bebió, sin respirar, toda el agua.*

EL PUNTO Y COMA

→ El **punto y coma** indica una pausa mayor que la coma y se utiliza:

- Para separar oraciones con significados relacionados: *Está contento; es su cumpleaños.*
- Para separar los elementos de una enumeración que ya contiene comas: *En Navidad, iré a Londres; en Semana Santa, al Caribe; en verano, al pueblo.*

Actividades

1 Explica la diferencia de significado entre estos enunciados. ¿Cómo se ha producido?

- *No tengo ganas de ir al cine.*
- *No. Tengo ganas de ir al cine.*
- *No está mal eso.*
- *No. Está mal eso.*

2 Coloca en tu cuaderno los signos de puntuación que correspondan. Después, justifica su uso.

- *Ponte el abrigo y la bufanda ( ) hace frío.*
- *En mi familia somos siete hermanos ( ) cuatro chicas y tres chicos.*
- *Pedro gritó ( ) «No tengo fuerzas ( ) Ayúdame».*

MODELO DE LA 1.ª CONJUGACIÓN: *HABLAR*

INFINITIVO: hablar
GERUNDIO: hablando
PARTICIPIO: hablado

MODO INDICATIVO

	FORMAS SIMPLES	FORMAS COMPUESTAS
	Presente	**Pretérito perfecto compuesto**
yo	hablo	he hablado
tú	hablas	has hablado
él/usted	habla	ha hablado
nosotros	hablamos	hemos hablado
vosotros	habláis	habéis hablado
ellos/Uds.	hablan	han hablado
	Pretérito imperfecto	**Pretérito pluscuamperfecto**
yo	hablaba	había hablado
tú	hablabas	habías hablado
él/usted	hablaba	había hablado
nosotros	hablábamos	habíamos hablado
vosotros	hablabais	habíais hablado
ellos/Uds.	hablaban	habían hablado
	Pretérito perfecto simple	**Pretérito anterior**
yo	hablé	hube hablado
tú	hablaste	hubiste hablado
él/usted	habló	hubo hablado
nosotros	hablamos	hubimos hablado
vosotros	hablasteis	hubisteis hablado
ellos/Uds.	hablaron	hubieron hablado
	Futuro simple	**Futuro compuesto**
yo	hablaré	habré hablado
tú	hablarás	habrás hablado
él/usted	hablará	habrá hablado
nosotros	hablaremos	habremos hablado
vosotros	hablaréis	habréis hablado
ellos/Uds.	hablarán	habrán hablado
	Condicional simple	**Condicional compuesto**
yo	hablaría	habría hablado
tú	hablarías	habrías hablado
él/usted	hablaría	habría hablado
nosotros	hablaríamos	habríamos hablado
vosotros	hablaríais	habríais hablado
ellos/Uds.	hablarían	habrían hablado

MODO SUBJUNTIVO

	FORMAS SIMPLES	FORMAS COMPUESTAS
	Presente	**Pretérito perfecto compuesto**
yo	hable	haya hablado
tú	hables	hayas hablado
él/usted	hable	haya hablado
nosotros	hablemos	hayamos hablado
vosotros	habléis	hayáis hablado
ellos/Uds.	hablen	hayan hablado
	Pretérito imperfecto	**Pretérito pluscuamperfecto**
yo	hablara o hablase	hubiera o hubiese hablado
tú	hablaras o hablases	hubieras o hubieses hablado
él/usted	hablara o hablase	hubiera o hubiese hablado
nosotros	habláramos o hablásemos	hubiéramos o hubiésemos hablado
vosotros	hablarais o hablaseis	hubierais o hubieseis hablado
ellos/Uds.	hablaran o hablasen	hubieran o hubiesen hablado
	Futuro simple	**Futuro compuesto**
yo	hablare	hubiere hablado
tú	hablares	hubieres hablado
él/usted	hablare	hubiere hablado
nosotros	habláremos	hubiéremos hablado
vosotros	hablareis	hubiereis hablado
ellos/Uds.	hablaren	hubieren hablado

MODO IMPERATIVO

habla (tú)
hablad (vosotros, vosotras)

MODELO DE LA 2.ª CONJUGACIÓN: *BEBER*

INFINITIVO: beber
GERUNDIO: bebiendo
PARTICIPIO: bebido

MODO INDICATIVO

	Formas simples	Formas compuestas
	Presente	**Pretérito perfecto compuesto**
yo	bebo	he bebido
tú	bebes	has bebido
él/usted	bebe	ha bebido
nosotros	bebemos	hemos bebido
vosotros	bebéis	habéis bebido
ellos/Uds.	beben	han bebido
	Pretérito imperfecto	**Pretérito pluscuamperfecto**
yo	bebía	había bebido
tú	bebías	habías bebido
él/usted	bebía	había bebido
nosotros	bebíamos	habíamos bebido
vosotros	bebíais	habíais bebido
ellos/Uds.	bebían	habían bebido
	Pretérito perfecto simple	**Pretérito anterior**
yo	bebí	hube bebido
tú	bebiste	hubiste bebido
él/usted	bebió	hubo bebido
nosotros	bebimos	hubimos bebido
vosotros	bebisteis	hubisteis bebido
ellos/Uds.	bebieron	hubieron bebido
	Futuro simple	**Futuro compuesto**
yo	beberé	habré bebido
tú	beberás	habrás bebido
él/usted	beberá	habrá bebido
nosotros	beberemos	habremos bebido
vosotros	beberéis	habréis bebido
ellos/Uds.	beberán	habrán bebido
	Condicional simple	**Condicional compuesto**
yo	bebería	habría bebido
tú	beberías	habrías bebido
él/usted	bebería	habría bebido
nosotros	beberíamos	habríamos bebido
vosotros	beberíais	habríais bebido
ellos/Uds.	beberían	habrían bebido

MODO SUBJUNTIVO

	Formas simples	Formas compuestas
	Presente	**Pretérito perfecto compuesto**
yo	beba	haya bebido
tú	bebas	hayas bebido
él/usted	beba	haya bebido
nosotros	bebamos	hayamos bebido
vosotros	bebáis	hayáis bebido
ellos/Uds.	beban	hayan bebido
	Pretérito imperfecto	**Pretérito pluscuamperfecto**
yo	bebiera o bebiese	hubiera o hubiese bebido
tú	bebieras o bebieses	hubieras o hubieses bebido
él/usted	bebiera o bebiese	hubiera o hubiese bebido
nosotros	bebiéramos o bebiésemos	hubiéramos o hubiésemos bebido
vosotros	bebierais o bebieseis	hubierais o hubieseis bebido
ellos/Uds.	bebieran o bebiesen	hubieran o hubiesen bebido
	Futuro simple	**Futuro compuesto**
yo	bebiere	hubiere bebido
tú	bebieres	hubieres bebido
él/usted	bebiere	hubiere bebido
nosotros	bebiéremos	hubiéremos bebido
vosotros	bebiereis	hubiereis bebido
ellos/Uds.	bebieren	hubieren bebido

MODO IMPERATIVO

bebe (tú)
bebed (vosotros, vosotras)

MODELO DE LA 3.ª CONJUGACIÓN: *VIVIR*

INFINITIVO: vivir
GERUNDIO: viviendo
PARTICIPIO: vivido

MODO INDICATIVO

	FORMAS SIMPLES	FORMAS COMPUESTAS
	Presente	**Pretérito perfecto compuesto**
yo	vivo	he vivido
tú	vives	has vivido
él/usted	vive	ha vivido
nosotros	vivimos	hemos vivido
vosotros	vivís	habéis vivido
ellos/Uds.	viven	han vivido
	Pretérito imperfecto	**Pretérito pluscuamperfecto**
yo	vivía	había vivido
tú	vivías	habías vivido
él/usted	vivía	había vivido
nosotros	vivíamos	habíamos vivido
vosotros	vivíais	habíais vivido
ellos/Uds.	vivían	habían vivido
	Pretérito perfecto simple	**Pretérito anterior**
yo	viví	hube vivido
tú	viviste	hubiste vivido
él/usted	vivió	hubo vivido
nosotros	vivimos	hubimos vivido
vosotros	vivisteis	hubisteis vivido
ellos/Uds.	vivieron	hubieron vivido
	Futuro simple	**Futuro compuesto**
yo	viviré	habré vivido
tú	vivirás	habrás vivido
él/usted	vivirá	habrá vivido
nosotros	viviremos	habremos vivido
vosotros	viviréis	habréis vivido
ellos/Uds.	vivirán	habrán vivido
	Condicional simple	**Condicional compuesto**
yo	viviría	habría vivido
tú	vivirías	habrías vivido
él/usted	viviría	habría vivido
nosotros	viviríamos	habríamos vivido
vosotros	viviríais	habríais vivido
ellos/Uds.	vivirían	habrían vivido

MODO SUBJUNTIVO

	FORMAS SIMPLES	FORMAS COMPUESTAS
	Presente	**Pretérito perfecto compuesto**
yo	viva	haya vivido
tú	vivas	hayas vivido
él/usted	viva	haya vivido
nosotros	vivamos	hayamos vivido
vosotros	viváis	hayáis vivido
ellos/Uds.	vivan	hayan vivido
	Pretérito imperfecto	**Pretérito pluscuamperfecto**
yo	viviera o viviese	hubiera o hubiese vivido
tú	vivieras o vivieses	hubieras o hubieses vivido
él/usted	viviera o viviese	hubiera o hubiese vivido
nosotros	viviéramos o viviésemos	hubiéramos o hubiésemos vivido
vosotros	vivierais o vivieseis	hubierais o hubieseis vivido
ellos/Uds.	vivieran o viviesen	hubieran o hubiesen vivido
	Futuro simple	**Futuro compuesto**
yo	viviere	hubiere vivido
tú	vivieres	hubieres vivido
él/usted	viviere	hubiere vivido
nosotros	viviéremos	hubiéremos vivido
vosotros	viviereis	hubiereis vivido
ellos/Uds.	vivieren	hubieren vivido

MODO IMPERATIVO

vive (tú)
vivid (vosotros, vosotras)

VERBO *SER*

INFINITIVO: ser
GERUNDIO: siendo
PARTICIPIO: sido

MODO INDICATIVO

	FORMAS SIMPLES	FORMAS COMPUESTAS
	Presente	**Pretérito perfecto compuesto**
yo	soy	he sido
tú	eres	has sido
él/usted	es	ha sido
nosotros	somos	hemos sido
vosotros	sois	habéis sido
ellos/Uds.	son	han sido
	Pretérito imperfecto	**Pretérito pluscuamperfecto**
yo	era	había sido
tú	eras	habías sido
él/usted	era	había sido
nosotros	éramos	habíamos sido
vosotros	erais	habíais sido
ellos/Uds.	eran	habían sido
	Pretérito perfecto simple	**Pretérito anterior**
yo	fui	hube sido
tú	fuiste	hubiste sido
él/usted	fue	hubo sido
nosotros	fuimos	hubimos sido
vosotros	fuisteis	hubisteis sido
ellos/Uds.	fueron	hubieron sido
	Futuro simple	**Futuro compuesto**
yo	seré	habré sido
tú	serás	habrás sido
él/usted	será	habrá sido
nosotros	seremos	habremos sido
vosotros	seréis	habréis sido
ellos/Uds.	serán	habrán sido
	Condicional simple	**Condicional compuesto**
yo	sería	habría sido
tú	serías	habrías sido
él/usted	sería	habría sido
nosotros	seríamos	habríamos sido
vosotros	seríais	habríais sido
ellos/Uds.	serían	habrían sido

MODO SUBJUNTIVO

	FORMAS SIMPLES	FORMAS COMPUESTAS
	Presente	**Pretérito perfecto compuesto**
yo	sea	haya sido
tú	seas	hayas sido
él/usted	sea	haya sido
nosotros	seamos	hayamos sido
vosotros	seáis	hayáis sido
ellos/Uds.	sean	hayan sido
	Pretérito imperfecto	**Pretérito pluscuamperfecto**
yo	fuera o fuese	hubiera o hubiese sido
tú	fueras o fueses	hubieras o hubieses sido
él/usted	fuera o fuese	hubiera o hubiese sido
nosotros	fuéramos o fuésemos	hubiéramos o hubiésemos sido
vosotros	fuerais o fueseis	hubierais o hubieseis sido
ellos/Uds.	fueran o fuesen	hubieran o hubiesen sido
	Futuro simple	**Futuro compuesto**
yo	fuere	hubiere sido
tú	fueres	hubieres sido
él/usted	fuere	hubiere sido
nosotros	fuéremos	hubiéremos sido
vosotros	fuereis	hubiereis sido
ellos/Uds.	fueren	hubieren sido

MODO IMPERATIVO

sé (tú)
sed (vosotros, vosotras)

VERBO *ESTAR*

INFINITIVO: estar
GERUNDIO: estando
PARTICIPIO: estado

MODO INDICATIVO

	Formas simples	Formas compuestas
	Presente	**Pretérito perfecto compuesto**
yo	estoy	he estado
tú	estás	has estado
él/usted	está	ha estado
nosotros	estamos	hemos estado
vosotros	estáis	habéis estado
ellos/Uds.	están	han estado
	Pretérito imperfecto	**Pretérito pluscuamperfecto**
yo	estaba	había estado
tú	estabas	habías estado
él/usted	estaba	había estado
nosotros	estábamos	habíamos estado
vosotros	estabais	habíais estado
ellos/Uds.	estaban	habían estado
	Pretérito perfecto simple	**Pretérito anterior**
yo	estuve	hube estado
tú	estuviste	hubiste estado
él/usted	estuvo	hubo estado
nosotros	estuvimos	hubimos estado
vosotros	estuvisteis	hubisteis estado
ellos/Uds.	estuvieron	hubieron estado
	Futuro simple	**Futuro compuesto**
yo	estaré	habré estado
tú	estarás	habrás estado
él/usted	estará	habrá estado
nosotros	estaremos	habremos estado
vosotros	estaréis	habréis estado
ellos/Uds.	estarán	habrán estado
	Condicional simple	**Condicional compuesto**
yo	estaría	habría estado
tú	estarías	habrías estado
él/usted	estaría	habría estado
nosotros	estaríamos	habríamos estado
vosotros	estaríais	habríais estado
ellos/Uds.	estarían	habrían estado

MODO SUBJUNTIVO

Formas simples	Formas compuestas
Presente	**Pretérito perfecto compuesto**
esté	haya estado
estés	hayas estado
esté	haya estado
estemos	hayamos estado
estéis	hayáis estado
estén	hayan estado
Pretérito imperfecto	**Pretérito pluscuamperfecto**
estuviera o estuviese	hubiera o hubiese estado
estuvieras o estuvieses	hubieras o hubieses estado
estuviera o estuviese	hubiera o hubiese estado
estuviéramos o estuviésemos	hubiéramos o hubiésemos estado
estuvierais o estuvieseis	hubierais o hubieseis estado
estuvieran o estuviesen	hubieran o hubiesen estado
Futuro simple	**Futuro compuesto**
estuviere	hubiere estado
estuvieres	hubieres estado
estuviere	hubiere estado
estuviéremos	hubiéremos estado
estuviereis	hubiereis estado
estuvieren	hubieren estado

MODO IMPERATIVO

está (tú)
estad (vosotros, vosotras)

VERBO AUXILIAR *HABER*

INFINITIVO: haber
GERUNDIO: habiendo
PARTICIPIO: habido

MODO INDICATIVO

FORMAS SIMPLES

	Presente	Pretérito imperfecto	Pretérito perfecto simple	Futuro simple	Condicional simple
yo	he	había	hube	habré	habría
tú	has	habías	hubiste	habrás	habrías
él/usted	ha	había	hubo	habrá	habría
nosotros	hemos	habíamos	hubimos	habremos	habríamos
vosotros	habéis	habíais	hubisteis	habréis	habríais
ellos/Uds.	han	habían	hubieron	habrán	habrían

MODO SUBJUNTIVO

FORMAS SIMPLES

	Presente	Pretérito imperfecto	Futuro simple
yo	haya	hubiera o hubiese	hubiere
tú	hayas	hubieras o hubieses	hubieres
él/usted	haya	hubiera o hubiese	hubiere
nosotros	hayamos	hubiéramos o hubiésemos	hubiéremos
vosotros	hayáis	hubierais o hubieseis	hubiereis
ellos/Uds.	hayan	hubieran o hubiesen	hubieren

MODO IMPERATIVO

he (tú)
habed (vosotros, vosotras)

Nota: En el presente de indicativo, el verbo **haber** tiene una forma especial, **hay,** que no tiene nunca sujeto. Por ejemplo, «¿Hay manzanas?»

Suma Piezas es un proyecto educativo de Anaya para Educación Secundaria.

COORDINACIÓN EDITORIAL: Carmen Carrasco

EQUIPO DE EDICIÓN: Maite Vargas, Carmen Arroyo, Isabel García, Tulia Guisado, Olivia Melara y Nayali Rodriguez

ASESORAMIENTO PARA LA INCLUSIÓN Y LA NO DISCRIMINACIÓN: Víctor Díez

MAQUETACIÓN: Maribel Arnau

DISEÑO, GRÁFICOS Y CARTOGRAFÍA: Patricia G. Serrano, Juan Carlos Quignon, Miguel Ángel Castillejos, Miguel Ángel Díaz-Rullo, Míriam Arribas, José M.ª Gil y Rosario Regaño

CORRECCIÓN: Miguel Ángel Alonso y Mercedes Pérez

ILUSTRACIONES: Ximena Maier

EDICIÓN GRÁFICA: Mar Merino

FOTOGRAFÍA: AgeFotostock (Marco Govel/Westend61; Fine Arts Images; Stephen Robinson/Photoshot; Eyepix/Sipa USA; SCUBAZOO/Science Photo Library), AGENCIA EFE (Archivo FIEL; Esteban Cobo; Archivo Díaz Casariego; Javier Belver), Album (Prisma; akg-images; DEA/G. DAGLI ORTI; SBS PRODUCTIONS; De Agostini Picture Library; Science Source; Erich Lessing; Oronoz; sfgp), Archivo Anaya (6x6 producción Fotográfica; Candel, C.; Canto, M.; Cosano, P.; Enríquez, S.; Fuente, M.C.; García Pelayo, Á.; Leiva, Á.; Martín, J.; Martín, J.A.; Martínez Bravo, R.; Osuna, J.; Padura, S.; Peñuela Py, E.; Rico, J.; Steel, M.; Valls, Remedios), Consejería de Agricultura, Ganadería, Pesca y Desarrollo Sostenible de la Junta De Andalucía, Cordon Press / Alamy (Ivan Nesterov; Jerónimo Alba),iStock/GettyImages(Jeff_Rivard;dellray77;monkeybusinessimages;wavebreakmedia; Oez;Ikonya; Prosrock Studio; saiko 3p; Valeriy_G), Getty Images (Eloi_Omella;Georges Silk/The LIFE Picture Collection; Robert Riger/Getty Images Sport Classic; Cristina Candel/Cover; Ulf Andersen/Hulton Archive; Francis Tsang/Cover; Rob Lewine; Alina555; Heritage Images/Hulton Archive;Bettmann; Ascent Xmedia/The Image Bank;ullstein bild;Rige /Istock/Getty Images Plus;Bartosz Hadyniak/E+; EthamPhoto/Corbis;picture Alliance; Trevor Williams/Digital Vision; Mondadori Portfolio), Trevillion Images (Jan Bickerton), 123RF (y colaboradores).

EDICIÓN DE AUDIO: Eva Artaechevarría y Guadalupe González Triano. Canción popular «La panadera» adaptada por Eva F. Gancedo, Eliseo Parra y Freddy Marugán; interpretada por Eliseo Parra, Freddy Marugán, La Musgaña y Celia Vergara.

Fundación Bertelsmann
Por el empleo juvenil

ORIENTACIÓN ACADÉMICA Y PROFESIONAL: elaborada con el asesoramiento de la Fundación Bertelsmann. Coordinación: Juan José Juárez Calvo. Colaboración como expertas: Sara Lozano Santiago, Belén Pérez Castro y Pilar Vázquez Hernández.

COMPROMISO ODS

Nuestras publicaciones mantienen el rigor en el uso y en la selección de los contenidos, en las imágenes y en el lenguaje, para cumplir con la **no discriminación** por razón de género, cultura u opinión.

Grupo Anaya considera la **responsabilidad social** y **medioambiental** como uno de sus valores fundamentales. Por ello, se compromete a:

- mejorar nuestros resultados en materia de medio ambiente,
- reducir nuestras emisiones de carbono,
- hacer uso de los recursos naturales de manera responsable y
- eliminar cualquier impacto negativo de nuestra actividad en los bosques en peligro.

Dichos compromisos, entre otros, hacen que **el 100 % del papel utilizado** en nuestros libros tenga el sello **PEFC.**

Importante:

Las **actividades** propuestas en este libro deben ser realizadas en cuadernos u hojas sueltas; nunca en el propio libro.

Los **enlaces** a las páginas web que aparecen en este libro han sido revisados en la fecha de su impresión. La editorial no se hace responsable de las modificaciones o las anulaciones que se produzcan en ellos con posterioridad a dicha fecha.

ISBN: 978-84-698-6915-4 - Depósito Legal: M-292-2020 - Printed in Spain.

ET037190/1E2I - 8420175